Meinem geliebten Augustus

mit den besten Wünschen

zu diesem Geburtstag und

für das kommende

Jahrzehnt

Nella

31. Jänner 1990

Willy Lorenz

Liebe zu Böhmen

Amalthea

Umschlaggestaltung: Karl Schaumann, München
Umschlagfoto: Archiv für Kunst und Geschichte, Berlin,
das Bild zeigt das Gemälde »Der Sommer«
von Caspar David Friedrich
Satz: Ludwig Auer GmbH, Donauwörth
Druck und Bindung: Wiener Verlag, Himberg bei Wien
Printed in Austria
ISBN 3-85002-234-X

Dieses Buch ist dem Andenken der Millionen und aber Millionen von Menschen gewidmet, die im Laufe eines Jahrtausends die böhmischen Länder aus nationalen, religiösen, rassischen oder sozialen Gründen verlassen mußten, wobei sie hiebei nicht nur ihre geliebte Heimat, sondern oft auch ihr ganzes Hab und Gut und oft auch ihr Leben verloren.

Inhalt

Ein fast zu persönliches Vorwort

Die böhmischen Länder sind seit jeher das klassische Land der Exulanten in Mitteleuropa. Gewiß, auch Polen und Rußland können diesen traurigen Ruhm für sich in Anspruch nehmen. Aber die Emigration dieser beiden Länder unterscheidet sich grundsätzlich von der Emigration aus den böhmischen Ländern. Die polnische und auch die russische Emigration umfaßte jeweils nur Angehörige einer dünnen Schicht, mochte es sich auch im konkreten Fall um zahlreiche Menschen handeln. Eine Massenemigration, die Tausende, ja Millionen umfaßt, gibt es nur aus den böhmischen Ländern, wobei nicht vergessen werden darf, daß natürlich auch immer wieder Einzelpersonen aus den verschiedensten Gründen das Los des Exils wählten.

Aber noch in einem anderen Punkt unterscheiden sich die böhmischen Exulanten von den polnischen und russischen Emigranten. Der größte Wunsch aller Polen und Russen, die emigrierten, war es, einmal in ein befreites Vaterland zurückzukehren. Für sie waren alle Tage außerhalb ihres Vaterlandes verlorene Tage. Bei Russen konnte, wenn sie die Hoffnung auf einen Umsturz in der Heimat aufgaben, ein seltsames Phänomen auftreten. Die Sehnsucht nach ihrer Heimat wurde so stark, daß sie alle Bedenken aufgaben und in ihr Vaterland zurückkehrten, obwohl sie wußten, daß dann der sichere Tod oder zumindest eine lange Kerkerhaft auf sie wartete.

Böhmische Exulanten haben dagegen niemals den Wunsch,

in ihre Heimat zurückzukehren, selbst wenn sich die politischen, wirtschaftlichen und sozialen Verhältnisse grundsätzlich ändern würden. Sie kommen höchstens, wenn dies möglich ist, zu Besuch in ihre alte Heimat, besuchen die Gräber, besuchen die alten Stätten ihres ehemaligen Wirkens, erinnern sich der vielen schönen Stunden, die sie in ihrer alten Heimat erlebt haben, und kehren wieder in ihre neue Heimat zurück, ohne auch nur den leisesten Wunsch zu äußern, die alten Zeiten wieder fortzusetzen.
Eine Haltung, die fast unbegreiflich scheint. Aber die vielleicht verständlich wird, wenn man sie ins Persönliche transponiert. Alle diese Tschechen, Juden und Sudetendeutschen, die aus Böhmen exilierten, gleichen einem Menschen, der zutiefst von einer großen Liebe enttäuscht wurde. Während der Betreffende vielleicht noch an diese Liebe glaubte, wurde er längst betrogen, vielleicht aus banalen und sehr egoistischen Gründen. Während er einem anderen Menschen noch die Treue hielt, war diese Treue längst gebrochen. Als er dann endlich bemerkte, daß er der Betrogene und Verlassene war, verlassen vielleicht gerade in einem Moment, da er sich in einem Tief oder im Elend befand, ist sein Herz zerbrochen. Er hat weitergelebt, aber seelisch war er irgendwie gestorben. Die Exulanten aus Böhmen gleichen alle einem solchen Menschen. Sie alle haben es nicht verwunden, daß ihnen dieses Land die Treue nicht gehalten hat. Sie alle haben ein zerbrochenes Herz. Sie haben physisch weitergelebt, denn ein »Böhm«, mag es sich um einen Tschechen, Deutschen oder Juden handeln, geht so bald nicht unter, wie denn das Überstehenkönnen das besondere Kennzeichen dieser drei Völker Böhmens ist. Aber ihre Liebe zu Böhmen war zu groß, es lag zuviel darin. Ihre Enttäuschung über die erlittene Treulosigkeit war zu groß. Menschen mit zerbrochenem Herzen kehren nicht zurück, höchstens, um einige Orte wiederzusehen, an denen man schöne Stunden erlebt hat, so wie man Gräber besucht und dabei an den Verstorbenen denkt, der hier begraben liegt.

Aber in dieser Tragödie ist noch eine weitere Tragödie verborgen: Viele, die bei der Austreibung nach 1945 schon betagt waren, weilen nicht mehr unter den Lebenden. Viele, die damals sich in mittleren Jahren befanden, sind inzwischen alt geworden und denken nicht daran, ihre mühsam erworbene Existenz aufzugeben und vielleicht eine neue zu beginnen. Und diejenigen, die bei der Austreibung noch Kinder waren, haben ihre alte Heimat längst vergessen, haben inzwischen einen Beruf gefunden und vielleicht einen Einheimischen geheiratet, sodaß sie der alten Heimat überhaupt ganz entfremdet sind. Wenn sie vielleicht doch einmal auf Grund der schönen Schilderungen ihrer Eltern oder Großeltern die alte Heimat besuchen, kommen sie enttäuscht zurück, denn sie fanden nicht alles so schön und so herrlich, wie ihre Eltern oder Großeltern es schilderten.

Auch der Schreiber dieser Zeilen ist ein böhmischer Exulant. Eine Woche nach der Besetzung Prags durch die Truppen Hitlers, Ende März 1939, verließ ich die böhmische Hauptstadt, wo ich bis dahin gelebt hatte. Einfach aus dem Grund, weil ich überzeugt war, daß man als böhmischer Mensch unter diesen neuen Verhältnissen nicht mehr leben könne. Es war zwar damals für die Staatsbürger der sogenannten Zweiten tschechoslowakischen Republik strengstens verboten, das besetzte Gebiet zu verlassen. Aber das Behördenchaos, das ein besonderes Kennzeichen des Dritten Reiches war und das darin bestand, daß die verschiedensten Behörden vollkommen selbständig und nicht miteinander arbeiteten, breitete sich bereits in den ersten Tagen der Besatzung über die alten böhmischen Länder aus. Ich erhielt einen Passierschein, der es mir gestattete, für drei Tage ins ehemalige Sudetenland zu reisen. Während sich in den Straßen Prags die Truppen zu einer riesigen Parade auf dem Wenzelsplatz sammelten, fuhr ich zum Bahnhof mit der sicheren Gewißheit, von nun an immer ein böhmischer Exulant zu bleiben.

Der Leser verzeihe, wenn ich nun einige persönliche Details

aus meinem Leben berichte. Sie sind wirklich nicht sehr interessant, und sie werden nur angeführt, um dem Leser begreiflich zu machen, warum ich dieses Buch so schreibe, wie es ist: Ich stamme aus den beiden böhmischen Kernländern, nämlich Böhmen und Mähren. Nicht nur das, ich stamme zu genau gleichen Teilen von den beiden großen Nationen des Landes ab, nämlich den Tschechen und den Deutschen. Ich habe diese Abstammung von beiden Nationen nicht immer als ein Glück empfunden. Denn in meiner Jugend wußte ich nicht immer genau, zu welchem Volk ich gehörte. Bis schließlich das Christentum mit seinem Grundsatz, daß man Vater und Mutter ehren solle, mich zu der Überzeugung brachte, daß ich mich zu beiden Völkern zu bekennen habe, im wahrsten Sinn des Wortes also »ein Böhm« sei.

Ich hatte einen tschechischen Vater und eine deutschböhmische Mutter. Meine Mutter kam aus einer nordböhmischen Industriellenfamilie und besuchte nur deutsche Schulen. Aber ihre Mutter selbst war wieder eine reine Tschechin aus Deutsch-Brod, der Stadt, in der Havlíček geboren wurde. Sie sprach beide Sprachen fließend. Die Familie meines Vaters kam aus Mähren, aus dem kleinen Städtchen Trebitsch, südlich von Brünn. Der eine Zweig seiner Familie betrieb einen Weingroßhandel und der andere ein Verlagsgeschäft. Die letzteren Lorenz gaben Wörterbücher heraus und waren so etwas wie die böhmischen Langenscheidts. Aber da man in den böhmischen Ländern nicht nur gerne ißt, sondern auch gern gut trinkt und außerdem irgendwann im Leben die zweite Landessprache erlernen muß, blühten beide Geschäftszweige. Aus Trebitsch stammte auch der Vorsitzende der alttschechischen Partei, der Liberalen, Dr. Albin Braf, Professor für Nationalökonomie an der Prager tschechischen Universität und zweimal k. k. Ackerbauminister. Er war ein leibhaftiger Onkel meines Vaters. Dr. Braf selbst wiederum war der Schwiegersohn des großen tschechischen liberalen Politikers František Ladislaus Rieger, der selbst wiederum der Schwiegersohn des »Vaters des Vaterlandes«, Franz Palacky, gewesen ist. So wuchs ich schon durch die eigene Familie in die böhmische Geschichte hinein. Mein Vater besuchte nur tschechische Schulen, von der Volksschule bis zur Universität. Er war in der alten Monarchie k. k. Bezirkshauptmann und war ab 1910 dem Wiener Innenministerium zugeteilt, wo er gleichzeitig mit Dr. Schober und Dr. Renner Dienst machte. So wie meine Mutter war auch mein Vater ein Mischling aus beiden Nationen. Sein Vater war zur Hälfte ein Tscheche und zur Hälfte ein Deutscher und seine Mutter ebenfalls zur Hälfte deutscher und tschechischer Abstammung. Mein Vater bekannte sich sein Leben lang als Tscheche. Natürlich sprach er beide Sprachen fließend. Sein Deutsch war ein klassisches Prager Deutsch, wie es viele altösterreichische Beamte beherrschten. Auch ich spreche beide Sprachen, angeblich akzentlos. Aber nicht mehr so fehlerfrei wie meine Mutter und mein Vater. Das zeigt sich besonders beim Schreiben. Wenn ich deutsch schreibe, dann »böhmakle« ich, und wenn ich tschechisch schreibe, dann fließen mir ununterbrochen Germanismen in die Feder.

Nach dem Umsturz von 1918 kehrte mein Vater nach Prag zurück. Er wurde schon bald in das tschechoslowakische Außenministerium berufen, wurde zuerst Vizekonsul in Wien, dann Konsul in Graz und ab 1930 Generalkonsul in Berlin. 1934, nach den Februarunruhen in Wien, in denen sich der damalige tschechoslowakische Gesandte Fierlinger für österreichische Sozialisten exponiert hatte und deshalb von der Regierung Dollfuß als persona non grata bezeichnet wurde und abberufen werden mußte, hätte mein Vater Vertreter der Tschechoslowakei in Wien werden sollen. Er lehnte die Berufung ab und ging unter Vorschützung von Gesundheitsrücksichten in Pension. Er sprach nie darüber, was ihn bewogen hatte, diesen Posten nicht anzutreten. Aber wie ich ihn kannte, wollte er sich nicht einem Konflikt aussetzen, dem er nicht gewachsen gewesen wäre. Aufge-

wachsen in der Palackyschen Tradition, war er sein Leben lang überzeugt von der Notwendigkeit des Bestandes der Donaumonarchie, insbesondere auch für die Existenz der kleinen Nationen. Die Zerstörung des Habsburger-Reiches sah er als das große Unglück für alle diese Völker an. Die Prophezeiung, die Palacky für den Fall des Unterganges der Monarchie für diese Völker ausgesprochen hatte und die seltsamerweise Bismarck in seinen »Gedanken und Erinnerungen« wiederholte, stand ihm nur zu deutlich vor Augen. Er hing mit allen Fasern seines Herzens an dem alten Reich und der Dynastie. Der Untergang der Monarchie schlug ihm eine Wunde, die er nie verschmerzte. Im Jahre 1934 sprach man schon sehr oft von der Restauration der Habsburger. Aller Welt war klar, daß in einem solchen Fall die damalige Tschechoslowakei mobilisiert und in Wien ein Ultimatum überreicht hätte. Gewiß wollte es mein Vater nicht sein, der dieses Ultimatum überbrachte. Anderseits war er, aufgewachsen in der altösterreichischen Beamtentradition, sich nur zu klar, daß er als Beamter die Aufträge seiner Regierung durchzuführen hatte. Um diesem Konflikt auszuweichen, ging er mit 58 Jahren in Pension und verzichtete auf die Erfüllung seines Traumes, einmal Vertreter der Moldaurepublik beim Vatikan zu werden.
Seit meiner frühesten Jugend sprach mein Vater viel mit mir über Geschichte, auch über das, was man heute Zeitgeschichte nennt. Durch die Zerstörung der Donaumonarchie sah er düster für die Zukunft des tschechischen Volkes. Der Lauf der Zeit hat ihm leider recht gegeben. Mit Bedauern sprach er immer davon, daß die Deutschen der böhmischen Länder in der tschechoslowakischen Republik zur zweiten Nation herabgedrückt wurden. Seiner Meinung nach gehörten sie genauso zur böhmischen Nation wie die Tschechen und Juden des Landes. Er vertrat seine Meinung auch bei offiziellen Stellen, was ihm nicht immer Beliebtheit eintrug. Er kannte auch die Deutschen Böhmens zu gut, um nicht zu wissen, daß sie sich von einem deutschen Beamten alles

gefallen lassen würden, aber bei einem tschechischen Beamten, und wenn er noch so gerecht wäre, von Unterdrückung sprechen würden.
So wuchs ich von Kindheit an mit allen Problemen der böhmischen Länder auf. Ich lernte im Laufe meines Lebens die böhmischen Länder durch Reisen und Wanderungen in- und auswendig kennen. Die schönen Gegenden des Riesengebirges, des Böhmerwaldes, des Erzgebirges, der mährischen Hochebene, des böhmischen Tieflandes. Ich lernte alle die schönen großen und kleinen Städte mit ihren prachtvollen Plätzen, begrenzt von Laubengängen, auf denen sich am Abend das Leben der Städte abspielte, kennen. Jene Plätze, auf denen sich fast immer eine ehemalige Jesuitenkirche und ein ehemaliges Jesuitenkloster befinden und in deren Mitte fast immer eine Mariensäule steht. Ich wanderte durch die Industriegebiete und durch die einsamen Wälder und besuchte die Kirchen und Schlösser, die Museen und die Bauernhäuser. Nicht nur im Elternhaus, sondern in all diesen Häusern, ob sie Reichen oder Armen gehörten, atmete ich die behagliche Atmosphäre ein, wie sie nur böhmischen Häusern eigen ist. Oft wurde ich auch persönlich mit Erlebnissen der böhmischen Geschichte konfrontiert. Niemals werde ich den 28. Oktober 1933 vergessen, da der 83jährige Präsident Thomas Garrigue Masaryk hoch zu Roß die große Parade der Truppen auf dem Wenzelsplatz abritt, gleichsam ein ziviler Franz Joseph. Ich werde nie diesen schönen Septembertag des Jahres 1938 vergessen, der mit einem so schrecklichen Mißton endete. Ich verbrachte damals meine Ferien in Westböhmen und machte an diesem Tag eine kleine Wanderung von Teplitz-Schönau nach Maria-Schein. Ich besuchte auch die Schlachtfelder von Nollendorf in der Nähe von Kulm, wo die Grafen von Westphalen zu Hause waren. Am Abend hielt Hitler eine große Rede auf dem Nürnberger Parteitag, in der er den berühmten Satz sagte: »Ich spreche von der Tschechoslowakei.« Es war klar, daß in diesem Augenblick der Angriff Hitlers gegen die Moldaure-

publik begann und deren Tage gezählt waren. Es waren schreckliche Tage, die nun folgten. Tage, an denen es immer mehr sichtbar wurde, wie sehr die freie Welt vor den Erpressungen Hitlers zurückwich. Am 5. Oktober 1938 fuhr ich mit dem letzten Zug, der aus dem Sudetenland abging, nach Prag. Auch dies war ein strahlender Tag. Gleichsam als wollte die Natur die Menschen etwas in ihrem Schmerz trösten. Als ich am Abend inmitten des Flüchtlingsstromes den Prager Bahnhof verließ, verkündeten die Zeitungen in großen Lettern, daß Beneš abgedankt habe.

Ich werde auch nie diese schrecklichen Tage Mitte März 1939 vergessen. Die riesigen Menschenmassen, die sich über den Prager Wenzelsplatz wälzten, die ewige Mahnung aus den Lautsprechern, sich nicht provozieren zu lassen, um Hitler keinen Vorwand zum Eingreifen zu geben, die hoffnungslose Fahrt des Präsidenten Hacha nach Berlin, und schließlich der Einmarsch der deutschen Truppen bei eisiger Kälte, begleitet von dem johlenden Pfeifen der Prager Menge. Der 15. März war ein eiskalter Tag. Entlang des Moldaukais standen alle zehn Meter tschechische Gendarmeriepatrouillen, die Gesichter blaugefroren von dem eisigen Wind, der den Fluß heraufpfiff. Erst am nächsten Tag wurde bekannt, daß diese Gendarmen die Fahrt des Führers auf den Hradschin beschützen mußten. Der »Völkische Beobachter« schmückte an diesem Tag Adolf Hitler mit dem altrömischen Kaisertitel »Mehrer des Reichs«, während die »Neue Zürcher Zeitung«, die an diesem Tag noch nach Prag kam, die Besetzung Böhmens und Mährens als »das Ende aller Illusionen« bezeichnete.

Eine Woche nach diesem Einmarsch verließ ich Prag. Es war wieder ein strahlender Tag. Und der Hradschin leuchtete mehr denn je im Glanz der Sonne. Die Tage vorher war ich kreuz und quer durch Prag gewandert, durch alle Winkel und Gassen, durch alle Höfe und Kirchen, um noch einmal die Atmosphäre dieser einmaligen Stadt in mich aufzunehmen. Ich hatte bei diesen Wanderungen das Bewußtsein und das Gefühl, für immer Abschied von Böhmen zu nehmen.

Ich kam seither doch sehr oft immer wieder nach Böhmen. Aber niemals spürte ich in mir den Wunsch, ständig wieder in diesem Land zu leben. Nur Gedanken gingen mir immer durch den Kopf, warum die Geschichte in Böhmen so schwer sein mußte und warum so viele Menschen von diesem Land, ihrer Heimat, Abschied nehmen mußten. Ein paar Splitter dieser Grübeleien enthält dieses Buch.
Dieses Buch ist eigentlich ein Dialog – mit den böhmischen Ländern, mit seinen Menschen, einzelnen Ereignissen der Geschichte. Ein Dialog, der mangels Partnern in die Form eines Monologs mündete, da die Partner fehlen, mit denen ein Dialog möglich wäre. Sie sind zerstreut in alle Winde, vielfach vertrieben aus der eigenen Heimat, vielfach schon verstorben. So hat dieser Monolog in erster Linie die Aufgabe, immer wieder an dieses einmalige Land, seine Bewohner und seine Geschichte zu erinnern, nur zu erinnern und in keiner Weise anzuklagen, sondern nur um die Liebe und das Gedenken an die alte Heimat wachzuhalten.

Monolog über Böhmen

Die eine Nation in zwei Sprachen

Sie fragen nach meinen Ansichten über die gegenwärtige Epoche der böhmischen Geschichte? Das heißt, Sie wollen wissen, was ich als tschechischer Katholik, noch mehr, als tschechischer katholischer Priester zu jenen Ereignissen sage, die sich seit Mai 1945, also seit ungefähr anderthalb Jahren hier abspielen?« Der alte Propst schwieg einen Augenblick. Seine Augen wanderten zum Fenster, blickten hinaus. Schwere Dezembernebel schlichen langsam und unheimlich über die Dächer der Häuser, die zum Fenster hereinblickten, und über die kahlen Bäume, die das Ufer der Elbe säumten. Kein Sonnenstrahl durchbrach diese Mischung von Lethargie und Schwermut. Das Barock der Propstkeikirche war das einzige Stück Fröhlichkeit in dieser traurigen Atmosphäre, gemindert durch die Riesenausmaße des Renaissancepalastes der Fürsten von Lobkowitz, Herzöge von Sagan, der vom Fenster aus unsichtbar, aber doch fast spürbar in der Landschaft lastete.

»Sehen Sie«, sagte der Propst, sich wieder umwendend, »ich bin jetzt bald 86 Jahre alt. Das heißt, ich habe die letzten siebzig Jahre böhmischer Geschichte bewußt miterleben können, siebzig Jahre, die mehr bedeuten als in einem andern Land, denn in ihnen vollzog sich der Aufstieg des tschechischen Volkes. Als ich 1878 in das Seminar nach Budweis kam, wußte noch kein Mensch etwas von Masaryk, damals war Palacky noch unmittelbare Vergangenheit, war Rieger der ungekrönte König von Böhmen, gab es noch nicht einmal eine tschechische Universität. In diesen siebzig Jahren erlebte ich den Fall des »alten Rieger«, des großen Führers der gemäßigten Alttschechen, den Sieg der radikalisierten Jungtschechen und den Aufstieg Kramařs, dann den Aufstieg Masaryks, den Untergang der Habsburgermonarchie, die neue Republik, den Verlust der Randgebiete, die Hitler-Herrschaft in Böhmen, dann die Befreiung und – schließlich die gänzliche Austreibung der Deutschen. Ich hatte in diesen sieben Jahrzehnten viel Zeit zum Nachdenken, warum soviel Haß und Feindschaft in unserem Land war.

Am Beginn unserer Geschichte steht ein Ereignis, das gleichsam ein Sinnbild für die Geschichte des darauffolgenden Jahrtausends ist – die Ermordung des heiligen Wenzel. Wir feiern ihn oft und gern, diesen Herzog, ohne daran zu denken, daß er von seinem eigenen Bruder ermordet wurde. Daß also der Haß von einem Bruder zum andern an der Schwelle unserer Geschichte stand, um in einem ganzen Jahrtausend nicht unterzugehen. Sie werden jetzt wohl sagen, daß ich Tschechen und Deutsche, die in diesem Land gemeinsam wohnten, von einem christlichen Standpunkt aus als Brüder betrachte. Aber gerade das will ich nicht. Sie waren Brüder, weil sie im Sinne des alten Staatsbegriffes zusammen nur eine Nation bildeten, die *eine* böhmische Nation, eine angeborene Schicksalsgemeinschaft, die zwei Sprachen hatte; *eine* Nation in gemeinsamer Geschichte im gemeinsamen Land, aber auch infolge der starken Blutsverwandtschaft untereinander. Sicher kennen Sie die kleine Schrift des Historikers Pekař, »Vom Sinn der tschechischen Geschichte«, worin er daran erinnert, daß ein Viertel aller Tschechen deutsche Namen trägt und mindestens über die Hälfte deutsches Blut in sich hat. So hatte der Führer der Alttschechen den Namen Rieger. Und bei den Deutschen in Böhmen lagen die Verhältnisse ähnlich. Wie viele besaßen einen tschechischen Namen, wie viele hatten tschechisches Blut in sich. Und jeder haßte, wenn er die Tschechen haßte, einen Teil seiner Vorfahren, ohne deren Dasein er gar nicht existieren würde. Und ebenso hat jeder Tscheche, der die Deutschen verachtete, vielleicht einen Teil seiner Vorfahren verachtet, einen Teil seiner Eltern. Ich muß lächeln, wenn die deutschen oder tschechischen Historiker sich bemühten, Karl IV. als einen Angehörigen ihrer Nation zu reklamieren. Ebenso erging es Przemysl Ottokar II. und Wallenstein. In Wirklichkeit dachten diese alle böhmisch, Feldmarschall Radetzky symbolisiert noch in seiner Person die Verschmelzung zweier Volksindividualitäten zu einer sieghaften Einheit. Der böhmische Hochadel und zumal große Männer in seiner Mitte, wie Leo Thun, haben noch bis in die letzte Zeit in gleichem Sinne gedacht. In der zweiten Hälfte des 19. Jahrhunderts wandelten sich die Begriffe. Deutsche und Tschechen gerieten auseinander. Diese Tragödie begann schon 1740, als Friedrich von Preußen Schlesien der böhmischen Krone entriß. Denn durch diesen Verlust wurde das Gleichgewicht der beiden Völker gestört, die Deutschen kamen in eine Minderheit. Die Furcht, von den zahlenmäßig stärkeren und kinderreicheren Tschechen verschluckt zu werden, war nur zu begreiflich. Deshalb die mit der Verfassungszeit beginnenden Versuche der Deutschen, immer wieder eine künstliche Mehrheit zu bilden, sei es durch ein besonderes Wahlsystem oder durch eine Verbindung mit anderen Völkern der Donaumonarchie, den Polen, Italienern, Rumänen. Auf der Flucht vor dem böhmischen Staat, in dem sie sich unsicher fühlten, wurden sie Zentralisten, ja sie wurden sogar – entgegen der föderalistisch gesinnten alpenländischen Deutschen – die Führer des österreichischen Zentralismus. Sie schlugen damit einen Weg ein, der sie diametral von ihren tschechischen Landsleuten wegführte, die das böhmische Landesrecht, das sogenannte »böhmische Staatsrecht«, als grundsätzliche Föderalisten vertraten. Damals wurden die Brücken zwischen beiden Teilen der einen böhmischen Nation abgebrochen. Wäre dies nicht geschehen, wäre die alte Monarchie nie zum Sturze gekommen.

Aber als wir dann die regierenden Herren in dem eigenen Staate wurden, zeigte es sich, daß wir auch nichts gelernt hatten. Wir vergaßen ebenso, daß die Deutschen in Böhmen mit uns eine Lebensgemeinschaft bildeten, wie sie es vergessen hatten. Wir lebten an ihnen vorbei. Der psychologische Moment, die Deutschen auf Böhmen zurückzuführen, wäre nach dem Ersten Weltkrieg günstig gewesen. Wir haben diesen Moment versäumt. Das war *unsere* Schuld. Darüber kommt man trotz allem Reden von Minderheitenrechten nicht hinweg. Wir haben damit die Deutschen politisch ausgebürgert und wunderten uns, als sie dann ihr Land, die Randgebiete mitnahmen. Aber Böhmen ist nicht teilbar, es bildet ein Ganzes. So holten die Deutschen zuerst den übrigen Teil Böhmens und dann die Tschechen wieder das ganze Böhmen. Ein Bruder versuchte dabei, den anderen zu erschlagen.

Sehen Sie, mit der Austreibung der Deutschen aus Böhmen beginnt ein ganz neues Kapitel unserer Geschichte: unsere Abwendung vom Abendland. Als wir vor einem Jahrtausend in die Geschichte eintraten, schwankten wir Tschechen lange hin und her, wohin wir uns wenden sollten, nach dem Osten oder dem Westen. Wir haben uns schließlich für den Westen entschieden. Das hatte im Gefolge, daß wir die ganze Lebensform des Westens annahmen. Wir wurden lateinische Christen, und wir gliederten uns in die politische Lebensform des Abendlandes ein, in das Imperium Romanum, dessen Oberhaupt vielfach Herrscher aus deutschen Geschlechtern waren. Auf drei Seiten waren wir von Deutschen umgeben. Wer anders als sie konnten die ganze Zeit hindurch unsere Lehrmeister sein? Alles, was es an abendländischen geistigen Gütern gab, haben wir durch diesen Filter empfangen, die Reform von Cluny ebenso wie den Humanismus, die Reformation ebenso wie die Gegenreformation, die Aufklärung ebenso wie den Nationalismus Herders. Nun plötzlich wollen wir nichts mehr vom Westen wissen, weil wir zu schlechte Erfahrungen mit ihm gemacht haben.

Gegen die Deutschen sind wir eingenommen, weil sie uns zu unterdrücken versuchten, und das übrige Europa, so sagen wir, hat uns in der Konferenz von München im Herbst 1938 ebenfalls im Stich gelassen. In unserer Geschichte hat es immer nur ein Entweder-Oder gegeben. Als wir sahen, daß der Westen sich von uns abwandte und gegen uns war, drehten wir entschlossen um und wandten uns dem Osten zu. Was aber mit sich brachte, daß wir alles aus unserem Körper herausschneiden mußten, was uns an den Westen klammerte. So konnten alle Deutschen, deren Vorhandensein in unserm Land ein sicheres Abziehen von dem Osten bedeutet hätte, aber auch alle Tschechen, die westlich eingestellt sind, bei uns keinen Platz mehr haben. Wir verfolgen ja nicht nur die Deutschen, sondern auch alle westlichen Tschechen, obwohl diese gegen die Nationalsozialisten gekämpft haben. Politisch und sozial denken wir heute östlich. Diese Blickrichtung unserer Staatspolitik, die Enteignung des Privateigentums, der Sieg der kommunistischen Partei – dies sind die äußeren Zeichen unseres Eintrittes in die östliche Welt. Vielleicht denken Sie jetzt, daß auch in mir der Tscheche den Katholiken überwiegt. Es ist nicht so. Wohl habe ich mich immer als Tscheche gefühlt, aber ebenso stark habe ich böhmisch gedacht. Immer habe ich die Deutschen dieses Landes als einen Teil dieser böhmischen Nation angesehen und ihre jetzige Vertreibung als einen unersetzlichen Verlust betrachtet. Daß die Deutschen viele Fehler gemacht haben und auch schuldig sind? Sicherlich, sie waren dabei nicht allein. Ich habe nicht nur als Priester, sondern weil ich immer böhmisch dachte, also aus natürlichen Gründen, gegen den Haß und für den Frieden gepredigt. Aber dieser so fruchtbare Boden war steinig und fast immer verschlossen für die Botschaft des Friedens. Das Elbe-Moldau-Becken war nicht umsonst der Schauplatz so vieler Kriege und Schlachten wie kein anderes Gebiet Mitteleuropas. Und heute besitzt das Christentum nur eine dünne Schicht, genau so wie vor tausend Jahren. Nur wenn das ganze Land in seiner Substanz vom Christentum durchsäuert worden wäre, wäre es wohl anders gewesen. Man sage nicht, daß wir Tschechen christlicher wären, wenn wir dem östlichen Ritus angehörten. Nicht nur der heilige Adalbert, der Lateiner, floh aus diesem Land aus Verzweiflung, daß es so unchristlich sich gebärdete, sondern auch der heilige Cyrill, der Christ des östlichen Ritus. Es gibt zwar keine Quellen, die belegen, warum dieser Heilige aus unseren Ländern ging und in Rom in ein Kloster eintrat, aber ich bin sicher, daß er dies ebenso wie der heilige Adalbert aus Verzweiflung tat. Die Liebe zu Böhmen, zum *ganzen* Böhmen, ist ein großes Kreuz für jeden Christen dieses Landes, ein Kreuz, das selbst Heiligen zuweilen zu schwer wurde. Diese Heiligen sind eine große Beruhigung für jeden Christen dieses Landes, der unter diesem Kreuz zusammenzubrechen droht.«

Deutschnationale Romantiker des 19. und 20. Jahrhunderts in Deutschland und Österreich liebten es, vom »Heiligen Römischen Reich Deutscher Nation« zu sprechen. Sie glaubten, daß dieses Reich ein nationaldeutsches war, dessen Bedeutung durch die Worte »heilig« und »römisch« gehoben wird. Ein nationaldeutsches Kaiserreich existierte nur von 1871, wobei allerdings gesagt werden muß, daß dieses Kaiserreich, ebenso wie das Kaiserreich des dritten Napoleon, das mexikanische oder das brasilianische, kein wirkliches Kaiserreich war, sondern ein Nationalstaat, der seine Bedeutung durch die Erhebung zum Kaiserreich vermehren wollte. Ein nationales Reich ist in Wirklichkeit ein Unding, ein Widerspruch, die Häresie eines großen Gedankens. Denn die Kaiseridee ist übernational. Ein Reich schließt immer viele verschiedene Länder und Völker in sich zu einer höheren Gemeinschaft zusammen, ohne sie auszulöschen.

Der bekannte deutsche Historiker Heinrich Sybel hat bereits 1937 nachgewiesen, wie es zu der tatsächlich gebrauchten Bezeichnung »Heiliges Römisches Reich Deutscher Nation« kam. Dieser Ausdruck wurde seit dem 15. Jahrhundert verwendet. Ursprünglich verstand man unter dieser Bezeichnung jenen Teil des Römischen Reiches, der von Deutschen bewohnt wurde. Sinngemäß gab es deshalb auch ein Heiliges Römisches Reich gallischer (französischer) und italienischer Nation. Tatsächlich waren der Erzbischof von Trier Kanzler

»per galliam« und der Erzbischof von Köln Kanzler »per italiam«, während der Erzbischof von Mainz Kanzler sowohl »per germaniam« als auch des ganzen Reiches war.

Als der letzte römische Kaiser, Franz II., 1806 – formal nicht richtig – das Römische Reich für erloschen erklärte, hatte er bereits zwei Jahre vorher das Kaiserreich Österreich ausgerufen, als eine Art »Heimliches Römisches Reich«. Dieses »Heimliche Römische Reich« übernahm das alte Reichswappen und die alten Reichsfarben Schwarz-Gelb und versuchte die Tradition dieses Reiches fortzuführen. Diese Ordnungszelle, wie man dieses neue »Heimliche Römische Reich« auch bezeichnen könnte, das sich über weite Teile des lateinischen und des östlichen Europa erstreckte, kam nie zur vollen Entfaltung. Es blieb eine Idee, ein Traum. Zu viele Kräfte standen gegen dasselbe auf wie einst gegen das alte Reich. Als größter Feind erwies sich der moderne Nationalismus, der schließlich dieses übernationale Reich zerstörte.

Neben diesem »Heimlichen Römischen Reich« existierte durch lange Zeit auch ein »Heimliches böhmisches Reich«. Maria Theresia, die sich noch 1743 zur Königin des gesamten böhmischen Reiches in Prag hatte krönen lassen, war die eigentliche Zerstörerin des einst so mächtigen böhmischen Reiches. Es wird vielleicht so manchen Leser etwas seltsam anmuten, wenn hier behauptet wird, daß Maria Theresia mit der Auflösung des böhmischen Reiches eine ähnliche Tat setzte wie Hitler mit der Auflösung Österreichs.

Als der »Führer« 1938 Österreich besetzte, ließ er zunächst theoretisch den gesamten Staat bestehen und ließ auch eine österreichische Landesregierung, wenn auch nur als Marionette, ihres Amtes walten. Bald aber schon ließ er einen Prozeß anlaufen, der zur totalen Auslöschung Österreichs führte. Zunächst wurde der Name Österreich in Ostmark umgewandelt, dann verschwand die österreichische Landesregierung, schließlich wurden aus den österreichischen neun Bundesländern sieben Reichsgaue, die aber nun miteinander in keinerlei Beziehung standen, sondern als selbständige

Länder unmittelbar der Berliner Zentralregierung unterstanden. Der Name Österreich verschwand sogar aus der Bezeichnung der beiden Stammländer, die nun die neuen Namen Nieder- und Oberdonau erhielten. Österreich hatte nach dem Willen des »Führers« aufgehört zu bestehen und sollte niemals wieder existieren. Aber heimlich lebte Österreich in den Herzen seiner Patrioten weiter und erstand aus den Trümmern des Tausendjährigen Reiches wieder auf.

Auch Maria Theresia löste das böhmische Reich, das sie von ihrem Vater ererbt hatte, praktisch auf. Beim Tode Karls VI. im Jahre 1740 regierte die Casa de Austria über fünf große Staatskomplexe, die zusammen einen Staatenbund bildeten: die österreichischen Erbländer, die Länder der St.-Wenzels-Krone, zu denen Böhmen, Mähren und ganz Schlesien gehörten, die Länder der Stephanskrone oder Ungarn, die österreichischen Niederlande und der oberitalienische Besitz.

Kaum nach Antritt ihrer Herrschaft überfiel Friedrich II. von Preußen Maria Theresia und raubte ihr Schlesien. Im Friedensvertrag von 1742 wurde ihm ausdrücklich von der böhmischen Krone der größte Teil Schlesiens abgetreten. Dieser Verlust Schlesiens war in vieler Beziehung von einer geradezu katastrophalen Bedeutung für den Staatenbund der Habsburger. Schlesien war ein sehr reiches Land, und der Verlust dieses Landes war gleichzeitig auch ein empfindlicher materieller Verlust. Durch den Verlust Schlesiens wurde aber auch gleichzeitig das Gleichgewicht der beiden großen Völker im böhmischen Reich wesentlich gestört. Die Deutschen wurden eine Minderheit und die Tschechen zur Mehrheit.

Der Verlust Schlesiens weckte in Maria Theresia den begreiflichen Wunsch nach Revanche und nach Wiedereroberung dieses Landes. Um dieses Land wieder zu erobern, mußte sie versuchen, die Verwaltung ihrer Länder zu rationalisieren, um dadurch genügend Mittel herauszuschlagen, die es ihr ermöglichten, eine schlagkräftige Armee zu bilden, mit der sie Friedrich von Preußen Schlesien wieder abjagen konnte. Und im Zuge dieser Rationalisierungsmaßnahmen löste sie das böhmische Reich durch ihre beiden großen Reformen aus den fünfziger und sechziger Jahren dieses 18. Jahrhunderts auf. Der bisherige böhmische Staat wurde aufgeteilt in einzelne Kronländer, die direkt der Wiener Zentralverwaltung unterstanden. Eine Tat, ähnlich wie sie Hitler mit Österreich vollbracht hatte. In einem handelte sie anders: Für das Land Böhmen tilgte sie nicht die Bezeichnung »Böhmen«, wie es Hitler mit Österreich tat. Im Gegenteil: Dieses Kronland führte bis zum Untergang der Monarchie die Bezeichnung »Königreich Böhmen« und wurde dadurch zur Zelle eines heimlichen böhmischen Reiches, aus dem einmal ein neues böhmisches Reich entstehen sollte. Die Zeit mit ihren vielen Verirrungen und insbesondere das Hochkommen des Nationalismus brachte es mit sich, daß dieses ersehnte böhmische Reich nur ein Zerrbild des einstmals so großen, echten böhmischen Reiches war.

Dieses böhmische Reich, oder wie wir heute sagen würden, der böhmische Staat, war durch lange Strecken der Geschichte ein großes Reich gewesen. Unter der Bezeichnung »die Länder der St.-Wenzels-Krone« umfaßte es eine ganze Union verschiedenartigster Länder.

Im Kernland Böhmen hatte gegen das Ende des 10. Jahrhunderts die einheimische Dynastie der Przemysliden die alleinige Herrschaft erlangt. Um das Jahr 1000 konnte sich Böhmen die Herrschaft über Mähren sichern, wobei diese Ausdehnung die einzige gewaltsame war, die von Böhmen ausgehen sollte. Aber Mähren, das als eine Art Fürstentum für die Nebenlinien des regierenden Hauses verwendet wurde, konnte sich immer eine gewisse Selbständigkeit bewahren. In der Folgezeit konnte sich das böhmische Reich weit über seine ursprünglichen Grenzen ausdehnen.

Drei Versuche unternahm Böhmen, um einen Großstaat zu gründen. Unter Przemysl Ottokar II. nach Süden, unter Wenzel II. nach Osten und unter Karl IV. nach Norden.

Aber vorher, im 11. Jahrhundert, war schon Meißen und Bautzen zu Böhmen gekommen. Erst im Dreißigjährigen Krieg verzichtete der böhmische König zugunsten Sachsens auf die Lehenshoheit über die Markgrafschaft Meißen, zu der vor allem die wendischen Gebiete Sachsens gehörten. Aber bis 1922 – als letzter Rest dieses einst wendischen Besitzes – gab es in Prag ein wendisches Seminar, an dem die katholischen Theologen aus Sachsen studierten. Przemysl Ottokar nahm Ober- und Niederösterreich, Steiermark, Kärnten, Krain, Friaul in Besitz. Die heutige Bundesstraße 17 in Österreich wurde von ihm geschaffen, auch das akademische Gymnasium in Wien. In der Minoritenkirche befindet sich oberhalb einer Pforte noch ein Tympanon, das Przemysl Ottokar als Stifter dieser Kirche zeigt. Auch das Egerland versuchte er zu erwerben. 1276 verlor Przemysl Ottokar alle Besitzungen bis auf Böhmen und Mähren. Auch das Egerland verlor Böhmen 1278, aber der Nachfolger des unglücklichen Königs, Wenzel II., konnte sich des Egerlandes wieder bemächtigen. Endgültig wurde dieser kleine Winkel Böhmens 1314 um 10 000 Mark, die acht Jahre später auf 20 000 Mark erhöht wurden, an Böhmen verpfändet. Noch bei der Annahme der Pragmatischen Sanktion unter Karl VI. verwies das Egerland auf diese Verpfändung und erklärte, die Pragmatische Sanktion nur insoweit anerkennen zu können, als diese Anerkennung mit der Verpfändung vereinbar sei.

Wenzel II., der Nachfolger Przemysl Ottokars II., erwarb die Pfalz und Meißen und brachte die oberschlesischen Fürstentümer in ein Lehensverhältnis zum böhmischen Staat. Er erwirbt Klein-Polen und wird selbst König von Polen. Unter Wenzel III. ging Polen wieder verloren und ebenso lockerte sich das Lehensband der schlesischen Fürstentümer.

Johann von Luxemburg, der Ehemann der letzten Przemyslidin, Vater Karls IV., erwirbt endgültig das Egerland und die schlesischen Herzogtümer sowie die Oberlausitz. Karl IV. erwarb noch die Niederlausitz, und 1363 wurde sogar ein Erbvertrag über die Mark Brandenburg abgeschlossen.

Es war ein riesiger Staat, dieses böhmische Reich unter Karl IV., bewohnt von Tschechen, Deutschen, Polen und Juden. Nicht nur Breslau war eine böhmische Stadt, sondern auch Görlitz und Meißen.
Karl IV. teilte das Reich unter seine vier Söhne, von denen jeder eines der Länder erhielt.
1623 verliert der böhmische Staat die Lausitz, die als Pfand an den Kurfürsten von Sachsen kommt. 1635 wird sie erbliches Manneslehen des sächsischen Kurfürsten. Der Kurfürst hat die Landeshoheit und der böhmische König nur das Recht des Rückfalls für den Fall des Aussterbens der Nachkommen.
1740 erlitt der böhmische Staat seinen größten Verlust, der in seinem Dasein eine Wende darstellen sollte: den Verlust Schlesiens, das Friedrich von Preußen der böhmischen Krone raubte. Nur ein kleiner Teil, das sogenannte Österreichisch-Schlesien, verblieb unter der Herrschaft der Habsburger.
1740 bis 1745 und 1760 bis 1765 löste Maria Theresia diesen großen Staat auf und zerlegte ihn in einzelne Kronländer. Was sie nicht auslöschen konnte, war die Sehnsucht nach dem Wiedererstehen des böhmischen Reiches.
Von der Geburt an hatte dieses böhmische Reich drei besondere Kennzeichen gehabt:
Die Länder dieses böhmischen Reiches hatten sich von allem Anbeginn an politisch, kulturell, religiös dem Abendland oder, wie wir heute sagen würden, dem freien Westen angeschlossen. Sie wurden so westlich und blieben es, daß die Tschechen vielfach heute den Russen nicht mehr als Slawen, sondern als slawisch sprechende Deutsche erscheinen.
Die Eingliederung in die westliche Welt bedeutete, daß die böhmischen Länder sich dem lateinischen Christentum anschlossen und ebenso der damaligen politischen Organisation der abendländischen Welt. Das war zunächst das Fränkische Reich Karls des Großen, dann das Deutsche Reich und schließlich das Imperium Romanum. Aus der Tribut-

pflichtigkeit zum Deutschen Reich wurde bald ein Lehensverhältnis. Die böhmischen Fürsten strebten hiebei immer wieder an, dieses Lehensverhältnis recht locker zu halten und anderseits politisches Kapital für sich selbst herauszuschlagen. So gelang es den böhmischen Fürsten, recht bald eines der Erbämter im Deutschen Reich, nämlich das Erb-Truchsessenamt, zu erlangen und auch an der deutschen Königswahl, die ja die Voraussetzung für die Erlangung der römischen Kaiserwürde im Mittelalter war, sich zu beteiligen.

Ab 1198 besitzen die böhmischen Fürsten erblich den Rang eines Königs, verliehen vom römischen Kaiser, bestätigt vom römischen Papst. Die Krone, mit denen die ersten Könige gekrönt wurden, existiert in ihrer ursprünglichen Form nicht mehr. Sie ging in die Krone über, die Karl IV. herstellen ließ und die bis auf den heutigen Tag unter dem Titel »St.-Wenzels-Krone« erhalten ist. Manche Nichthistoriker vermeinen, diese Krone gehe auf den hl. Wenzel zurück, ähnlich wie die Stephanskrone auf den hl. Stephanus zurückgehen soll. Aber der hl. Wenzel, ermordet 929, war niemals König, sondern nur Herzog.

Die böhmische Krone bezieht ihren Namen aus der Tatsache, daß sie, mit Ausnahme bei der Krönung, auf der Kopfreliquie des hl. Wenzel ruhen sollte. Dadurch wurde die Krone zum Eigentum des Heiligen erklärt. Sie wird in einem Seitenraum der St.-Wenzels-Kapelle bewahrt, der durch ein Tor verschlossen ist, das sieben verschiedene Schlösser besitzt. Jeder der sieben Großen des Landes besitzt einen der Schlüssel.

Die Legende sagt, daß derjenige, der sich diese Krone unberechtigt aufs Haupt setzt, eines gewaltsamen Todes stirbt. Wenn es wahr ist, daß sich der Reichsprotektor Heydrich einmal, gleichsam spaßhalber, die Krone aufs Haupt setzte, dann würde seine Ermordung die Wahrheit dieser Legende bestätigen.

Durch ihre Teilnahme an der deutschen Königswahl wuchsen die böhmischen Fürsten und Könige immer mehr in die Rolle eines Kurfürsten hinein, bis schließlich die Goldene Bulle Karls IV. den böhmischen Königen die Kurfürstenwürde ausdrücklich bestätigte und ihnen den ersten Rang unter den weltlichen Kurfürsten einräumte. Der hohe Rang, den die böhmischen Fürsten innerhalb des Reiches schon bald erlangten, brachte es fast mit Selbstverständlichkeit mit sich, daß sie auch trachteten, die höchste Würde des Abendlandes, die römische Kaiserwürde, zu erlangen. Der erste, der dies versuchte, war Przemysl Ottokar II. Sein Versuch endete tragisch mit seinem Tod im Jahr 1278 in der Schlacht bei Dürnkrut. Karl IV. aus dem Geschlecht der Luxemburger, von seiner Mutter her ein halber Przemyslide, war bereits glücklicher. Ihm gelang der Erwerb der Kaiserkrone, und ebenso erlangte sie sein Sohn Wenzel, der allerdings im Jahre 1400 von den Kurfürsten abgesetzt wurde. Auch der andere Sohn Karls IV., Sigismund, konnte die römische Kaiserwürde gewinnen. Ebenso dessen Schwiegersohn Albrecht im Jahre 1438, der erste Habsburger auf dem böhmischen Thron. Von Ferdinand I. an, dem Habsburger, Bruder Karls V., Enkel Maximilians I. bis zum Untergang des Römischen Reiches trug immer der böhmische König auch die römische Krone. An der Wahl zum römischen Kaiser nahmen die Habsburger in ihrer Eigenschaft als böhmische Kurfürsten teil. Die Verbindung von böhmischer und römischer Krone war so eng, daß das Sprichwort aufkam: »Auf die böhmische Krone gehört die römische«. Viermal war Prag die Residenzstadt des Heiligen Römischen Reiches: unter Karl IV., Wenzel II., Sigismund und Rudolf II. So war Prag praktisch die Hauptstadt Europas.

Die Zugehörigkeit Böhmens zum Deutschen Reich und schließlich zum Imperium Romanum hat so manchen Romantiker der Neuzeit dazu veranlaßt, Böhmen nicht nur als einen Teil des deutschen Königreiches, sondern auch als ein deutsches Land zu reklamieren. Sie stützten sich dabei auf die Tatsache, daß Böhmen zu einem wesentlichen Teil auch von Deutschen bewohnt war.

Nun ist es sicherlich richtig, daß das böhmische Reich in einem Lehensverhältnis nicht nur zum Imperium, sondern auch zum Regnum gehörte. Ebenso ist es richtig, daß die böhmischen Länder teilweise von Deutschen bewohnt waren. Aber daraus die Tatsache zu folgern, daß die böhmischen Länder »deutsche Länder« sind, geht entschieden zu weit. Das böhmische Reich war ein Staat, der von verschiedenen Nationen bewohnt wurde, die schließlich durch gemeinsame Geschichte und auch durch Vermischung untereinander zu einer einzigen Nation mit verschiedenen Sprachen wurden.

Auch darf man nicht vergessen, daß das Römische Reich die große übernationale Organisation der mittelalterlichen Welt und auch eines Teiles der Neuzeit war. Einen Beitritt zu dieser politischen Organisation machte ein Land noch nicht zu einem deutschen Land. Als die Engländer im 18. Jahrhundert das französische Kanada eroberten, wurde dasselbe nicht englisch, wohl aber britisch.

Die böhmischen Fürsten, und dies ist das zweite große politische Faktum in der böhmischen Geschichte, versuchten nicht nur innerhalb des Imperiums eine starke politische Macht zu bilden, sondern diese auch noch dadurch zu verstärken, daß sie den Bereich ihrer Herrschaft über die Grenzen ihres Imperiums auszudehnen versuchten.

Przemysl Ottokar II., der durch die Hochzeit mit der letzten Babenbergerin (die um 30 Jahre älter war als er) die österreichischen Herzogtümer sowie Steiermark, Kärnten, Krain und Friaul erlangte, hielt sich noch in dem Rahmen der Grenze des Reichs. Die folgenden Herrscher versuchten schon, nach Polen und Ungarn auszuweichen. Unter den Jagellonen, die im 15. Jahrhundert Könige von Böhmen wurden, gelang die Ausdehnung nach beiden Richtungen.

Durch den Erbvertrag mit den Habsburgern sollte die Möglichkeit, auch die österreichischen Länder zu erwerben, gegeben sein. Solche Erbverträge waren ein beliebtes Lotteriespiel der mittelalterlichen Herrscherfamilien. Wer zuerst ausstarb, hatte die Niete gezogen. In der Schlacht bei Mohacs, 1526, fiel der letzte Jagellone Ludwig, König von Böhmen und Ungarn, und die ganze jagellonische Herrschaft fiel an das Haus Habsburg, das dadurch endgültig die Könige von Böhmen und Ungarn stellte.

Die Geburtsstunde der Donaumonarchie war gekommen. Bis 1918 gehörte das böhmische Reich zu diesem Verband. Das heißt, richtiger gesagt, die Länder der Wenzelskrone. Denn wie schon dargelegt, löste Maria Theresia das böhmische Reich auf.

Die dritte große historische Tatsache, die die böhmische Geschichte beeinflußte, war die Besiedlung weiter, unbewohnter Teile des Landes durch deutsche Kolonisten. Dadurch wurden die böhmischen Länder zu einem Zweisprachenland und sollten es nicht nur bis zum Untergang der Monarchie, sondern bis 1938 bleiben. Die gemeinsame Geschichte und die Vermischung der Nationen im Laufe der Jahrhunderte war schließlich so stark, daß aus den Völkern eine einzige Nation mit verschiedenen Sprachen wurde.

Als Friedrich II. Schlesien raubte, fügte er dem böhmischen Reich unermeßlichen Schaden zu. Er zerstörte das Gleichgewicht der beiden Völker und beschwor dadurch die Gefahr herauf, daß ein Volk das andere zu hegemonisieren trachten mußte. Durch den Raub Schlesiens brachte aber Friedrich II. Maria Theresia auf den Gedanken, das böhmische Reich aufzulösen. Und hier schlägt eine weitere tragische Stunde. Die Erinnerung an das böhmische Reich lebte natürlich weiter. Aber sie lebte mit dem Aufkommen des Nationalismus eigentlich nur im tschechischen Volk weiter. Die Deutschen der böhmischen Länder bekannten sich höchstens zu einem böhmischen, mährischen oder schlesischen Landespatriotismus, die Erinnerung an das böhmische Reich oder gar die Hoffnung auf die Wiedererstehung desselben hatten sie völlig verdrängt. Dazu kam die Angst, von den zahlenmäßig stärkeren Tschechen majorisiert zu werden. So suchten die Deutschen der böhmischen Länder immer mehr Verbündete unter den übrigen Deutschen der Monarchie. Sie wurden Zentralisten, das heißt, sie wandten sich von Prag ab und Wien zu. Die Hoffnung auf eine Wiedererstehung des böhmischen Reiches wurde fast eine ausschließliche Angelegenheit der Tschechen. Und hier wieder fast eine ausschließliche Angelegenheit der böhmischen Tschechen. Denn trotz Auflösung des böhmischen Reiches hatte das Land Böhmen seinen Namen und seinen Rang als Königreich behalten und wurde so zur Urzelle der Wiedergeburt eines böhmischen Reiches, das sich allerdings immer mehr als ein tschechischer Nationalstaat abzeichnete. So schlug die Geburtsstunde der tschechoslowakischen Idee. Friedrich II. von Preußen, der das böhmische Reich so schädigte, daß Maria Theresia daraus die Konsequenzen zog und es liquidierte, ist somit der Geburtshelfer nicht nur des heimlichen böhmischen Reiches, sondern auch der tschechoslowakischen Idee. Folgerichtiger hätte die Erste tschechoslowakische Republik nicht nur Masaryk als dem Gründer derselben zahlreiche Denkmäler setzen sollen, sondern auch Friedrich II. von Preußen als dem Initiator dieser Idee.

Einmal nur schien es, als würde allerdings das heimliche böhmische Reich wieder in seiner alten Struktur entstehen: Nach dem Ausgleich mit Ungarn im Jahre 1867 wurden um 1870 ernsthafte Versuche unternommen, auch dieses böhmische Reich mit seinen drei Ländern wieder als einen eigenen Staat, ähnlich Ungarn, entstehen zu lassen. Die verblendete Politik der magyarischen Gentry einerseits und der deutschnationalen Liberalen anderseits verhinderte die Auferstehung des böhmischen Reiches. Wäre dies gelungen, dann hätte sich das Jahr 1918 sicherlich nie ereignet.

Die drei Völker der einen böhmischen Nation

Schweijk, Haftlmacher & Co(hn)

Am Beginn der böhmischen Geschichte steht ein Ereignis, das gleichsam ein Sinnbild ist für die Geschichte des darauffolgenden Jahrtausends: die Ermordung des heiligen Wenzels im Jahre 929. Dieser heilige Herzog ist so etwas wie ein nationaler Heiliger, ähnlich dem heiligen Stephan und der heiligen Jeanne d'Arc. Sein Andenken wird oft und gern gefeiert. Aber niemand macht sich besondere Gedanken darüber, daß dieser Herzog von seinem eigenen Bruder ermordet wurde. Daß somit am Beginn der böhmischen Geschichte ein Brudermord steht. Und dieser Brudermord sich durch ein Jahrtausend immer wiederholen wird. Denn die ganze böhmische Geschichte durchzieht wie ein roter Faden der Gegensatz zwischen den Völkern, die diese Länder bewohnen. Und niemand denkt daran, daß diese Völker eigentlich Brüder im wahrsten Sinn des Wortes waren. Daß sie zusammen aus vielen Gründen eine einzige Nation bildeten, die böhmische Nation; so wie die vier Völker Spaniens, die Kastilier, die Katalanen, die Basken und Galicier, die eine spanische Nation bilden und Wallonen und Flamen eine belgische Nation. Durch Jahrhunderte lebten in den böhmischen Ländern Tschechen, Deutsche und Juden zusammen und miteinander und wurden aus vielen Gründen langsam eine Nation.

Nach dem Ersten Weltkrieg gab es lange wissenschaftliche Diskussionen, angeführt vom Professor der Technischen Hochschule in Brünn, Berthold Bretholz, einem deutschnationalen Juden, ob die Germanen, die in den ersten Jahrhunderten nach Christus im Zuge der Völkerwanderung Böhmen besetzt hatten, Böhmen ganz verlassen hatten oder Reste zurückgeblieben waren. Letztere Behauptung sollte sich gegen ein böses Wort Masaryks richten, der knapp nach Gründung der Tschechoslowakei behauptet hatte, die Deutschen der böhmischen Länder seien lauter Kolonisten und Immigranten. Diese These klingt merkwürdig, gerade aus dem Munde Masaryks. War doch seine Mutter selbst eine Deutsche, stammte er somit teilweise auch von diesen Kolonisten und Immigranten ab. Und seine Frau, eine Amerikanerin, stammte von französischen Einwanderern, also Immigranten ab. Die Einwanderung ganzer Völker in andere Länder ist oft vorgekommen. Amerika wäre ohne die weiße Einwanderung undenkbar. England ebenso ohne die normannische. Auch die Geschichte der böhmischen Länder ist undenkbar ohne die tschechische, deutsche und jüdische Einwanderung.

Ob Germanen noch aus der Völkerwanderungszeit in den böhmischen Ländern übriggeblieben waren, spielt wirklich keine Rolle. Die große Einwanderung der Deutschen erfolgte im 12. und 13. Jahrhundert im Zuge der großen deutschen Ostkolonisation, im Verlauf derer das ganze Gebiet zwischen Elbe und Weichsel mehr oder minder germanisiert wurde.

Die deutsche Einwanderung in Böhmen, an der sich hauptsächlich Franken und Bayern beteiligten, unterschied sich allerdings in einem wesentlichen Punkt von der übrigen deutschen Ostkolonisation: Sie war völlig ohne Gewalt und wurde sogar von den böhmischen Fürsten gefördert und organisiert.

Im 6. Jahrhundert hatten die Tschechen die böhmischen Länder besiedelt, sie sind somit selbst Immigranten. Im 9. und 10. Jahrhundert hatten sich Böhmen und Mähren unter den Przemysliden geeinigt. Die eingewanderten Tschechen hatten nur Teile der beiden böhmischen Kernländer besiedelt. Große Teile, besonders an den Grenzen, die von riesigen Wäldern bedeckt waren, waren unbewohnt geblieben. In diese Gebiete ergoß sich der Strom der deutschen Einwanderer und machte sie zu fruchtbarem Land. Die deutsche Einwanderung drang auch teils in das tschechische Sprachgebiet vor, wo viele größere und kleinere Städte entstanden, die im frühen Mittelalter vielfach von Deutschen bewohnt wurden, aber durch die tschechische Umgebung selbstverständlich auch eine tschechische Zuwanderung erfuhren und immer wieder langsam tschechisiert wurden. Seit diesen Zeiten sind Böhmen und Mähren klassische Zweivölkerländer und somit Zweisprachenländer. Das Neben- und Miteinanderleben der beiden Völker beherrschte einen Großteil der Geschichte dieser Länder.

So blieb es praktisch bis 1938. Natürlich gab es noch andere Völker in diesen böhmischen Kernländern. Ein nicht wegzudenkendes Volk, das in diesen Ländern lebte, waren die Juden. Schon im 9. und 10. Jahrhundert finden sich Judengemeinden in Böhmen. Im Laufe des 14. und 15. Jahrhunderts fanden viele Juden, welche Deutschland infolge der Judenpogrome verlassen mußten, ihren Unterschlupf und ihr Auskommen in den böhmischen Ländern. Nach den Aufständen der ukrainischen Kosaken gegen ihre polnischen Gutsherren im Jahre 1648 hatten auch die Juden, die im Dienste dieser Gutsherren standen, aus der Ukraine fliehen müssen. Sie wandten sich teilweise nach Nordungarn, vor allem aber nach Mähren. Auf dem Gebiet Mährens bildeten sich starke jüdische Gemeinden unter dem Schutze der dortigen adeligen Gutsherren. Diese übervölkerten mährischen Judengemeinden bildeten ein Reservoir, aus dem sich bereits zu Beginn des 17. Jahrhunderts ein immer stärkerer Strom von Juden nach Ungarn, nach Österreich und nach Prag ergoß. Auch die böhmisch-mährischen Juden sind somit Immigranten.

Natürlich gab es in den böhmischen Ländern auch noch andere Völker. So lebten in dem kleinen Stück Schlesien, das bei Österreich geblieben war, noch Polen, während im übrigen großen Schlesien die Polen im Zuge der Ostkolonisation ganz verschwunden waren. Im südöstlichen Mähren lebten Menschen, die tschechisch schrieben und schreiben, die eine Sprache sprechen, die ähnlich dem Slowakischen klingt, aber doch nicht reines Slowakisch ist. Sprachforscher behaupten: In dieser Gegend werde eine Sprache gesprochen, die einst im Großmährischen Reich verwendet wurde. Alle diese Splitter spielten keine große Rolle im Leben der böhmischen Länder. Die drei großen Nationen, die ihre Geschichte beherrschten, waren Tschechen, Deutsche und Juden.

Im Laufe der Ostkolonisation waren alle slawischen Völker zwischen Elbe und Weichsel verschwunden. Nur die Tschechen als einziges slawisches Volk hatten es verstanden, der Germanisation zu entgehen. Hier zeigt sich zum erstenmal das große Durchsteh- und Überlebensvermögen dieses Volkes. Zwar gab es immer wieder Situationen, die das tschechische Volk auszulöschen drohten: Das späte 14. Jahrhundert muß eine solche Epoche gewesen sein, und der Ausbruch der hussitischen Wirren war eine Explosion, die aus Existenzangst erfolgt sein mußte. Zu Ende des 18. Jahrhunderts schien neuerlich die Lebenskraft des tschechischen Volkes zu erlöschen. Als 1791 der Tscheche Pelcl an der Prager Universität seine Antrittsvorlesung über die tschechische Sprache hielt, vertrat er die Ansicht, daß in kurzer Zeit das tschechische Volk ebenso verschwunden sein werde wie die Wenden in der Lausitz. Und die deutsche Okkupation von 1939 bis 1945, die ausdrücklich darauf gerichtet war, einen Teil der Tschechen zu germanisieren und den anderen auszuweisen, war die dritte Epoche, in der die große Gefahr eines Erlöschens des tschechischen Volkes heraufzog.

Durch die Kolonisation der Randgebiete war das tschechische Volk von drei Seiten von Deutschen begrenzt. Ein Faktum, das nicht übersehen werden darf. Denn viele politische, geistige und soziale Ideen erhielt das tschechische Volk nun durch ein Jahrtausend durch einen deutschen Filter. Die

Deutschen in den böhmischen Ländern waren Angehörige eines mitteleuropäischen Volkes oder, wie wir heute sagen würden, des Freien Westens. Begreiflich, daß die Tschechen durch diesen Filter zu den westeuropäischen Ideen hingezogen wurden. Hatten doch die Deutschen wiederum viele Ideen aus dem eigentlichen romanischen Westeuropa empfangen. So wurden die Tschechen zu den westlichsten aller slawischen Völker. Sie sind in ihrem Denken und in ihrem Lebensrhythmus derart westlich, daß die Russen – wie schon gesagt – sie gar nicht mehr als Slawen ansehen, sondern als slawisch sprechende Deutsche.

Das Zusammenleben von Tschechen und Deutschen durch Jahrhunderte, oft gestört durch Rivalitäten, oft gestört durch Haßausbrüche des einen Volkes gegen das andere, so daß dasselbe fast vernichtet wurde, brachte es aber doch mit sich, daß diese beiden Völker und die Juden der böhmischen Länder eine gemeinsame Geschichte durchlebten. Ein gemeinsames Geschichtserlebnis war noch immer eines der stärksten Kräfte für das Entstehen einer Nation. Und so wurden diese drei Völker, die die böhmischen Länder bewohnten, im Laufe ihrer Geschichte zu einer einzigen Nation, der böhmischen Nation in zwei Sprachen, ohne daß sie sich dessen bewußt wurden. Dazu kommt, daß durch das Zusammenleben sich beide Nationen auch stark vermischten. Josef Pekař, der berühmte tschechische Historiker, gestorben 1937, sagt in seiner kleinen Schrift »Vom Sinn der böhmischen Geschichte«, daß mindestens ein Viertel aller Tschechen deutsche Namen trage und mindestens die Hälfte aller Tschechen deutsches Blut in sich habe.

Wahrscheinlich war die Blutmischung aber noch stärker. Mindestens ein Viertel der Deutschen aller böhmischen Länder trug tschechische Namen, was wiederum ein Beweis für die Vermischung der beiden Völker ist. Wie stark diese Blutmischung ist, kann an einigen eklatanten Beispielen bewiesen werden: Przemysl Ottokar II., der doch etwa wie ein nationaltschechischer König angesehen wird, war ein halber

Deutscher, denn seine Mutter war eine Hohenstaufin. Karl IV. hatte eine przemyslidische Mutter und einen luxemburgischen, also deutsch-französischen Vater, Thomas Garrigue Masaryk, der Begründer und erste Präsident der Tschechoslowakischen Republik, hatte eine deutsche Mutter (wobei es gar nicht sicher ist, ob er wirklich einen slowakischen Vater hatte, und durchaus die Möglichkeit besteht, daß er nicht einen Tropfen slawischen Blutes in sich hatte); und Konrad Henlein, der nationalsozialistische Führer der Sudetendeutschen von 1935 bis 1945, hatte eine tschechische Mutter.
Als der sogenannte Reichsprotektor Heydrich während des Zweiten Weltkrieges unter dem Motto, die Tuberkulose zu bekämpfen, eine Untersuchung aller tschechischen Schüler durchführen ließ, um dadurch feststellen zu können, wieweit sich das tschechische Volk für eine Germanisierung eigne, kamen die Kommissionen zu dem überraschenden Ergebnis, daß die tschechischen Schüler in ihrer überwiegenden Zahl »deutsche Rassenmerkmale« aufwiesen. Das ist natürlich in dieser Form ein glatter Unsinn, denn bei einer Untersuchung sudetendeutscher Kinder hätte man ebenso feststellen können, daß diese überwiegend »tschechische Rassenmerkmale« aufwiesen, welche Tatsachen aber nur dafür sprechen, daß beide Völker stark vermischt waren und im Grunde genommen eine einzige Nation, und zwar eine westeuropäische Nation bilden.
Auf weiten Strecken der böhmischen Geschichte haben Tschechen und Deutsche der böhmischen Länder sich nicht gut miteinander vertragen. Die Tschechen selbst hatten zu Ausgang des 19. und in den ersten Jahrzehnten des 20. Jahrhunderts keinen sehr guten Klang bei ihren unmittelbaren Nachbarn, einen hervorragenden Ruf aber in der westeuropäischen, vor allem angelsächsischen Welt. Sudetendeutsche und Slowaken, Polen und Magyaren waren den Tschechen nicht gut gesinnt und blickten etwas verächtlich auf sie herab. Sie waren als ein Volk der kleinen Leute, der Hausmeister, Schneider und Schuster verschrien. Sie standen

im Verdacht, demokratisch zu denken und nicht »feudal« zu sein. Alle diese Urteile waren natürlich falsch. Jedes Volk hat seine Schuster, Schneider und Tischler, und die unteren Schichten eines Volkes denken immer demokratisch, ist dies doch die einzige Möglichkeit, in der Politik mitreden zu können. Man übersah, daß das tschechische Volk in der Neuzeit erst spät erwachte und viele Jahrzehnte nach dem Erwachen der Deutschen und Polen selbständig zu denken begann. Man warf den Tschechen oft auch Unduldsamkeit gegenüber ihren Nachbarn vor. Eine solche Unduldsamkeit findet man tatsächlich bei Polen und Magyaren. Die Polen lebten praktisch ihre ganze Geschichte im Streit mit ihren Nachbarn, mit Deutschen und Russen, mit Tschechen und Litauern. Sie lebten auch im Streit mit allen Völkern und nichtkatholischen Konfessionen, mit denen sie in einem eigenen Staat zusammen waren, wie mit Ukrainern und Juden. Diese Unverträglichkeit der Polen hat ihren guten Grund: Sie ist der Ausdruck einer ungeheuren Existenzangst, die im Unterbewußtsein des polnischen Volkes allerdings mit voller Berechtigung schlummert. Zuviel Leid hat die polnische Nation im Laufe ihrer Geschichte erfahren müssen. Und zwar eben durch diese ihre Nachbarn.

Auch die große Unverträglichkeit der Magyaren gegenüber ihren Nachbarn, den Slowaken, Rumänen, Kroaten und Schwaben, beruht auf einer echten Existenzangst. Auch das magyarische Volk war mehr als einmal daran, zu erlöschen, und die verrückten Magyarisierungsbestrebungen des späten 19. und der ersten Jahrzehnte des 20. Jahrhunderts sind nur ein Versuch, dieses Erlöschen für alle Zeiten gewaltsam unmöglich zu machen.

Auch die sogenannte Unverträglichkeit der Tschechen gegenüber den verschiedenen Nachbarn hat sicherlich etwas mit einer Existenzangst zu tun. War doch das tschechische Volk im Laufe seiner Geschichte, wie schon erwähnt, mehr als einmal daran, völlig auszulöschen. Die Deutschen überrundeten sie einfach politisch, wirtschaftlich und sozial, und sie müssen dabei sehr viele psychologische Fehler gemacht haben. Ansonst wären solche Explosionen, wie es die hussitische Revolution oder das Jahr 1945 waren, nicht denkbar. Aber ihre Unverträglichkeit war nicht größer als die der böhmischen Deutschen und Juden gegen sie.

Dieses Zusammenleben von Tschechen, Deutschen und Juden hatte, obwohl nur wenige daran dachten, seine großen Vorzüge. Diese Völker standen ständig in einem Konkurrenzkampf gegeneinander. Sie steigerten sich ununterbrochen gegenseitig empor. Ohne diesen Konkurrenzkampf wären die böhmischen Länder nicht derart reich geworden, wie sie es schließlich waren. Ohne diesen Konkurrenzkampf hätten die böhmischen Länder nicht dauernd hervorragende Köpfe auf allen Gebieten des Lebens hervorbringen können. Die gemeinsame Geschichte und die Vermischung untereinander ließen bei den drei Völkern gleiche Lebensgewohnheiten und Lebenserscheinungen entstehen, so daß diese Völker Außenstehenden, die keine Ahnung von böhmischer Geschichte haben und nur den Unterschied der Sprache erkennen können, wirklich als eine einzige Nation erscheinen müssen. Tschechen, Deutsche und Juden der böhmischen Länder waren vor allem von einem geradezu unbeschreiblichen Fleiß besessen. Die Arbeit war für diese Menschen kein Fluch, sondern eine wahre Freude. Alle Völker der böhmischen Länder, und dies ist sicher auch ein Ausfluß des gegenseitigen Konkurrenzkampfes, besaßen eine hohe Geistigkeit und Intelligenz. Zur Intelligenz und zum Fleiß gesellte sich eine ebenso unbeschreibliche Sparsamkeit, die von den kleinsten Leuten bis zu den höchsten reichte und sowohl bei Tschechen, Deutschen und Juden der böhmischen Länder den Eindruck der Knickerigkeit hervorrief. »Jetzt wird gestorben und nicht Kaffee getrunken«, dieses letzte Wort einer Ehefrau zu ihrem sterbenden Mann, die damit seinen letzten Wunsch abschlug, kann von allen drei Völkern erzählt werden. Neben Fleiß, Intelligenz und Sparsamkeit besaßen die drei Völker einen merkwürdigen Hang zum Mystischen, der sich oft im Spintisieren auswirkte. Dieser Hang brachte aber wieder eine seltsame Begabung zum Basteln mit sich und zur Freude am Entdecken. Allgemein herrscht die Überzeugung, daß nur die Deutschen der böhmischen Länder dieses Talent zum Basteln hätten. Aber die Tschechen besitzen es genau ebenso. Sonst wäre es unvorstellbar, daß in der heutigen Situation die Tschechen sich im alltäglichen Leben immer wieder alles »richten können«. Und zwar dadurch, daß sie alles durch ihre eigene Bastlertätigkeit erledigen. Dieser Hang zum Spintisieren und die ewige Bereitschaft zum Lernen, die ewige Wißbegier hatte noch eine Folge bei allen drei Völkern. Sie wollten ununterbrochen das eigene Leben und das Leben der anderen, selbst wenn diese es nicht wollten, reformieren. Sie alle besaßen und besitzen den Hang zur Weltverbesserung an sich und schauen etwas verächtlich auf jene Menschen herab, die diesen Hang nicht besitzen. Dieser Reformeifer kann oft in eine Lust an der Reform an sich ausarten und wird dann besonders lästig für alle Mitmenschen, die nicht von der gleichen Rasse abstammen. Ein besonderes gemeinsames Kennzeichen aller drei Völker der einen böhmischen Nation ist das Überstehenkönnen. Allgemein wird diese Kunst nur dem tschechischen Volk zuerkannt. Das tschechische Volk hat diese Kunst vielleicht am prägnantesten unter den drei böhmischen Völkern bewiesen. In der Hussitenzeit trat dieses Talent des tschechischen Volkes – sich behaupten gegen ein Meer von Feinden – zum erstenmal ins Bewußtsein der Geschichte und bringt seither jedem Tschechen den Ruf ein, daß er ein Hussit seit. Das ist natürlich völlig falsch, aber das Durchstehenkönnen gegenüber einem Meer von Gefahren, das Überlebenkönnen ist eine typische Eigenschaft des tschechischen Volkes, aber nicht nur dieses, sondern auch der Deutschen und Juden der böhmischen Länder. »Ein Böhm geht nicht unter«, dieses etwas spöttische Wort zeigt seine Wahrheit an dem Schicksal so vieler Sudetendeutscher und böhmischer Juden, die – physische Vernichtung ausgenommen – die ärgsten Gefah-

ren überstehen, um nach diesen, dank ihrer Intelligenz und ihres Fleißes, besser zu leben als vorher.
Allen drei Völkern ist ein ganz seltsames liberales und humanes Weltgefühl eigen. Sie fühlen sich in den besten Momenten des Lebens mit den anderen Bewohnern der eigenen Länder und den anderen Konfessionen als eine einzige Brüderschar, was sie nicht hindert, im Augenblick des Zornes den eigenen Bruder dann zu erschlagen. Alle drei Völker besitzen aber auch einen merkwürdigen Hochmut, sie wissen sehr genau, daß sie fleißig sind, daß sie intelligent sind, daß sie sparsam sind und blicken etwas überheblich auf jene Menschen herab, die dies nicht sind, wobei sie nicht vergessen, sich als Beispiel hinzustellen. Alle drei Völker sind aber auch sehr schnell beleidigt, wenn jemand nicht bereit ist, ihre Qualitäten anzuerkennen.
Einer ganz besonderen Veranlagung aller drei Völker muß hier noch gedacht werden: Tschechen, Deutsche und Juden besitzen einen ganz seltsamen Katastrophenkomplex. Es gibt kaum einen Tschechen, Juden oder Sudetendeutschen, der nicht in einen Zug einsteigt, ohne sicher zu sein, daß derselbe entgleist. Jeder Angehörige dieser drei Völker ist überzeugt, daß ein harmloser Schnupfen das erste Anzeichen einer Todeskrankheit ist. Jeder Angehörige dieser drei Völker sieht bereits sein Kind unter den Rädern eines Autos, wenn es etwas zu spät aus der Schule nach Hause kommt. Die Beispiele könnten beliebig fortgesetzt werden. Dieser Katastrophenkomplex ist die Folge einer tausendjährigen, sehr schweren Geschichte, in der unendlich viel Schreckliches den Menschen der böhmischen Länder widerfuhr. Ihm liegt die Ahnung zugrunde, es sei eben immer möglich, daß der Bruder den Bruder erschlägt, so wie der heilige Wenzel von seinem Bruder erschlagen wurde.
Bei allen drei Völkern der böhmischen Länder gab es eine Erscheinung, die in der übrigen habsburgischen Monarchie nicht anzutreffen war: das Vorhandensein einer eigenen großbürgerlichen Kaste, das Vorhandensein von »Grand-

Bourgeois« im 19. und 20. Jahrhundert. Außer in Triest existierte eine solche Schicht nirgends in der Monarchie. Sie bestand fast ausschließlich aus Industriellenfamilien, deren Aufstieg in der späten Maria-theresianischen Zeit begonnen hatte, bei den Deutschen zuerst, bei den Tschechen und Juden später. Der Aufstieg war mit viel Fleiß und mit viel Sparsamkeit erfolgt. Der Fleiß war in diesen Familien immer noch geblieben, und kaum ein Mitglied dieser Familien hätte es versäumt, nicht schon um 7 Uhr im »Comptoir« zu sein. Auch die Sparsamkeit war geblieben, auch noch in jenen Zeiten, da diese Familien schon einen großen Reichtum besaßen und sich ein wohlhabendes Leben leisten konnten. Sie führten in vielem ein Leben, das schon sehr feudale Züge trug, im besten Sinn des Wortes. Im Alltag lebte man bescheiden, aber zu besonderen Festen bogen sich die Tische und zeigten, was Küche und Keller boten. Man hatte seine Pferde, seine Tennisplätze, seine Jagden. Man besuchte die Ausstellungen in Wien und Berlin, man fuhr nach Abbazia und manchmal sogar an die Riviera. Man besuchte die Oper in Prag, in Wien und in Dresden, das für Deutschböhmen manchmal so etwas wie eine zweite kulturelle Hauptstadt wurde. Man sah etwas verächtlich auf das kleinbürgerliche Innerösterreich herunter. Niemals aber wäre es einem Mitglied dieser Grand-Bourgeois-Familien eingefallen, sich um einen Titel zu bewerben. Man war eben »Herr Schicht« oder »Herr Hardtmut«, »Herr Bat'a«, Herr Křižik«, »Herr Ginzkey« oder »Herr Mallmann«. Man war »Julius Meinl«, und es wäre unvorstellbar gewesen, ihn mit »Herr Kommerzialrat« anzureden.

Obwohl das Leben dieser Grand-Bourgeois-Schicht schon sehr dem Leben von Feudalen ähnelte, verkehrten die feudalen Familien und die Grand-Bourgeois-Familien niemals miteinander. Man traf einander höchstens beim Dienst in den sogenannten »guten« Kavallerieregimentern. (Da diesen Begriff heute nur noch die wenigsten kennen, sei er kurz erklärt: die Bezeichnung »gute Kavallerieregimenter« hatte gar nichts mit deren militärischem Wert zu tun. Es waren Regimenter, bei denen die Mitglieder von sozial hochstehenden Familien und nicht von armen Schluckern oder Neureichen zu dienen pflegten.)

Die Häuser dieser Grand-Bourgeois waren in vielen Dingen viel komfortabler als die Schlösser der Adeligen. Es lebte sich in ihnen gemütlicher und bequemer als in diesen kleinen und großen Residenzen, dank auch der Frauen dieser Grand-Bourgeois. Sie waren unbeschreiblich perfekte Hausfrauen und leiteten mit Würde, Tatkraft und Lautlosigkeit einen oft großen Haushalt, in dem sich die Männer wohl fühlten und ihre kargen Ruhestunden mit Freude genossen und in dem die Kinder in einer glücklichen Atmosphäre aufwuchsen, die sie als größten Reichtum in ihr Leben mitnehmen konnten. Vielen Mitgliedern dieser Grand-Bourgeois-Familien, tschechischen, deutschen und jüdischen, ist diese Atmosphäre oft der einzige Reichtum geblieben, den sie in die Emigration mitnehmen konnten, ein Reichtum, den sie allerdings nie verlieren konnten und von dem sie ihr Leben lang zehren.

So bilden diese drei Völker der böhmischen Länder auch durch ihre Lebensgewohnheiten eine einzige Nation.

Der genaue Kenner der böhmischen Länder weiß natürlich, daß es doch einige wesentliche Unterschiede zwischen Tschechen, Deutschen und Juden gibt.

Da ist zunächst ein gewisser Mangel an Humor bei den Sudetendeutschen zu nennen. Selbst die größten Bewunderer dieses mit vielen Gaben ausgezeichneten Volkes können nicht behaupten, daß die Sudetendeutschen voll sprühenden Humors sind. Die Sudetendeutschen betrachten diese Feststellung zwar immer als Beleidigung und führen als Gegenbeweisen den berühmten Pfarrer Wenzel Hocke an, den sogenannten »Hockewanzel«. Die Aussprüche dieses etwas josephinisch angehauchten Geistlichen sind tatsächlich sehr köstlich, aber doch eher derb, um nicht zu sagen, grob, und sind daher eher ein Beweis für die Humorlosigkeit der Sudetendeutschen, denn dieser Pfarrer huldigte wie so viele seiner Landsleute dem Grundsatz, »die Wahrheit immer«, auch in den ungelegensten Momenten und auch gegenüber der Obrigkeit zu sagen. Solche Leute haben natürlich oft die Lacher auf ihrer Seite, die Mitmenschen aber, die mit ihnen leben müssen, gegen sich. Aber selbst wenn dieser »Hockewanzel« von Humor sprühen würde, wäre eine einzige Gestalt noch kein Beweis für das Vorhandensein von Humor in einem ganzen Volk. Ein Nestroy, ein Anzengruber, ein von Hofmannsthal finden sich nicht in der sudetendeutschen Literatur.

Dieses Nichtvorhandensein von Humor kann natürlich nicht als ein Vorwurf verwendet werden, und derjenige, dem man diese Tatsache nachsagt, hat im Grunde genommen keinen Anlaß, beleidigt zu sein. Die Humorlosigkeit der Sudetendeutschen hat ihren tiefen Grund.

Durch Jahrhunderte mußte dieses Volk in einem erbarmungslosen Existenzkampf leben. Es lebte in tiefen, düsteren Wäldern, die nur langsam urbar gemacht wurden. Es lebte in unwirtlichen Gegenden, wo der Winter im September begann und erst im April endete. Wer einmal einen Regen zur Sommerszeit im Böhmerwald erlebt hat, begreift, daß diese so schöne Gegend nur wenig besiedelt ist und niemals für den Fremdenverkehr geeignet war. Denn der Regen in dieser Gegend dauert im Sommer wochenlang, und dies erträgt kein Sommerfrischler lang. Generationen und Abergenerationen von Sudetendeutschen mußten unter der Erde leben: als Bergleute in Silberbergwerken und später in Kohlengruben. Der Lebenskampf war durch Jahrhunderte unerbittlich, und das Leben war »kein Spaß«. Um überhaupt überleben zu können, mußten alle Familienmitglieder arbeiten, einschließlich der Kinder. Sie mußten oft Arbeiten verrichten, die zu Haus geleistet werden konnten und so einen Nebenverdienst einbrachten, wie Herstellung von Klöppelspitzen und Musikinstrumenten, Bemalen von Kinderspielzeug und ähnlichem. Wer kennt nicht diese bescheidenen

Häuschen in vielen sudetendeutschen Gegenden, die einfachen Fabrik- oder Bergarbeitern gehörten, die durch die Arbeit ihrer Frauen und ihrer Kinder sowie durch das Vorhandensein eines kleinen Kartoffelackers und einer Ziege, die magere und übelriechende Milch gab, das Dasein fristeten. Jede Wirtschaftskrise, die über diese Gebiete kam, war besonders grauenhaft und versetzte alle Bewohner in einen Zustand des Schreckens. Menschen, die unter solchen Bedingungen leben müssen, haben keine Zeit mehr für Humor. Sie haben nur noch Zeit zu roboten und todmüd ins Bett zu fallen. Selbst die Märchenfiguren der deutschböhmischen Gegenden, wie die Figur des Rübezahl, enthalten kaum einen Funken Humor, sondern sind ebenfalls von Düsterkeit durchsetzt.

Die Tschechen dagegen haben Humor. Sie leben in reichen, geradezu fröhlichen Gegenden, die übergehen von Lebensmitteln und immer die Chance geben, das Leben irgendwie zu fristen. In solchen Gegenden ist es »ein Spaß«, die Mitmenschen, vor allem aber die Obrigkeit, sei es Lehrer, Pfarrer, Richter, Steuerbeamter, an der Nase herumzuführen. Die Geschichte des braven Soldaten Schweijk, die zu Unrecht als vulgäre und primitive Literatur gilt, in Wirklichkeit aber schon fast Shakespeare-Größe hat, ist ein klassisches Beispiel dafür, wie der tschechische Mensch durch Humor sich das Leben zu richten weiß. Durch diesen Humor ist er der geradezu klassische Typ des Saboteurs. Er führt jeden Befehl so exakt und so präzis aus, daß er widersinnig ist. Aber gleichzeitig nimmt er dadurch seinem Gegner die Möglichkeit, ihn zu beschuldigen, daß er seinen Anordnungen nicht gefolgt sei. Durch diesen Humor ist es dem Tschechen auch eher möglich, mit den Fehlern seiner Mitmenschen fertig zu werden. Und der Humor ermöglicht es ihm, manche Dinge nicht zu sehen und manchmal gar nichts zu sagen, wobei er allerdings dann in den Verdacht kommt, ein falsches und verlogenes Spiel zu spielen. Der Humor ermöglicht dem Tschechen auch, eine Eigenschaft zu üben, die den

Sudetendeutschen infolge der Humorlosigkeit abgeht: Er kann warten und schweigen, bis der scheinbar richtige Augenblick gekommen ist, zu handeln und zu reden. Das ist eine Eigenschaft, die viele Mitmenschen gar nicht schätzen, denn sie begegnen dadurch der Gefahr, nach dreißig Jahren etwas an den Kopf geworfen zu bekommen, was sie längst vergessen haben.

Der harte Existenzkampf, dem Sudetendeutsche durch Jahrhunderte in ihren Gegenden ausgesetzt waren, hatte noch eine weitere Folgeerscheinung. Es wurde schon darauf hingewiesen, daß in vielen Familien Heimarbeiten von Frauen und Kindern durchgeführt wurden, um das Einkommen etwas aufzubessern. Einer der berühmtesten Erwerbszweige dieser Art war die Herstellung von Klöppelspitzen. Eine Arbeit, die unerhörte Präzision und Feinfühligkeit benötigte. Aber die Sudetendeutschen arbeiteten vielfach noch in anderen Berufszweigen, die ebenfalls Präzision und Feinfühligkeit zur Voraussetzung haben, zum Beispiel in der Glas-, Porzellan- und teilweise auch in der Maschinenindustrie. Vor allem die Glasindustrie mit ihrem Glasblasen und ihrem Glasschleifen erforderte eine unerhörte Genauigkeit seitens des Arbeitenden. Diese Präzisionsarbeiten, die durch Jahrhunderte durchgeführt wurden, brachten eine ganz seltsame Erscheinung mit sich: einen Hang zur Perfektion. »Man muß aufpassen wie ein Haftlmacher« war ein oft angewandter Ausdruck in den deutsch-böhmischen Gebieten. Bei manchen Sudetendeutschen artete dieser Hang zur Perfektion geradezu schon zu einer Versuchung aus. Sie glaubten, alle Arbeiten so perfekt wie möglich zu Ende führen zu müssen, und da sie bemerkten, daß die von ihnen gewünschte Perfektion von ihnen nicht erreicht wurde, kamen sie in die Versuchung, mit einer Arbeit nie fertig zu werden.

Auch die Tschechen sind ausgezeichnete, fleißige und intelligente Arbeiter. Auch sie haben diesen gleichen Hang zur Perfektion. Die Entstehung von großen Textil- und Maschinenindustrien und vor allem das Vorhandensein einer ganz ausgezeichneten graphischen Industrie wäre nicht möglich gewesen ohne diesen Hang zur Perfektion. Aber durch ihren Hang zum Humor sind die Tschechen dann öfters in der Lage, nicht ebenso sture Haftlmacher zu werden, wie es ihre deutschen Brüder waren. Sie geraten allerdings dann leicht in die Atmosphäre der Schlamperei. Kommt ein Tscheche in eine solche Atmosphäre, dann kann es vorkommen, daß er ein schlechter Arbeiter wird, daß er sich äußerlich völlig gehenläßt, daß ihm auch politisch alles egal ist.

Natürlich besaßen auch die Juden der böhmischen Länder diesen Hang zur Perfektion. Sie waren von einer geradezu mystischen Besessenheit durchdrungen, alles so gut wie möglich zu machen, um auch hier als eine Art auserwähltes Vorbild zu wirken.

Sie besaßen die gleichen Merkmale und Eigenschaften wie die beiden anderen Völker des Landes. Sie waren intelligent und fleißig, sie waren große Humanisten und Menschenfreunde, sie hatten Humor und besaßen gleichzeitig den Katastrophenkomplex. Manche Berufe waren fast ausschließlich in ihren Händen, so der Handel mit Textilien, die Zuckerindustrie, die Kohlenbergwerke. Die Reichen unter den Juden waren immer große Mäzene ohne Ansehen der Volkszugehörigkeit oder der Religion. Seit den Zeiten Kaiser Josefs II. und erst recht seit den Zeiten, da die Deutschliberalen in der Monarchie herrschten, bekannten sich fast alle Juden der böhmischen Länder zum deutschen Volkstum. Deutsch war die technische Verkehrssprache der ganzen Monarchie. Deutsch war auch die Sprache der sozial Gehobenen, so wie Französisch die Sprache der Adeligen im 18. Jahrhundert war. In vielen rein tschechischen Gebieten gab es deutsche Gemeinden (und dadurch auch deutsche Schulen), wobei diese Deutschen fast ausschließlich Juden waren. Der Beruf des Arztes, Advokaten und des Kaufmanns war von ihnen besonders begehrt. Sie galten im großen und ganzen als gewiegte und vor allen Dingen auch als seriöse Kaufleute. Unseriöse Praktiken wurden von den eigenen

Glaubensgenossen schärfstens angeprangert Viele deutsche Einrichtungen in den böhmischen Ländern lebten teils oder sogar überwiegend von den Unterstützungen dieser deutsch denkenden Juden. Manchmal zeigten sich bei diesen Juden sogar ausgesprochene, wenn auch gemäßigte, deutschnationale Gefühle, die sich manchmal bis zu einer leichten Verachtung des Tschechischen entwickeln konnten. Es gab unter ihnen auch Erscheinungen, die fast an Antisemitismus gemahnten. Arme Juden aus dem Osten waren unter diesen böhmischen Juden nicht sehr gut angesehen. Das Deutschtum der böhmischen Länder hat diesen deutschnationalen Juden unendlich viel zu danken. Darüber hinaus schenkte dieser kleinste Teil der böhmischen Nation in den letzten Jahren seiner Existenz, bevor seine Mitglieder vertrieben oder vernichtet wurden, der Welt Genies, wie Sigmund Freud, und einmalige Schriftsteller und Dichter, wie Franz Kafka und Franz Werfel, Karl Kraus, Stefan Zweig und Max Brod.

Man mußte schon verbrecherisch dumm sein wie Hitler, um diese Juden zu vernichten. Abgesehen von dem rein menschlichen Verbrechen, hat Hitler damit dem Deutschtum in den böhmischen Ländern schwersten Schaden zugefügt.

Das starke Eintreten der böhmischen Juden für die deutschen Belange brachte es mit sich, daß unter den deutschen Bewohnern des Landes, obwohl sie vielfach national dachten, ein eigentlicher Antisemitismus mit Ausnahme in der Hitler-Zeit nicht aufkam. Dieses Eintreten der Juden für die deutschen Belange brachte aber die »Blüte« eines seltsamen Antisemitismus unter vielen Tschechen mit sich. Für viele Tschechen war Jude und Deutscher identisch. Solche merkwürdige Blüten kann der Nationalismus hervorbringen.

So hat dieser Hang zur Perfektion bei den Völkern dieser einen Nation seine verschiedenen Auswirkungen, aber ohne diesen Hang zur Perfektion wäre Böhmen niemals eines der größten Industrieländer Mitteleuropas geworden.

Erkennt man am Vorhandensein von Humor oder Humorlosigkeit, ob es sich um einen Tschechen oder Deutschen der böhmischen Länder handelt, dann ist das Vorhandensein von Musikalität oder Nichtmusikalität ein ebenso charakteristisches Unterscheidungsmerkmal. Die Sudetendeutschen sind – vielleicht weil sie keinen Humor besitzen – nicht musikalisch. Die Tschechen sprühen vor Musikalität, sie sitzt jedem einzelnen im Blut. »Der böhmische Musikant« war in der alten Monarchie eine wohlbekannte Erscheinung. Die Militärmusikkapellen, die Kurkapellen der verschiedensten Bäder lebten fast ausschließlich vom tschechischen Nachwuchs. Innerhalb eines Jahrhunderts brachte das tschechische Volk hervorragende Meister der Musik hervor, die mit ihren Werken die Welt eroberten, wie Smetana, Dvořak, Janaček, Suk und Förster.

Berühmte Virtuosen, wie Jan Kubelik, Šefčik, Vaša Přihoda, sowie berühmte Dirigenten, wie Raphael Kubelik, ergänzen diese Behauptung. Jeder Tscheche und jede Tschechin kann gut tanzen, während junge Sudetendeutsche manchmal ein Tanzparkett mit einer Schützenwiese verwechseln. (Für alle jene, die nicht wissen, was eine Schützenwiese ist und welche Bedeutung sie im Leben der Sudetendeutschen hatte, sei dies kurz erklärt: In jedem sudetendeutschen Städtchen oder Dorf gab es einen Schützenverein, dem anzugehören als besondere Ehre galt. Jeder Schützenverein besaß ein Schützenhaus, in dem natürlich eine wohlfundierte Gaststätte installiert war und wo auch Tanzkränzchen, dilettantische Theateraufführungen, Nikolo- und Weihnachtsfeiern mit selbstgebastelten – sparsamen – Geschenken veranstaltet wurden. Jedes solches Schützenhaus war eine Art Kasino einer sudetendeutschen Stadt. Jedes Jahr fand im Sommer auf der Wiese, die obligatorisch ein solches Schützenhaus umgab, ein Schützenfest statt, bei welchem Fest, unter reichlichem Biergenuß aus dem einheimischen Brauhaus, mit Armbrüsten auf irgendeinen ausgestopften Vogel, der auf einem hohen Mast befestigt war, geschossen wurde. Derjenige Schütze, der das letzte übriggebliebene Stück herunterschießen konnte, erhielt feierlich für ein Jahr die Würde eines Schützenkönigs und war so etwas wie der gesellschaftliche Häuptling des Ortes, was jedem »König« viel Freude, aber teilweise auch Schmerz bereitete, denn er mußte sich sehr gastlich zeigen, was Geld kostete.)

Der Leser verzeihe, daß ich hier zwei Szenen anführe, die ich persönlich erlebte, mit denen ich aber nur die Musikalität des tschechischen Volkes beweisen will.

Eine Szene spielte im Sommer 1938 in Prag. Österreich war schon einige Monate durch Hitler besetzt, und langsam braute sich ein Unwetter gegen die Moldaurepublik zusammen. Als eine Art geistige Landesverteidigung wurde im Sommer 1938 in Prag ein großer Sokol-Aufmarsch veranstaltet, ein Aufmarsch dieses berühmten tschechischen Turnvereines, dessen Mitglieder nach dem Vorbild der Garibaldianer rote Hemden trugen. Ich sah mir den Vorbeimarsch am Moldaukai an. Aus irgendeinem Grund blieb der Zug plötzlich stehen. Die Musikkapelle spielte trotzdem weiter. Eine junge Gruppe von Bauernburschen, die hinter der Musik stand, fing ganz plötzlich zu tanzen an. Es waren Hannaken, und sie tanzten in ihren anmutigen Kleidern mitten auf der Straße, als ob es das Natürlichste von der Welt wäre. Sie hatten es einfach nicht ausgehalten, still auf den Weitermarsch zu warten.

Die andere Szene erlebte ich 1971 im kleinen westböhmischen Städtchen Taus. Man feierte gerade den hundertjährigen Bestand des dortigen Gymnasiums, das somit unter Kaiser Franz Joseph gegründet worden war, unter dem Ministerium Hohenwarth, das ja als tschechenfreundlich galt. In einem Festzug gingen alle Maturanten mit, der älteste Jahrgang war der Jahrgang 1910, der aus sechs alten Männern bestand. Diesen alten Männern rannen ununterbrochen Tränen über die Wangen. Niemand wußte, ob sie aus Erinnerung an ihre schöne Jugend oder an die schönen Zeiten, die die Tschechen in der Monarchie erlebt hatten, weinten. An der Spitze des Zuges marschierte eine Musikkapelle, die ununterbrochen einen k. u. k. Militärmarsch spielte, den sogenannten Castaldo-Marsch. Es war dies der Marsch des ehemaligen Infanterieregimentes Nr. 28, das 1915 wegen teilweiser Desertion an der russischen Front aufgelöst, im Jahre 1917 aber wegen besonderer Tapferkeit an der italienischen Front wiedererrichtet worden war. (Jeder dieser Schwejks, die diesen Vorbeimarsch miterlebten, konnte je nach Gesinnung entweder sagen, dies sei der Marsch eines revolutionären oder eines besonders österreichtreuen Regimentes.)

Am Ende des Zuges ging der jüngste Maturajahrgang, und darunter befanden sich viele Mädchen. Man sah ihnen an, daß sie nur von einem Gedanken besessen waren: nach dieser schönen Musik zu tanzen. Sie gingen mit tänzelnden Schritten im Zug mit, als ob sie jederzeit bereit wären, mitten am Platz von Taus ein Ballett aufzuführen. Jede dachte sich im stillen, warum keiner der zusehenden Burschen sie zu einem Tanz bitte.

Man erinnere sich im Gegensatz dazu an den Aufmarsch von sudetendeutschen Turnverbänden auf irgendeinem der großen schönen Plätze, die die deutschböhmischen Städte so kennzeichneten. Man erinnere sich auch an Aufmärsche von Sudetendeutschen irgendwo in Deutschland oder Österreich nach dem Zweiten Weltkrieg. Es gab immer perfekte Marschmusik, perfektes Marschieren von Burschen und Mädchen, entschlossene Gesichter. Keinem einzigen dieser Teilnehmer wäre es eingefallen, bei einem Stocken des Zuges mitten auf der Straße zu tanzen, und nicht eines dieser Mädchen ging mit zierlichen und tänzelnden Schritten über das Pflaster, so daß niemand in Versuchung geriet, es um einen Tanz zu bitten.

So sind Humor und Musikalität die zwei großen Unterscheidungsmerkmale zwischen Tschechen und Deutschen der böhmischen Länder. Sie sind die wesentlichen Unterscheidungsmerkmale, und ihr Vorhandensein hat seinen guten Grund und kann niemandem zum Vorwurf gemacht werden.

Auf ein Unterscheidungsmerkmal sei allerdings noch hingewiesen: Sudetendeutsche erschienen und erscheinen sehr oft

hart, kantig und unbeugsam nach außen. Tschechen dagegen nachgiebig, weich, unentschlossen. Die Unterscheidung ist richtig. Aber das Innere dieser Menschen war das gerade Gegenteil. War es jemandem gelungen, die harte äußere Schale eines Sudetendeutschen zu »durchstoßen«, dann traf man auf einen ganz weichen, sentimentalen Menschen, der hilfsbereit bis zum äußersten war und aus Mitleid zu Tränen gerührt sein konnte. Durchdrang man die weiche äußere Schale der Tschechen, dann stieß man nach langer Zeit auf einen eisernen Kern, an dem nicht mehr zu rütteln war. Dann konnte es geschehen, daß dieser scheinbar so weiche, tolerante, nachgiebige Mensch von unbeugsamer Härte sein konnte. Man hatte das Gefühl, auf Granit, der in Germknödelteig eingepackt war, zu stoßen.
Tschechen und Deutsche, der Schwejk und der Haftlmacher, lebten jahrhundertelang miteinander, vermischten sich und waren eine Nation, ohne dies zu wissen. Das Zusammenleben züchtete in ihnen den Komplex, daß jeweils die Angehörigen des anderen Volkes an allem Unglück, das irgendwo passierte, schuld seien. Dieser Komplex sitzt in beiden Völkern sehr tief. Tschechen und Deutsche, die auswandern oder vertrieben werden, nehmen ihn in ihrem oft spärlichen Gepäck mit. Nur haben sie dann nicht immer als Gegner einen Tschechen oder Sudetendeutschen zur Verfügung. Dann suchen sie sich »Ersatztschechen« oder »Ersatzsudetendeutsche«, die angeblich an allem Unglück schuld sind. Sudetendeutsche, die nach 1945 vertrieben wurden und in Deutschland Fuß faßten, schimpften plötzlich auf die »Preußen« und die Bayern, die sie bis 1938 teilweise angebetet haben. Sie, die sich nie als besonders gute Österreicher gefühlt hatten, entdeckten plötzlich ihr Österreichertum und waren beleidigt über die überheblichen »Preußen«. Und die Tschechen, die alle Slawen aus panslawistischer Begeisterung in den Himmel gehoben hatten, funktionierten plötzlich die Russen zu den neuen Sudetendeutschen um, die wiederum jetzt an allem schuld sind. So merkwürdige Blüten kann ein

Komplex treiben, den sich Völker jahrhundertelang aus einer Existenzangst anzüchten und dessen Wachsen niemals notwendig gewesen wäre, hätten die beiden Völker die Grundlagen dieser Existenzangst rechtzeitig beseitigt.

Schwejk, Haftlmacher & Co(hn) waren die drei Gesellschafter der großen böhmischen Firma. Sie waren Gesellschafter, die sich nicht immer einig waren, was nichts Neues in einer Gesellschaft ist. Sie lebten gut in einem Land, das von Milch und Honig überfloß und das das reichste Land Mitteleuropas war. Es ist unfaßbar, daß diese drei Brüder einer einzigen Familie nur selten in Frieden miteinander leben konnten und nur in manchen Teilen dieses großen Reiches. Immer wieder mußte einer von ihnen zum Wanderstab greifen und den Staub der böhmischen Erde von den Schuhen schütteln, um sich in der Welt eine neue Heimat zu suchen, mit zerbrochenem Herzen und dem Gedanken, diese ungetreue Heimat und die anderen Brüder nie mehr zu sehen. Und dennoch konnte keiner von ihnen die Lebensgewohnheiten verlassen, die ihm in dieser Heimat angeboren und anerzogen worden waren.

Zum Schluß sei noch einer anderen Menschenklasse dieses Landes gedacht: der Hocharistokraten. Nur wenige dieser Familien hatten eine ungebrochene böhmische Tradition. Viele dieser Familien leiteten ihre Abstammung auf irgendeinen Heerführer des Dreißigjährigen Krieges zurück, der selbst nicht gerade eine großartige Abstammung hatte, aber sich durch militärische Fähigkeiten empordiente und für seine Treue vom Herrscher reich belohnt wurde. So wie im 19. Jahrhundert in Böhmen die Schicht der Grand-Bourgeois entstand, entstand nach dem Dreißigjährigen Krieg die Schicht der böhmischen Hochfeudalen, die sich aus alteingesessenen Familien und militärischen Glücksrittern, die nobilitiert und beschenkt worden waren und sich bald mit den alten Familien vermischten, zusammensetzte. Sie war eine Schicht, die nicht ihresgleichen in Mitteleuropa hatte. Am meisten ähnelte sie englischen Lords. Mit etwas Spott und

Verachtung blickten die Angehörigen dieser Schicht auf die nobilitierten Beamten und Offiziere, Kleinbürger und Bauern herab, von denen es in Österreich wimmelte und die sich krampfhaft bemühten, unter der Marke »Zweite Gesellschaft« die Hochfeudalen zu kopieren. Die Angehörigen dieser Schicht unterschieden sich auch wesentlich von ihren magyarischen und polnischen Standesgenossen. Die Naturschutzparks, die sie in Ungarn und Polen angetroffen hatten, verursachten ihnen nur Kopfschütteln. Fast alle Angehörigen dieser Schicht waren oft sehr schöne, auf jeden Fall sehr elegante Menschen mit sehr viel Kultur und oft auch großer Intelligenz. Außenstehende haben sie oft als arrogant bezeichnet, in Wirklichkeit war dies nur eine Schüchternheit, hinter der sie versuchten, den Zusammenstoß mit der Welt zu kaschieren. Unter dieser Schicht befanden sich große Mäzene, und viele von ihnen waren von tiefem sozialem Verständnis durchdrungen. Solange es noch keine staatliche, perfekte Fürsorge gab, war neben der Kirche die Fürsorge dieser großen Familien der einzige soziale Halt, den es für kleine Menschen gab. Sie waren teils von einem unwahrscheinlichen Reichtum. Die Familie Schwarzenberg besaß z.B. bis zur ersten Bodenreform, die durch den Schlesier Küdlich im ersten österreichischen Parlament angeregt wurde, 600 000 Hektar. Nicht minder reich waren die Liechtenstein, aber auch die Besitzungen der Clarys, Auersperg, Schönborn, Fürstenberg konnten sich sehen lassen. Den geringsten Großgrundbesitz in den böhmischen Ländern besaß die Habsburgerfamilie. Die Schlösser dieser Aristokraten waren meist prachtvoll und konnten die Konkurrenz mit den Residenzen deutscher Fürsten nur zu gut aufnehmen. Sie waren sehr oft unbequem zu bewohnen, weshalb sich dann manchmal die Angehörigen dieser Geschlechter in schöne Villen zurückzogen und ein ähnliches Leben wie die Grand-Bourgeois zu führen begannen.
Nach 1918 nahm die neu errichtete Tschechoslowakei ihnen die Titel und ebenso die wenigen Privilegien, die sie besessen

hatten, wie die Möglichkeit, die Kämmererwürde zu erlangen oder durch ein Mitglied der Familie im Herrenhaus vertreten zu sein. Durch die Bodenreformgesetze entzog ihnen die Moldaurepublik die materielle Basis, das Leben so wie bisher weiterzuführen. Diese Bodenreform, dies soll ausdrücklich erwähnt werden, wurde nicht entschädigungslos durchgeführt, wenn auch die Entschädigung nur in Staatspapieren bestand. Begreiflich, daß diese Schicht, die eine so große Rolle in der böhmischen Geschichte gespielt hatte, sich für die tschechoslowakische Idee nicht begeistern konnte. Sie zog sich in ein Ghetto zurück und spielte in der Moldaurepublik keine Rolle in der Armee, in der Diplomatie, in der Verwaltung und nicht einmal in der Kirche. Beim großen tschechoslowakischen Katholikentag 1935 trat diese Schicht zum letztenmal geschlossen auf.

Auch dem Nationalsozialismus standen fast alle Mitglieder dieser Schicht mit Reserviertheit gegenüber. 1938 wurden ihnen im Sudetenland die Titel wieder zurückgegeben, und das gleiche geschah mit der Errichtung des Protektorates in den tschechischen Gebieten. Aber auch diese Maßnahmen lockten die Mitglieder dieser Schicht aus ihrer Reserviertheit nicht heraus. Nach 1945 traf auch die meisten von ihnen das Schicksal des Exils. Ihr noch restlicher Grundbesitz wurde endgültig enteignet, und die Familien wurden über die Grenzen geschwemmt und in alle Winde zerstreut.

Diese Schicht, und dies sei besonders erwähnt, war vielleicht die einzige, die noch an die Idee des heimlichen böhmischen Reiches glaubte und die am prägnantesten die eine Nation in zwei Sprachen lebte. Als die böhmischen Länder im Herbst 1938 endgültig zugrunde gingen und mit dem Beginn dieses dritten dreißigjährigen Krieges eine vollkommene Umstrukturierung der böhmischen Länder begann, demonstrierte der böhmische Adel noch einmal für die Idee des böhmischen Königreiches und für die Gleichberechtigung der beiden Völker der einen Nation: Eine Gruppe böhmischer Hochadeliger erschien im September 1938 bei Präsident Beneš und

erklärte, sich für die Integrität der böhmischen Länder einzusetzen, und forderte gleichzeitig von diesem tschechischen Nationalisten die Gleichberechtigung »beider Zungen«. Ein Akt, der dieser Schicht nicht vergessen werden soll.
Heute leben von den einst über drei Millionen Deutschen nur mehr rund 60 000 Deutsche in der Republik. Es sind hauptsächlich Deutsche, die entweder mit Tschechen oder Tschechinnen verheiratet sind und deshalb nicht weg mußten, oder Facharbeiter, die man dringend für die heimische Industrie benötigte. Politisch werden diese Deutschen durch zwei Abgeordnete im Zentralparlament vertreten. Ein Kulturverband sorgt für ihre kulturelle Betreuung. Ebenso wie zwei deutsche Wochenzeitungen, die in Prag herauskommen und für ihre Information sorgen. Diese Deutschen leben nicht in kompakten Siedlungen, sondern zerstreut, hauptsächlich in den böhmischen Randgebieten. Es gibt deshalb auch keine deutschen Schulen, während die Ungarn in der Südslowakei ein dichtes Netz von Volks- und Mittelschulen besitzen.
Deutsche Aufschriften findet man eigentlich nur mehr auf Gräbern in den Randgebieten, die noch aus der Zeit vor 1945 stammen. Deutsche Aufschriften gibt es aber auf den Prager Zentralbahnhöfen, die es in der Zwischenkriegszeit nicht gab. Deutsche Speisekarten findet man auch in Prager Nobelrestaurants, die in der Zwischenkriegszeit sogar verboten waren. All dies geschieht im Zeichen des Fremdenverkehrs, der gute Devisen ins Land bringt. Deutsche Straßenaufschriften gibt es noch in Prag, die aus der Biedermeierzeit stammen und für deren Erhaltung das Denkmalamt sorgt. Die Deutschen in den Randgebieten hat auch die katholische Kirche nicht vergessen, denn in jenen Orten im Grenzland, wo noch mehrere Deutsche wohnen, werden die liturgischen Teile der Messe tschechisch und deutsch verlesen. Ansonsten denken an die ehemalige Existenz so vieler deutscher Menschen in den böhmischen Ländern mit einer gewissen Sehnsucht nur noch ältere Leute zurück. Wie auch Bücher,

die im Untergrundverlag erscheinen, manchmal mit Wehmut durchblicken lassen, wie schön es war, als noch Deutsche in den böhmischen Ländern lebten.
Noch ärger als den Deutschen wurde der jüdischen Bevölkerung in den böhmischen Ländern mitgespielt. Deren Vertreibung begann schon 1938, als die Grenzgebiete von den NS-Behörden besetzt wurden. Viele Juden retteten sich damals in die Resttschechoslowakei. Als auch dieses Gebiet okkupiert wurde, begann auch hier die Verfolgung, die vielfach im Holocaust endete. Da sich viele Juden ja in der Tschechoslowakei als Deutsche bekannt hatten, kam es nicht selten vor, daß solche tschechoslowakische Staatsbürger von den NS-Behörden ins KZ gesteckt wurden und 1945 nach der Rückkehr als Deutsche ausgewiesen wurden. In Prag, wo ja vor 1938 Tausende von Juden wohnten, zählt die jüdische Gemeinde heute nur mehr 800 Mitglieder. Auf dem alten jüdischen Friedhof in Prag, der in der Nähe des alten gotischen Tempels liegt, befindet sich eine kleine Synagoge, auf deren Wänden die Namen aller jener Juden verzeichnet sind, die im Holocaust nicht nur ihr Hab und Gut, sondern auch ihr Leben verloren. Rund 80 000 Namen sind hier verzeichnet.
So ist von der einst so großen Firma »Schwejk, Haftelmacher & Co(hn)« nur mehr der Gesellschafter »Schwejk« geblieben. Es ist eine Gesellschaft, die zu ihrem Nachteil sehr geschrumpft ist.

Prag, die zwiefache Stadt

Schicksal zwischen zwei Hügeln

Die verlorene Geliebte nennt der bekannte deutschböhmische Dichter und Schriftsteller Johannes Urzidil Prag und spricht damit nur ein zu wahres Wort aus. Prag ist eine der schönsten Städte Europas, vergleichbar mit Venedig, Florenz, Siena, Brügge und Oxford. Sämtliche Stilarten finden sich hier vereinigt, von der Romanik bis zum Jugendstil. Der große Vorteil Prags ist noch, daß es durch den Zweiten Weltkrieg, zum Unterschied von anderen Städten Mitteleuropas, so gut wie nicht zerstört wurde. Wer je in ihr gelebt hat, ist restlos ihrem Zauber verfallen, der ihn ein Leben lang nicht verläßt. Der Zauber dieser Stadt schimmert durch alle Werke jener Dichter, die aus ihr kamen: Kafka, Rilke, Werfel, Urzidil, Meyrink. Alle die vielen Ereignisse, die über diese Stadt hinweggingen, gruben die Furchen dieser Ereignisse in ihr Antlitz.

Das Antlitz der Stadt Prag wurde geformt durch das Schicksal, das sie zwischen zwei Hügeln entstehen ließ. Denn jeder dieser Hügel drückt symbolhaft Gesetz und Macht aus, mit denen versucht wurde, diese Stadt zu beherrschen und durch diese Stadt das Land, dessen Herz sie ist.

Zwei Hügel: der eine im Westen der Stadt, der andere im Osten. Der Hügel im Westen: der Hradschin. Mit dem Dom zu St. Veit, der königlichen Burg darum, den Klöstern, den Kirchen, den Palästen, den Bürgerhäusern. Eine ungeheure Vielfalt, von den Stilarten angefangen, ein ungeheurer Individualismus. Und dennoch der ganze Hügel eine geschlos-

sene Einheit, ein Orchester mit vielen Instrumenten, die aufeinander abgetönt sind.
Und der andere Hügel: im Osten. Gerade gegenüber dem Hradschin: der Žižka-Berg. Ebenso lang, fast wie der Hradschin. Unbebaut. Auf der Spitze nur ein riesiges, langgestrecktes Gebäude, das »Befreiungsdenkmal«. Ein Kasten, ohne Fenster. Überdimensionierte Technik. Kollektiv ohne Individualismus. Ohne Fehler. Aber auch ohne Gnade.
Zwischen diesen beiden Hügeln liegt Prag. Besser gesagt: zwischen diesen beiden Hügeln mit den riesigen Grabmonumenten. Denn der Dom von St. Veit birgt das Grab Karls IV., dieses Paneuropäers, und dieser Kasten auf dem Žižka-Berg, der ursprünglich die Leiche Masaryks aufnehmen sollte und später – für einige Zeit – die Leiche des Präsidenten Klement Gottwald, unter dessen Herrschaft die Ablösung Böhmens aus der westlichen Welt erfolgte.
Zwischen diesen beiden Hügeln mit den riesigen Grabmonumenten liegt Prag. Noch besser gesagt: zwischen diesen beiden Schlachtfeldern. Denn der Hradschin ist nur der Ausläufer des Weißen Berges, an dem am 8. November 1620 die kaiserliche Armee über die böhmischen Rebellen siegte. An jenem Sonntag, dessen Evangelium lautet: Gebt dem Kaiser, was des Kaisers, und Gott, was Gottes ist. Eine Formel, die in dem Bild des Domes von St. Veit, der von der Burg umschlossen ist, ihre steinerne Form erhielt. Und am Žižka-Berg vernichtete am 22. Juli 1422 der hussitische Heerführer Žižka das große, aus der ganzen Ritterschaft des Abendlandes bestehende Kreuzfahrerheer.
Zwei Schlachtfelder: Auf dem einen schloß sie sich gegen das Abendland ab, auf dem anderen wurde sie ihm wieder eingegliedert. Es ist die Tragik dieser Stadt, daß sie eine Grenzstadt ist, um die ewig gerungen wird. Wer von Osten kommt, wird sie als die erste ganz westliche Stadt finden. Wer vom Westen kommt, wird sie als die erste östliche Stadt empfinden. West und Osten – beide werden sie für sich reklamieren. Und um sie kämpfen. Deshalb muß sie zwi-

schen zwei Schlachtfeldern liegen. Und der Spruch der großen Theresia: »Schlaft nicht, schlaft nicht, es gibt keinen Frieden« steht unsichtbar über ihr.
Die Tragik dieser Stadt ist es, daß sie eine Grenzstadt ist. Eine seltsame Grenzstadt: die nicht diesseits oder jenseits einer Grenze liegt, sondern eine Stadt, durch die die Grenze mitten hindurchgeht. So wie die Moldau durch die Stadt zwischen den beiden Hügeln hindurchfließt. Diese Stadt steht immer in beiden Lagern, hüben und drüben. Das aber heißt, daß sie immer ein zweifaches Antlitz trug und trägt. Sie war offiziell deutsch und inoffiziell tschechisch. Sie war offiziell tschechisch, und inoffiziell hatte sie in sich eine deutsche Stadt: mit eigenen Schulen, Universitäten, Kinos, Theatern, Restaurants, Kaffeehäusern, Zeitungen usw. Sie war offiziell österreichisch und inoffiziell antiösterreichisch. Sie war offiziell katholisch und inoffiziell antichristlich. Sie ist heute offiziell dem Osten verhaftet und hängt inoffiziell mit allen Fasern am Westen.
Es ist ihre Tragik, ewig eine zweifache Stadt zu sein. Es könnte ihre Größe sein. Sie hätte deutsch und tschechisch sein können, sie hätte böhmisch innerhalb der österreichischen Monarchie sein können. Sie könnte christlich sein mit einem tiefen Wissen um die Überwindung des Antichristentums. Sie könnte die große Mittlerin zwischen Westen und Osten sein. Sie könnte, sie könnte – es könnte ihre Größe sein. Sie wird es nie sein. Ihre Tragik.
Die Farben dieser Stadt sind Rot und Gold. Es sind die alten Farben Spaniens. Und tatsächlich: Es besteht eine tiefe Verwandtschaft zwischen Spanien und dieser Stadt. Schon äußerlich: Wer je vom Laurenziberg gegen den Hradschin blickte, dem wird die Verwandtschaft mit dem Escorial aufgefallen sein, und der wird begreifen, warum der ganz vom spanischen Geiste erfüllte Rudolf II. nur hier sich heimisch fühlte. Und wer je an einem heißen Sommertag vom Weißen Berg westlich in die von Sonnenglanz erfüllte Ebene sah, der fühlte sich in die Hochebenen Spa-

niens versetzt. Aber die Verwandtschaft ist nicht nur eine äußerliche, sondern auch eine innerliche: in dem Hinneigen zum Nihilismus, zum Extrem, in der Bereitschaft zur letzten Konsequenz.

Rot und Gold. Es sind nicht nur die Farben Spaniens, sondern auch die Farben von Byzanz. Byzanz aber, das ist der Osten. Und tatsächlich: Es besteht eine tiefe Verwandtschaft zwischen dem Osten und dieser Stadt. Schon äußerlich: Wer je vom Žižka-Berg an einem nebeligen Tag östlich blickte, der glaubte die endlose Weite Rußlands vor sich zu haben. Aber auch diese Verwandtschaft ist nicht nur eine äußerliche, sondern auch eine innerliche: der Nihilismus des Ostens, seine Lethargie, seine Schwermut, seine oft mystische Glaubenskraft, all dies durchpulst immer wieder das Leben dieser Stadt.

Rot und Gold. Es sind nicht nur die alten Farben Spaniens und Byzanz', sondern auch die alten Farben Roms. Und tatsächlich: Es besteht auch eine tiefe Verwandtschaft zwischen Rom und dieser Stadt. Schon äußerlich: diese Riesenpaläste – Waldstein-Palais, Cernin-Palais, diese Paläste der Lobkowitz, Thun, Schwarzenberg – und diese Kirchen, wie St. Niklas, St. Ignatius, sie alle atmen schon römisches Format, wie man es kaum in Wien und kaum in Salzburg trifft. Aber auch diese Verwandtschaft ist nicht nur eine äußerliche, sondern vor allem auch eine innerliche: Sie besteht in der Sehnsucht nach der Geborgenheit in Rom. In der Sehnsucht nach dem alten Österreich, das doch die letzte politische Form des alten Römischen Reiches war. In der Sehnsucht, sei es mit dem westlichen oder mit dem östlichen Ritus der Kirche Roms eingegliedert zu sein. Selbst nach 1948, im ärgsten Kampf gegen Rom, da soundso viele Geistliche wankend geworden sind, wurde auch noch von den abtrünnigen Klerikern die »oratio pro papa«, das Gebet für den Papst, gesprochen.

Die Farben dieser Stadt sind Rot und Gold: Es sind die Farben Spaniens, die Farben von Byzanz und die von Rom.

Und so wie diese Farben ist diese Stadt. Sie gehört Spanien und damit dem Westen, sie gehört Byzanz und damit dem Osten, sie gehört Rom und damit der Welt. Sie ist überall zu Hause. Die Menschen dieser Stadt sind überall zu Hause: Als Rilke, dieser Urprager, nach Rußland kommt, gerät er in Ekstase. Hier sei seine Heimat, bekennt er. Und als er in Paris lebt, äußert er sich, dies sei das Beste, was von seinem Leben zu berichten wäre. Und in Wirklichkeit ist er überall daheim. Nach Rilke könnte man Dutzende anderer Beispiele anführen, wie Masaryk, wie Werfel, wie Kafka.
Vor allem: Nicht nur die Menschen dieser Stadt sind überall zu Hause, sondern diese Stadt ist eine ständige Retorte, die immer kocht, jederzeit bereit, alle Ideen und alle Systeme, die irgendwo in der Welt auftauchen, für sich zu reklamieren. Diese Stadt und mit ihr das Land schlossen sich vor tausend Jahren dem Westen an, so gründlich, daß für viele Völker des Ostens die Tschechen gar nicht mehr als Slawen gelten. Lange vor Luther hatte diese Stadt und das Land schon seine Reformation. Luthers Lehre wurde ebenso begeistert aufgenommen wie die Ideen des christlichen Humanismus. Der Feudalismus wurde bis zum Extrem durchgeführt. Der Josephinismus war in den übrigen Ländern der österreichischen Monarchie schon längst tot, als er hier noch lebendig war. Kaum eine Stadt des alten Österreich trank die Ideen des modernen Nationalismus so gierig in sich hinein wie diese Stadt. Kaum eine Stadt Mitteleuropas glaubte so bis ins letzte an die Lehren der angelsächsischen Demokratie wie diese. Kaum eine andere Stadt Europas trägt so die Bereitschaft zur Amerikanisierung in sich wie diese. Kaum in einem Land Mitteleuropas, dessen Herz doch diese Stadt ist, wurden die Lehren des Nationalsozialismus mit einem derart jauchzenden Enthusiasmus aufgenommen wie von den deutschen Kindern dieses Landes. Keine Stadt Mitteleuropas hat sich heute so weitgehend freiwillig dem Osten zugewandt wie diese. Diese Stadt ist überall zu Hause mit der Gefahr,

nirgends zu Hause zu sein. Eine ungeheure Belastung. Das berühmte Wort Rilkes: »Wer spricht von siegen, überstehen ist alles«, ist die Lebensmaxime dieser Stadt und dieses Landes, dessen Herz sie ist. Begreiflich. Diese Stadt ist überall zu Hause. Diese Retorte nahm alles auf, nicht als Experiment, sondern – im Sinne Spaniens – endgültig. Und bis zum Extrem. Das heißt bis zum Zwang, bis zum blutigsten Zwang. Wer sich diesem Zwang nicht beugen wollte, dem blieb nur eines übrig: vertrieben zu werden. Diese Stadt und dieses Land, sie sind die klassischen Stätten der Vertriebenen. Unsere Generation hat eine solche schauerliche Vertreibung miterlebt. Millionen und aber Millionen, Deutsche, aber auch Tschechen und Juden, alles Kinder dieser Stadt und dieses Landes, wurden über die Grenzen gejagt, weil sie unfähig schienen, ein Experiment mitzumachen.

Unsere Generation ist entsetzt darüber, mit Recht. Aber im letzten Jahrtausend ist ein halbes Dutzend solcher Massenaustreibungen vorgekommen. Wer aber nicht vertrieben werden wollte, ohne der Gefahr des Märtyrertums zu verfallen, wer vielleicht bleiben muß, dem blieb immer nur eines übrig: undurchdringlich zu werden. Fassade zu sein, durch die niemand mehr blickt, zu lächeln, ein nichtssagendes, unverbindliches Lächeln. So zu schweigen, daß alles zuschanden wird. In einen toten Winkel sich zurückzuziehen, den keine Geschosse mehr treffen. Nicht siegen, aber überstehen. Ewige Politik dieser Stadt, mit der sie alle Regime überdauerte, alle Ängste überdauerte, alle Gefahren überdauerte. Mag es sich um Hitler handeln, die Schweden, die Hussiten. »Wer spricht von siegen, überstehen ist alles.«

Wer spricht von siegen, überstehen ist alles. Dieses berühmte Wort Rilkes gilt nicht für die Christen dieses Landes. Denn nie sind sie die Sieger, und nie überstehen sie. Im Gegenteil, wer als Christ in diesem Lande lebt, bis zur letzten Konsequenz zu leben versucht, durch sein Leben

Zeugnis zu geben versucht für Christus, der muß den Sinn des griechischen Wortes »Zeuge« verwirklichen: Märtyrer zu sein.
Diese Stadt ist das klassische Land der Märtyrer in Mitteleuropa. Alle Heiligen, die hier begraben sind, waren in irgendeiner Form Märtyrer. Alle Kirchen dieser Stadt wurden einmal verbrannt oder sonstwie zerstört. Alle Christen dieses Landes machen ein Märtyrertum durch. Entweder ein äußeres blutiges oder ein inneres unblutiges, das vielleicht noch schwerer ist als das blutige. Denn es ist furchtbar zu sehen, wie eine Stadt, die in klassischer Form den Frieden zwischen den Völkern hätte verwirklichen können, nur immer Haß gebar. Es ist furchtbar zu sehen, daß Christen selbst oft Hasser anderer wurden, nur weil sie einem anderen Volk angehören. Es ist gräßlich, sich zu erinnern, daß viel Zwang im Namen Christi ausgeübt wurde, nicht durch die Kirche, sondern durch den Staat. Es ist schrecklich zu erkennen, daß ein Land durch ein Jahrtausend sich dem Christentum verschloß, obwohl es sich doch sonst allem aufschloß. In dieser Stadt wird immer wieder das Wort von Kierkegaard wahr, daß die Sieger im Unendlichen immer die Verlierer im Endlichen seien.
Das Christentum dieser Stadt hat eine eigene Note, richtiger gesagt, die Christen. Das Bewußtsein, das Märtyrertum auf sich nehmen zu müssen, zu den Verlierern dieser Welt zu gehören, bringt es mit sich, daß Verzagtheit und Schwermut in das Leben der Christen treten und die Freude des Christentums manchmal zu versteckt aus ihnen leuchtet. Denn es ist nicht leicht, wie der spanische Don Quichotte immer wieder gegen Windmühlenflügel anrennen zu müssen oder wie der russische »Idiot« durch die Welt zu wandeln. Dann aber, wenn das Verzagtsein am größten ist, dann wird das Wort des römischen Petrus immer wieder Mut und Hoffnung geben, das Wort »Wohin sollen wir gehen? Denn nur DU hast die Worte des ewigen Lebens.«
Auf der denkwürdigen Brücke, die nach ihrem kaiserlichen

Erbauer, dem Luxemburger Karl IV. Karlsbrücke heißt, die über jenen Fluß führt, der wie eine Grenze zwischen den beiden Hügeln fließt, steht das Standbild des heiligen Johannes von Nepomuk. Am 22. März 1393, also am Ausgang des humanistischen 14. Jahrhunderts, wurde dieser Mann, Generalvikar von Prag, auf Befehl König Wenzels, des mißratenen Sohnes des großen Karl IV., von den Häschern ergriffen. Der König selbst soll ihn mit Fackeln gebrannt haben, dann ließ er ihn durch seine Schinderknechte in der finsteren Nacht zum Fluß schleppen. Zur Brücke. Derbe Fäuste warfen den Gequälten in den Fluß. Der Gemarterte dürfte zu diesem Zeitpunkt bereits tot gewesen sein. Die Wellen spülten den Leichnam am nächsten Tag an Land. Mitleidige Seelen begruben ihn und überführten seine Leiche später in den Veitsdom und begruben ihn an jener Stelle, über der sich heute sein prunkvolles barockes Grabmal befindet. Als man Jahrhunderte später sein Grab öffnete, fand man nur noch ein paar Knochen. Und etwas Staub. Und den Totenschädel. Und im Schädel, völlig unversehrt, was wie der Rest der Zunge aussah, später aber auch als Rest des Kleinhirns angesehen wurde.

Dieser Heilige starb am Vorabend der großen Auseinandersetzung zwischen Tschechen und Deutschen einerseits, zwischen dem Nihilismus und dem Christentum andererseits: Denn Hus ist die Auslösung des Nihilismus, der irgendwo immer in dieser Stadt und ihren Menschen steckt. Er starb als eines der ersten Opfer des Kampfes, der diese Stadt als eine zweifache sichtbar werden ließ. Er starb als ein Mensch, der nicht diesseits oder jenseits der »Grenze« stand, sondern sie überwand. Denn er war weder Tscheche noch Deutscher, sondern gehörte beiden Nationen. Und da er aus diesem Land war, wird er viel vom Nihilismus verstanden haben. Um ihn zu überwinden, auf dem einzigen möglichen Weg, dem Christentum. Der Weg dieses Heiligen ging: von der äußersten Bedrohung zur äußersten Beseligung.

Dieses Denkmal ist ein Mahnmal, das ununterbrochen von

der Überwindung des Hasses predigt. Und dieser Predigt schließen sich alle Nepomukstatuen an, wo immer sie sich auf der Welt befinden. Ein Märtyrer, der durch die Gewalt fiel, predigt den Frieden.

Jan Pomuk und Jan Hus

Abschied von Böhmen durch den Tod

Kein Besucher Prags wird es versäumen, die berühmte Karlsbrücke, die bis ins 19. Jahrhundert die einzige Brücke zwischen den Prager Stadtteilen war, die dies- und jenseits des Flusses lagern, zu besuchen und wird bei diesem Gang unweigerlich auf die Statue des hl. Johannes von Nepomuk stoßen, Urbild aller Nepomukstatuen, die es auf der ganzen Welt gibt. Das Modell für dieses Denkmal hat der barocke Plastiker Matthias Rauchmiller gestaltet, gegossen wurde diese Statue in Nürnberg und gegen Ende des 17. Jahrhunderts an jenem Punkt aufgestellt, wo sie sich noch heute befindet. Einige Meter weiter ist ein Kreuz in das Brückengeländer eingemauert, dies soll die Stelle sein, von wo der Heilige im März 1393 in die Moldau geworfen wurde. Denn dieser Johannes von Nepomuk erlitt den Märtyrertod auf Geheiß des damaligen böhmischen Königs Wenzel IV., eines Sohnes des berühmten Römischen Kaisers Karls IV., als böhmischer König Karl I., Gründer der Prager Universität (1348), Schöpfer der Goldenen Bulle des Imperium romanum, also des Grundgesetzes.

Über das Leben des hl. Johannes von Nepomuk ist die Nachwelt dank der vorhandenen Urkunden ziemlich genau informiert: geboren um 1350 in dem kleinen Marktflecken Pomuk im südlichen Böhmen als Sohn eines Stadtrichters, der für das Zisterzienserkloster Pomuk, das sich ganz in der Nähe befand, tätig war. In der damaligen Zeit nahmen die Zisterzienserklöster Böhmens nur Deutsche in ihre Konvente auf (während die Augustinerchorherren in Böhmen nur Tschechen aufnahmen), und so werden die Angestellten dieser Zisterzienserklöster ebenfalls Deutsche gewesen sein. Der hl. Johannes hatte somit höchstwahrscheinlich einen deutschen Vater, worauf auch dessen Name Wölfflin hindeutet. Die Mutter dagegen dürfte eine Tschechin gewesen sein. Der hl. Johannes war somit national ein Mischling, wie es viele Menschen in den böhmischen Ländern waren, so z. B. Karl IV., Przemysl Ottokar II., Masaryk usw.

Um 1370 finden wir Johannes als Notar in Prag, das war damals eine Art Schreiber. Dann begann er Theologie zu studieren und erhielt 1380 die Priesterweihe. Bald wurde er Pfarrer an der St. Galluskirche in der Prager Altstadt. Aber dann ging er – oder wurde er geschickt – nach Padua, dessen Universität eine der damals berühmtesten Kollegien für Kirchenrecht besaß. 1387 ist er wieder in Prag, wird bald Kanonikus, als welcher er auch auf der Prager Karlsbrücke dargestellt ist, nämlich mit einem Birett am Haupt, die Schultern bekleidet mit einer Mozetta aus Pelz, wie sie die Prager Domherren noch bis jetzt tragen, darunter ein Rochett, in der einen Hand ein Kreuz, in der anderen eine Palme. Das Haupt ist leicht gesenkt. Die gleiche Haltung zeigen sämtliche Nepomukdarstellungen auf der ganzen Welt. Das Gesicht zeigt einen asketischen, frommen nach innen gekehrten Ausdruck. Bald nach seiner Bestellung zum Generalvikar kommt es schon zum Zusammenstoß mit der weltlichen Macht, das ist mit dem böhmischen König Wenzel IV., Sohn Karls IV., ein Sohn, der von seinem Vater so gut wie nichts geerbt hat. Dieser König ist zum Unterschied von seinem Vater ein äußerst jähzorniger und brutaler Mensch, stark dem Alkohol verfallen – bis heute noch befindet sich ober dem Gasthaus »Zum König von Brabant«, das an der Schloßstiege liegt, eine Tafel, die besagt, daß Wenzel IV. sehr oft in diese Gaststätte einzukehren pflegte, wobei er sich nicht scheute, mit dem einfachen Volk in dessen Sprache zu reden; er war auch ein leidenschaftlicher Jäger und hielt sich immer große, sehr bissige Jagdhunde. Die erste Frau des Königs soll an den Bissen solcher Hunde verstorben sein. Der Anlaß, warum der Generalvikar sich den besonderen Haß des Königs zuzog, ist ein scheinbar nicht gar so wichtiger und weltbewegender, aber er kostete dem armen Generalvikar dennoch das Leben. Wenzel IV. wollte nämlich in Südböhmen in Kladrau ein neues Bistum gründen und dies an der Stelle, wo sich das Zisterzienserkloster Kladrau befand, dessen Abt gerade verstorben war. An Stelle dieses Klosters sollte das Bistum errichtet werden, und an Stelle eines neuen Abtes sollte ein Bischof treten, als welchen sich der König einen Günstling ausgedacht hatte. Aber der Konvent wählte sehr rasch einen neuen Abt, und Nepomuk als Vertreter des Erzbischofs bestätigte ihn. Darüber nun soll der König einen seiner berühmten Zornausbrüche bekommen haben. Er ließ Johann von Nepomuk in den Kerker werfen und grausam foltern, wobei bis heute nicht bekannt ist, welches Geheimnis der König ihm entlocken wollte. Das Martyrium muß furchtbar gewesen sein: Bei einer Exhumierung des Skeletts zeigte es sich, daß der Generalvikar nicht nur harte Schläge ins Gesicht erhalten hatte, die seine Gesichtsknochen zerbrachen, es ist auch bekannt, daß der König ihn persönlich mit Fackeln brannte. Zum Schluß ließ der König ihn fesseln, zur Brücke schleifen und von der Brücke in die Moldau werfen. Man kann nur hoffen, daß der Generalvikar, als er in den Fluß geworfen wurde, schon tot war. Da er von einer Brücke in den Fluß geworfen wurde und auf dieser sein berühmtes erstes Standbild steht, gilt er seither als Brückenheiliger und ist als solcher in ganz Europa und sogar in Lateinamerika anzutreffen. Seine Heiligsprechung erfolgte im Jahre 1729, zu einer Zeit also, da die Casa de Austria über weite Teile Europas herrschte. So über das heutige Österreich – ohne Salzburg –, aber mit Krain, Görz, Gradiska und Triest, ferner Vorderösterreich, dem auch der Breisgau und große Teile von Württemberg zugesellt waren, zu diesem Imperium gehörte das Königreich Ungarn mitsamt den halbselbständigen Ländern Kroatien-Slawonien und Siebenbürgen, gehörte das große Gebiet der Militärgrenze, gehörten aber auch Belgien und Luxemburg sowie die Lombardei und Neapel. Und da der damalige Herrscher dieses gewaltigen Imperiums Kaiser Karl VI. ein besonderer Verehrer des neuen Heiligen war, ist es nur zu verständlich, daß die Plastiken und die Bilder dieses Heiligen bald überall anzutreffen waren und er dadurch der einzige internationale Heilige Böhmens wurde.

Aber seit dem gewaltsamen Tod dieses Prager Generalvikars hat sich bis heute noch eine andere Version seiner Todesursache erhalten, die allerdings urkundlich nirgends beglaubigt ist, sondern nur eine Legende darstellt. Der Geschichtswissenschaft ist aber längst bekannt, daß solchen Legenden nur zu oft ein wahrer Kern innewohnt. So könnte es auch hier sein. Denn die seit langem überlieferte Legende – sie kursiert seit ca. 1430, also zu einer Zeit, da noch Menschen lebten, die den Heiligen gekannt hatten – über den Tod des hl. Johannes besagt, daß er seinen Tod erlitt, weil er sich weigerte, dem König zu sagen, was die Königin in der Beichte ihm anvertraut habe. Nun ist es tatsächlich möglich, daß der König ein solches Verlangen an den Generalvikar stellte. Der König war, wie schon gesagt, ein brutaler gewaltsamer Mensch. Seine beiden Ehen waren kinderlos. Vielleicht konnte er von Natur aus keine Kinder haben. Solche Männer sind dann oft bereit, auf alle mögliche Art, auch durch Brutalität, zu beweisen, daß sie stark und mächtig sind. Daß die Ehen des Königs nicht gut gingen, wurde allgemein gemunkelt. Vielleicht war er auch zu seiner Frau brutal und jähzornig und mißhandelte sie. Vielleicht wollte sich die Königin beim Generalvikar, dessen Kenntnis des Kirchenrechts bekannt war, erkundigen, unter welchen Umständen eine Annulierung ihrer Ehe – die einzige Form, in der damals eine Scheidung möglich war – durchgeführt werden könnte. Wahrscheinlich hatte der König vom Besuch seiner Frau beim Generalvikar gehört, denn Frauen, noch dazu hochgestellte, gingen damals ja nie allein aus. Wie gesagt, es gibt nicht das geringste Dokument, das darauf hinweist, daß der König vom Generalvikar die Preisgabe des Beichtgeheimnisses wollte, nur eine Tatsache macht stutzig: Welches Geheimnis wollte der König dem Generalvikar unbedingt entreißen? Er hätte ihn doch wohl nicht selbst mit Fackeln gebrannt – eine fürchterliche Tortur –, wenn er nicht unbedingt hätte haben wollen, daß der Generalvikar ihm ein Beichtgeheimnis preisgibt. Oder ein Geheimnis, das die Königin dem Generalvikar nicht in der Beichte, aber unter dem Siegel der Verschwiegenheit mitgeteilt hatte.

Als der Generalvikar in die Moldau geworfen war, wurde er nicht weit von der Karlsbrücke an Land geschwemmt, an einen Ort, an dem sich ein Kloster befand. Auf diesem Klosterboden wurde er zunächst bestattet. Interessant ist, daß der Platz, an dem er angeschwemmt wurde, bis knapp vor dem Zweiten Weltkrieg, Johannesplatz hieß. Aber gegen Ende des 14. Jahrhunderts schon wurde er in den St. Veitsdom überführt und an demselben Ort beigesetzt, wo sich auch heute noch sein prachtvolles, von dem älteren Fischer von Erlach entworfenes Grab mit dem silbernen Sarkophag befindet.

Interessant ist nur, daß der König die Bestattung im Dom erlaubte, denn er hätte sie gewiß leicht verhindern können. Aber vielleicht war die Erbitterung über diesen Mord des Königs im Volk bereits so groß, daß er Unruhen befürchtete, falls er sie verbieten würde.

Öfters wurde behauptet, daß der in der Zeit des Hochbarock aufgekommene Kult zu diesem internationalen böhmischen Heiligen ein Versuch der Gegenreformation war, um damit das Andenken an Magister Johannes Hus zu überdecken. Denn wer vor dem Denkmal des Johannes Hus am Altstädter Ring steht, wird entdecken, daß das Antlitz dieses Hus auf dem Denkmal tatsächlich Züge trägt, die den Zügen des Johannes Nepomuk auf seiner Statue auf der Karlsbrücke ähnlich sind. Dieses Denkmal wurde erst 1915 enthüllt, anläßlich des 500. Todestages dieses Mannes, der auch ein

Märtyrer seiner Überzeugung wurde. (Das Denkmal wurde zu einem Zeitpunkt enthüllt, als schon der Erste Weltkrieg tobte und Masaryk seine antiösterreichische Propaganda mit einem Vortrag über Hus in Genf begann – ein Zeichen nur, wie tolerant das damalige Österreich war.)
Aber dieser Hus hat auch sonst viele Ähnlichkeiten mit Johannes von Pomuk. Wie dieser stammte er aus armen Verhältnissen in Südböhmen, wie dieser studierte er an der Prager Universität, wie dieser wurde er auch in Prag zum Priester geweiht. Seine priesterliche Laufbahn begann er mit Predigten in der Bethlehemskapelle in der Altstadt, in der nur tschechisch gepredigt werden konnte. Seine Predigten müssen einmal schon aus diesem Grund einen nationalen Beigeschmack gehabt haben, vor allem aber auch eine stark soziale Note besessen haben. Denn er predigte scharf gegen die Geldgeschäfte beim Ablaßhandel, gegen den Reichtum der Kirche, gegen den Reichtum der Priester und Prälaten, die in der damaligen Zeit vielfach Deutsche waren, sodaß seine Predigten auch von dieser Seite einen nationalen Anstrich bekamen. Er predigte auch für eine Art Demokratisierung der Kirche, für eine Gleichstellung von Priestern und Laien, die sich darin auswirken sollte, daß auch Laien das Altarsakrament unter beiden Gestalten – Brot und Wein – empfangen durften. Auch verkündete er, daß Priester, die im Stande der Todsünde leben, ihr Priesteramt nicht ausüben dürften. Ein Seitenhieb vielleicht auf alle jene Geistlichen, die im Konkubinat lebten. Originell waren seine Ideen nicht, zum größten Teil hatte er sie dem Gedankengut des englischen Reformators Wiclif entnommen, die über den Weg der Verschwägerung beider Königshäuser nach Prag gekommen waren.
Aber Böhmen war und ist immer ein Land, in dem nationale und soziale Ideen, wenn sie nur irgendeine negative Kritik an bestehenden Zuständen anprangern, auf fruchtbaren Boden fallen. Und so war es auch mit den Ideen, die dieser Johannes Hus verkündete. Sie fielen auf nur zu fruchtbaren

Boden und entfachten in Böhmen einen Sturm, der fast das ganze Land zerstören sollte.
Eine Ähnlichkeit von Hus mit Pomuk findet sich auch darin, daß auch er alsbald in Konflikt mit der Obrigkeit geraten sollte. Zunächst mit der kirchlichen. Diese, aufgebracht und beunruhigt durch den Inhalt seiner Predigten, belegte ihn mit einem Predigtverbot. Hus hielt sich nicht daran, sondern predigte weiter. Darauf wurde er exkommuniziert. Die nationale Stimmung, die er durch seine Predigten aufgeputscht hatte, ergriff auch König Wenzel IV. Die Prager Universität war nicht nur in Fakultäten gegliedert, sondern auch in Nationen, in die böhmische, die bayrische, die polnische, die sächsische. Jede Nation besaß je eine Stimme, wobei die Zugehörigkeit zu einer Nation sich nicht nach der tatsächlichen Nationalität richtete, sondern nach der landesmäßigen Zugehörigkeit. Die böhmischen Deutschen gehörten somit zur böhmischen Nation. 1409 nun bestimmte Wenzel IV. plötzlich, daß die böhmische Nation von nun an drei Stimmen haben solle, die drei übrigen nur eine. Der Erfolg dieser Maßnahme war, daß die deutschen Studenten und Professoren die Prager Universität verließen und in Leipzig, wo gerade eine neue Universität gegründet worden war, ihr Studium fortsetzten.
Inzwischen war es der geschickten Politik und dem persönlichen Einsatz des Kaisers Sigismund, Halbbruder König Wenzels IV., gelungen, in Konstanz am Bodensee ein Konzil der abendländischen Kirche zu versammeln. Es sollte vor allem auch die Fragen der diversen Irrlehren bereinigen. Hus wurde vor das Konzil geladen. Kaiser Sigismund stellte ihm einen Geleitbrief aus, der wahrscheinlich nur so etwas wie einen Paß darstellte, aber wohl kaum ein Schutzbrief war, auf keinen Fall aber eine Zusicherung der Straffreiheit enthielt. In Konstanz fand Hus einige Freunde vor, aber auch Magister, die auf sein Betreiben aus Prag vertrieben worden waren. Kaiser Sigismund, der scheinbar doch ahnte, daß Hus nichts Gutes bevorstand, versuchte ihn immer wieder freizu-

bekommen, aber vergeblich. Hus hatte ja verschiedentlich erklärt, er wolle gerne die Strafe des Ketzers erleiden, wenn er verurteilt würde. Viele Teilnehmer versuchten immer wieder, Hus zu einem Widerruf seiner Thesen zu verleiten, leider vergeblich. So lief denn der tragische Prozeß ab: Hus wurde schließlich seiner kirchlichen Würden entkleidet, dem Pfalzgrafen als oberstem Richter übergeben und am 6. Juli 1415 vor der Stadt Konstanz verbrannt. Als er schon am Scheiterhaufen stand, wurde noch versucht, ihn zu einem Widerruf zu bewegen, aber Hus blieb bis zum Schluß standhaft, und so fand diese fürchterliche Art der Hinrichtung statt. Die Schergen, die einen solchen armen Menschen zum Scheiterhaufen führten, hatten sich oft ein besseres Herz bewahrt als die Richter, die diesen schrecklichen Spruch aussprachen: Sie versuchten entweder die zum Feuertod Verurteilten knapp bevor das Feuer zu lodern begann, zu erdrosseln, oder sie hielten dem Delinquenten, wenn das Feuer schon brannte, einen brennenden Holzstoß vor den Mund, so daß er erstickte, bevor er die Qualen des Feuertodes erlitt. Welche Form der »Hilfe« bei Hus angewandt wurde, ist unbekannt, nur soviel weiß man, daß die Asche seines Körpers in den Rhein geschüttet wurde.

Die Nachricht vom Märtyrertod des beliebten Magisters Hus schlug wie eine Bombe in Böhmen ein und entfachte ein Feuer, das jahrzehntelang nicht erlöschen sollte und das Land vielfach vernichtete und viele seiner Bewohner aus der Heimat vertrieb. Der Großteil der Bevölkerung wandte sich jenen Lehren zu, die Hus gepredigt hatte. Daneben sickerten in dieser Zeit auch andere sektiererische Ideen ins Land, wie waldensische, pikardische, chiliastische. Sogar der Erzbischof von Prag, übrigens ein Deutscher, trat zur hussitischen Lehre über. 1419 kam es in Prag zum Ausbruch einer hussitischen Revolution. Als König Wenzel IV. davon hörte, starb er an einem Schlaganfall. Fast alle Kirchen Prags, aber auch des Landes, gingen in Flammen auf, Nonnen und Mönche wurden vielfach vertrieben und suchten Schutz in den tiefen Wäldern. Da dieses hussitische Böhmen eine Gefahr für ganz Europa darstellte, wurden Kreuzzugsheere gegen die Hussiten ausgerüstet, die versuchten, das hussitische Feuer zum Erlöschen zu bringen. Aber alle kriegerischen Anstrengungen dieser Heere waren vergeblich, sie wurden von den fanatisierten Hussiten in die Flucht geschlagen. Die Leidtragenden waren das Land und seine Bewohner. Schließlich bekämpften sich die radikaleren und die gemäßigteren Teile der Hussiten, wobei die Radikalen fast ausgerottet wurden. Die siegreichen Gemäßigten suchten zu einem gewissen Kompromiß mit Rom zu gelangen, was am Konzil von Basel zum Teil – und nur zu diesem – gelang. Als in Deutschland das Luthertum auftrat, drang es auch immer stärker nach Böhmen und vermischte sich mit jenen Hussiten, die sich in Basel nicht mit Rom geeinigt hatten. Das Resultat war die Entstehung einer eigenen »Böhmischen Konfession«, zu der sich schließlich der Großteil des Adels bekannte und die von den beiden habsburgischen Herrschern Maximilian II. und Rudolf II. sogar staatlich anerkannt wurde. Aber dann kam es zu einer neuen Katastrophe: Der böhmisch-hussitische Adel rebellierte gegen die Habsburger, die ja treue Katholiken waren, es kam zur berühmten Schlacht am Weißen Berg, die das adelige Heer verlor und im Gefolge der verlorenen Schlacht zur Gegenreformation mit allen ihren unerfreulichen Szenen. Während der hl. Johannes von Nepomuk im Glanze der Gegenreformation die Situation der Kirche und der Katholiken stärkte, brachte der Glaube des Johannes Hus nur furchtbar viel Leid über das Land.

Und während sich auf der Karlsbrücke im Laufe der Zeit eine Heiligenfigur nach der anderen gesellte, sodaß diese Brücke bald als »Galerie der Gegenreformation« bezeichnet wurde, wurde das Hus-Denkmal auf einem Platz aufgestellt, der an sich schon an viele Schrecken erinnerte. Denn auf diesem Platz, vor dem Turm des Altstädter Rathauses, wurde am 21. Juni 1621 das Blutgericht über die Häupter der Rebellion von 1618 vollzogen und die schöne Mariensäule, die nach dem 30jährigen Krieg zur Erinnerung an die Befreiung von der schwedischen Soldateska, die übrigens in Böhmen am übelsten gehäust haben dürfte, errichtet wurde, im Jahre 1918, nach dem Sturz des alten Österreich, ebenfalls zerstört. Gerüchte behaupten, daß eine fanatisierte Studentin auf die Säule geklettert wäre, der Muttergottesstatue einen Strick um den Hals band und die unten stehende Menge solange an diesem Strick zog, bis die Statue wankte und zu Boden stürzte, wo sie in tausend Stücke zersprang. Gerüchte behaupten weiter, daß diese Studentin in den Wirren der Zeit nach dem Zweiten Weltkrieg ebenfalls eines Tages auf einem Galgen landete und ihr Leben durch einen Strick beenden mußte.

Auf diesem Platz, der die Erinnerung an soviel Elend erweckt, steht aber wiederum jenes Palais, das die Geburtsstätte eines der größten Apostel des Friedens wurde. Rechts vom Hus-Denkmal steht das Palais Kinsky, das die Geburtsstätte einer Comtesse Berta von Kinsky war, die dann durch ihre Heirat den Namen Berta von Suttner erhielt und durch ihren Roman »Die Waffen nieder« und ihre Friedensbewegung dazu beitrug, daß in der Welt – auch in der böhmischen – die Sehnsucht nach dem Frieden nie erlischt.

Aber mit dem Ende des 30jährigen Krieges waren alle Schrecken vorbei, die Schrecken des Krieges, der Verwüstung, der Austreibung. Am 10. Mai 1627 erließ Ferdinand II. für Böhmen eine neue Verfassung, die sogenannte »erneuerte Landesordnung«. Hauptpunkte darin waren, daß der Thronfolger sofort nach dem Tode seines Vorgängers neuer König von Böhmen wurde, es entfielen somit die Vorstellung des Thronfolgers vor dem Landtag und die Annahme des neuen Königs durch denselben. Sonst befahl diese neue Verfassung noch, daß die tschechische und deutsche Sprache gleichgestellt seien, was keine Vorherrschaft der deutschen Sprache bedeutete. Anstonst bildeten die böhmischen Länder auch nach der Schlacht am Weißen Berg einen selbständigen Staat neben den anderen Staaten innerhalb der Habsburgermonarchie. 1621 schon hatte Rom das Kelchprivileg für Böhmen aufgehoben. In der neuen Landesordnung wurde die katholische Religion als allein geltende Religion anerkannt. Alle übrigen Konfessionen wurden verboten. Wie immer in solchen Fällen blieb diesen bzw. ihren Anhängern nichts anderes übrig, als in den Untergrund zu gehen. Nach dem Ende des Krieges und seiner Schrecken begann sich ein seltsamer Frieden über das Land zu legen, es begann endlich etwas aufzuatmen. In dieser Epoche begann der Frühling, der Sommer und der strahlende Herbst, der Europa eine der größten und schönsten Epochen einer Kultur schenkte: das böhmische Barock, das mit seinen großartigen Schloßbauten, seinen ebenso schönen großen und kleinen Kirchen, seinen Klöstern, seinen Plastiken, seinen Gemälden, seinen Parks und auch seinen schönen Bauernhäusern eines der strahlendsten Denkmäler der europäischen Hochblüte des Geistes darstellt. In dieser Epoche nun blühte besonders der Kult des Heiligen, der auf der Karlsbrücke in Prag seine Urform gefunden hatte und in zahllosen Nachbildungen überall nachgeahmt wurde, der Kult des hl. Johannes von Nepomuk.

Interessant ist, daß diese strahlende Zeit einer großartigen Kultur in der tschechischen Literatur des 19. Jahrhunderts als ein Zeitalter der Finsternis des »temno« bezeichnet wird, während die Hussitenzeit, die doch vielfach nur Leid und Verwüstung über das Land und seine Bewohner brachte, gleichsam das Heldenzeitalter einer Nation darstellen. So verwirrend können Dichter Zeiten betrachten.

Johannes von Pomuk und Johannes Hus aus Husinetz gehören zu den berühmtesten böhmischen Menschen, die Abschied von ihrer Heimat nehmen mußten. Durch ein fürchterliches Martyrium wurden sie aus ihrer Heimat vertrieben, sie mußten Abschied von Böhmen nehmen, der ihnen ebensowenig leicht gefallen ist, wie allen, die auch aus diesem Land vertrieben wurden.

23. Mai 1618 – der zweite Prager Fenstersturz

Beginn des 30jährigen Krieges

Der sogenannte zweite Prager Fenstersturz ist einer jener Tage der Geschichte, die für viele Jahre die Weichen für das geschichtliche Geschehen stellten. Der erste Prager Fenstersturz ereignete sich im Jahre 1419, also vier Jahre nach dem Tod des Johannes Hus in Konstanz. Im Frühjahr 1419 hatten Prager Anhänger der hussitischen Lehre eine Prozession, oder wohl richtiger gesagt, eine Demonstration veranstaltet, die am Neustädter Rathaus vorbeizog, in dem gerade die Ratsherren der Neustadt – zumeist Deutsche – tagten. Hiebei soll ein Stein aus einem der Fenster des Rathauses auf den protestierenden hussitischen Umzug geworfen worden sein. Grund genug für die Protestierenden, um dies als eine Provokation anzusehen. Viele Teilnehmer dieses Protestzuges stürmten in das Rathaus und warfen die Ratsherren zum Fenster hinaus, in die Spieße der unten harrenden Menge, was jedenfalls ebenso wie der Feuertod des Johannes Hus auch kein angenehmer Tod gewesen sein muß. Und mit diesem ersten böhmischen Fenstersturz begann die hussitische Revolution im ganzen böhmischen Land sich zu entfachen, um in jahrelangen Kriegen das Land zu zerstören, tausende von Menschen in den Tod, in das Elend oder in die Verbannung zu treiben und aus dem einst blühenden Böhmen eine Wüste zu machen.

Um den zweiten Prager Fenstersturz besser verstehen zu können, ist es notwendig, einen kurzen Blick auf die Jahrzehnte zu werfen, die ihm vorangingen:

Hundert Jahre vor Luther hatte Böhmen schon seine Reformation, ausgelöst durch die Predigten des Prager Magisters Johannes Hus, der die Lehren des Engländers Wiclif übernahm. Diese Reformation war nur teilweise eine religiöse; nationale, demokratische und soziale Richtungen überwogen in ihr. Böhmen war ja ein Land, das von zwei Völkern bewohnt wurde, von Deutschen und Tschechen. Die Deutschen – ob Bauern, Adelige oder Priester – waren immer die reicheren, gegen die sich nur zu sehr der Neid richtete. So fielen nationale und soziale Gründe zusammen, um die deutschen Reichen zu bekriegen. Aber die hussitische Bewegung brachte auch demokratische Wünsche zum Vorschein: Ihre Anhänger wollten nun plötzlich mit den Priestern in der Kirche gleichgestellt sein, das heißt, das Altarsakrament unter beiden Gestalten (lat.: subutraque) empfangen zu dürfen. Ebenso wollten viele, daß man in den Kirchen tschechisch bete und singe. Da kam wieder das nationale Element zum Vorschein. Wie in allen Massenbewegungen kam es alsbald auch in der hussitischen zu Teilungen. In einen radikalen Flügel mit pseudokommunistischen Ansichten, die sich nach ihrer Hauptstadt Taboriten nannten, und einen gemäßigten, der sich schlicht Utraquisten nannte. Nach der Besiegung der Radikalen in einem Bürgerkrieg versuchte ein Teil der Gemäßigten wieder eine Einigung mit Rom. Sie waren bereit, den Papst als Oberhaupt anzuerkennen, wenn er ihnen den Laienkelch beließ. Nachdem Rom diesem Kompromiß zustimmte, gab es nun in Böhmen zwei katholische Kirchen: eine römisch-katholische und eine utraquisitisch-katholische. Der größere Teil der Gemäßigten blieb aber dieser Vereinbarung mit Rom fern. Als mit dem Auftreten Luthers auch der Protestantismus immer stärker nach Böhmen drang, vermischten sich beide Konfessionen immer stärker zu einer. Von Bedeutung wurde es für diese Utraquisten, daß sich immer größere Teile des Adels dieser Mischkonfession zuwandten und immer mehr nach staatlicher Anerkennung drängten. Die Habsburger, die seit 1526 schon in Böhmen regierten, mußten schließlich diesem Drängen nachgeben. Sie waren ja immer mehr mit dem Türkenkrieg beschäftigt und benötigten die Hilfe des Adels. Denn dessen Zustimmung zu neuen Rüstungsausgaben war nur zu erhalten, wenn sie auf dem religiösen Gebiet Konzessionen erhielten. So erließ denn der zweite habsburgische König von Böhmen, Maximilian II., 1575 das erste Toleranzpatent für Böhmen, fast genau 200 Jahre vor Joseph II. Jedermann durfte auf Grund dieses Patentes nun dieser Mischreligion, die offiziell den Namen »confessio bohemica« erhielt, beitreten. Noch weiter ging das Toleranzpatent, das dem berühmten Kaiser Rudolf II. 1609 von den Anhängern der böhmischen Konfession abgetrotzt wurde: Nicht nur konnte jeder dieser Religion angehören, es wurden außerdem Defensoren eingesetzt, die darüber zu wachen hatten, daß die Rechte der Angehörigen der böhmischen Konfession nicht verletzt würden, außerdem konnten diese Defensoren unter gewissen Umständen sogar einen evangelischen Landtag einberufen. Die Herren, Ritter und die königlichen Städte, somit jedermann, der sich zur böhmischen Konfession bekannte, erhielt auch das Recht, Kirchen zu bauen und in ihnen Geistliche ihrer Konfession anzustellen. In einer Art Durchführungsverordnung wurde noch festgelegt, daß auch auf den königlichen Gütern die Anhänger der böhmischen Konfession ihre Kirchen errichten dürfen. Und über diesen scheinbar gar nicht so wichtigen Punkt kam es zum Streit. Die Protestanten behaupteten, geistliche Güter seien königliche, während die Regierung behauptete, daß dies nicht der Fall sei. Als nun die Utraquisten in Westböhmen, auf einem Grundstück, das dem Erzbischof von Prag gehörte, und auf einem Grundstück in Nordböhmen, das dem Benediktinerkloster Braunau gehörte, Kirchen errichteten, ließ die Regierung diese niederreißen, da sie ja auf dem Standpunkt stand, daß geistliche Güter keine königlichen Güter seien. Und über das Niederreißen dieser Kirchen kam es zu großer Empörung unter den Angehörigen der böhmischen Konfes-

sion. Die Stände protestierten schriftlich beim Kaiser und König in Wien, dieser aber gab der Regierung recht. Darauf beschlossen die Stände, sozusagen zur Notwehr zu greifen und bei den königlichen Statthaltern gegen das Schreiben des Kaisers zu protestieren, da es ihre Rechte verletze.
Am 23. Mai 1618 traf sich eine größere Gruppe von böhmischen Adeligen, um ihr Vorgehen gegenüber den Statthaltern zu beraten. Diese Versammlung fand im Palais Smiřicky am Kleinseitner Platz statt. Bevor diese Adeligen aber zu ihrem Protestschritt auf den Hradschin marschierten, stärkten sie sich noch mit einem großen Schluck guten böhmischen Bieres in einem Beisel am Kleinseitnerplatz.
Am Hradschin angekommen, gingen diese rebellierenden Adeligen, die ja alle bewaffnet waren, sogleich zu den Statthaltern. Von den zehn Statthaltern waren aber nur vier gegenwärtig, außerdem noch der Schreiber der Kammer Fabricius. Angesichts dieses drohend aussehenden Haufens von Adeligen suchten gleich zwei von den Statthaltern die Flucht. Übrig blieben nur der Burggraf von Karlstein, Jaroslav von Martinitz, und der Oberstlandrichter Slawata sowie der Schreiber Fabricius. Bald kam es zu einer erregten Debatte zwischen den Adeligen und den Statthaltern. Die ständische Schrift, die den Statthaltern von den Adeligen, die sie mitgebracht hatten, vorgelesen wurde, enthielt die Anfrage, wer den kaiserlichen etwas drohend klingenden Brief verfaßt habe. Beide Statthalter bestritten heftig, diesen Absagebrief verfaßt zu haben. Der Streit wurde immer lauter und immer heftiger. Schließlich wurden Slawata und Martinitz als Gegner des rudolfinischen Majestätsbriefes bezichtigt. Der Streit artete schließlich in ein Handgemenge aus. Fünf von den versammelten Adeligen ergriffen Martinitz und drängten ihn zu dem geöffneten Fenster. Martinitz vermutete, man wolle ihn gefangen nehmen und in irgendeinen Arrest führen. Erst spät begriff er, daß die Adeligen eigentlich die Absicht hatten, ihn aus dem im 3. Stock gelegenen Zimmer zu stürzen. Laut rief er zu Gott und allen Heiligen um Hilfe, auch bat er

händeringend die Attentäter, ihm wenigstens einen Beichtvater kommen zu lassen. Höhnisch wurde dieser Wunsch abgewiesen, und dann geschah das Schreckliche, man hob ihn hoch und warf ihn mit dem Kopf voraus aus dem Fenster. Aber da war ja noch Slawata. Auch diesen ergriffen die Rebellen und warfen ihn, der sich heftig wehrte und sich sogar am Fenster festzuhalten versuchte, dem ersten nach, nachdem man mit Schlägen von einem Dolch sein Festhalten am Fensterrahmen gelöst hatte. Schließlich warf man noch den Schreiber Fabricius nach, denn er war ja der Kronzeuge dieses Attentates, und Kronzeugen zu beseitigen ist immer eine »vorteilhafte« Angelegenheit. Dieser Fenstersturz wäre unter normalen Umständen unweigerlich tödlich gewesen. Aber alle drei erlitten kaum Verletzungen, sondern kamen mit dem Schrecken davon. Wieso? Angeblich landeten sie auf einem Misthaufen, der sich unter dem Fenster befand und dadurch den Fall der drei auffing. Dies ist natürlich eine immer wieder vorgebrachte Legende. Denn wie kommt ein Misthaufen in eine königliche Burg und dann noch ausgerechnet unter Räume, die von der königlichen Familie, zum Teil als Schlafgemächer, benutzt wurden? Was fing dann aber die drei Insultierten auf und rettete sie vor dem sicheren Tod? Das Fenster, aus dem man die zwei Statthalter und den Schreiber warf, gehörte ja zur Kanzlei der Burg. Die Beamten dürften es sich wahrscheinlich zur Gewohnheit gemacht haben, Aktenstücke, die sie als minder wichtig ansahen oder die sie erledigt hatten, einfach zum Fenster hinauszuwerfen. Im Laufe der Jahre dürfte dieser Aktenberg recht hoch geworden sein, jedenfalls so hoch, um den an sich tödlichen Sturz der Angegriffenen aufzufangen. Fabricius geschah überhaupt nichts. Am Boden angekommen sah er sich um, und als er bemerkte, daß ihn niemand verfolgte, verdrückte er sich in die Büsche und ward nicht mehr gesehen. Im Jahre 1622 verlieh ihm Ferdinand II. als Pflaster für den ausgestandenen Schrecken einen Adelstitel. Er wurde im Hinblick auf sein auf ihn ausgeübtes Attentat zum »Herrn von Hohenfall« ernannt. Dies ist ein Name, den sich auch Nestroy nicht besser hätte einfallen lassen können. Martinitz geschah praktisch auch nichts, jedenfalls konnte er dem am Kopf etwas verletzten Slawata behilflich sein. Als die Rebellen merkten, daß alle drei mit dem Leben davongekommen seien, gaben sie ihr Bemühen, die Statthalter und den Schreiber umzubringen, nicht auf. Aus ihren Pistolen feuerten sie wie wild auf die zwei unten befindlichen Statthalter. Aber wieder hatten diese Glück: Sei es, daß die Ballistik zur damaligen Zeit noch kein genaues Zielen ermöglichte, sei es, daß die Rebellen vielleicht doch zu viel Bier konsumiert hatten, jedenfalls verfehlten die Kugeln ihr Ziel. Als die beiden Statthalter aber bemerkten, daß man ihnen nach wie vor nach dem Leben trachtete, taten sie das einzig Richtige: Sie ergriffen die Flucht. Behend sprangen sie über die niedrige Mauer, die den königlichen Schloßgarten umsäumte und hetzten dann den Hradschinberg hinunter, gelangten auf den Kleinseitnerplatz, hetzten über diesen und dann weiter zum Fuße des Laurenziberges. Denn dort befand sich ein adeliger Palast, von dem sie sicher wußten, daß sie in demselben aufgenommen und beschützt würden. Es war der Palast des böhmischen Kanzlers Zdenko von Lobkowicz, der bei den meisten böhmischen Adeligen zutiefst verhaßt war, denn, wie alle Lobkowicz, war er der katholischen Religion und der Familie Habsburg immer treu geblieben. Atemlos kamen die zwei Statthalter vor dem Palast an, klopften an und wurden auch sogleich hineingelassen. Die Rebellen in der Burg hatten natürlich bemerkt, daß ihre Schüsse nicht getroffen hatten und die Statthalter flüchten konnten. Die Rebellen machten sich gleich auf die Verfolgung, da sie natürlich ahnten, wohin sich die Statthalter gewendet haben würden. Aber bevor die Rebellen aus dem Hradschin, insbesondere am Veitsdom entlang, aus der Hohen Burg herausfanden, verging eine erkleckliche Zeit. Vom Hradschinplatz war es dann nicht mehr weit bis zum Lobkowiczpalast, aber als sie dort ankamen, fanden sie natürlich das Tor fest verschlossen. Sie klopften mit ihren Pistolen an das Tor und schrieen, daß man ihnen »die Lumpen« übergeben solle, um sie der gerechten Strafe zuzuführen. Nach einiger Zeit öffnete sich tatsächlich das Tor, aber heraus traten nicht zwei zu Tode geängstigte Statthalter, sondern die Herrin des Hauses, Polyxena von Lobkowicz, die Gattin des böhmischen Kanzlers, der zu dieser Zeit gerade nicht in Prag weilte. Sie stemmte die Arme in die Hüften und hielt den Rebellen eine geharnischte Rede. Vor allem warf diese halbe Spanierin den Rebellen vor, daß sie eigentlich Lumpen seien, denn sie wollten nicht das Asylrecht ihres Hauses achten. Sie sollten sich gefälligst zum Teufel scheren. Die Rede machte gewaltigen Eindruck auf die Rebellen. Sie drehten sich tatsächlich um und gingen fort. Wer die böhmischen Verhältnisse kennt, kann auch ohne Quellen annehmen, daß diese Rebellen – wie schon in der Früh – neuerlich im schon bekannten Bierbeisel einkehrten, um ihren Kummer über die mißlungene Verfolgung der Statthalter mit ein paar kräftigen Schluck Bier hinunterzuspülen.

Dieser zweite Prager Fenstersturz zog weitere Folgen nach sich, denn die damit ausgebrochene Revolution blieb natürlich nicht stehen. Die Rebellen riefen ein 30köpfiges Direktorium ins Leben, das eigentlich eine Art Landesregierung sein sollte. Die erste Tat dieses Direktoriums war, daß sich die Mitglieder hohe Gehälter bewilligten. Dann ernannten sie sich zu Generalen und erhielten für diese Funktion neuerlich Bezüge. Schließlich ernannten sie sich noch zu Oberstinhabern, und dies war eine neue Einnahmequelle, denn die Oberstinhaber durften damals die Offiziersstellen verkaufen. Das Direktorium begann die Güter von katholischen Gegnern zu beschlagnahmen. Und dann begannen sie nach einem neuen König für Böhmen Ausschau zu halten. Am 6. Juni 1617 war Ferdinand II. von der steirischen Linie der Habsburger zum neuen König von Böhmen gewählt worden, denn Rudolf II. war ohne Nachkommen gestorben und auch der regierende König hatte ebenfalls keine Kinder. Die auftretenden Thronansprüche des spanischen Königs Philipp III. konnte Ferdinand durch einen Vergleich beseitigen. Am 19. Juni 1617 wurde Ferdinand II. zum König von Böhmen gekrönt, somit noch zu Lebzeiten des lebenden böhmischen Königs Matthias. Eine im Mittelalter geübte Form, die Nachfolge für jemand Bestimmten zu sichern. Nun aber behaupteten die Stände plötzlich, mit der Wahl Ferdinands II. sei es nicht mit rechten Dingen zugegangen. Eine Besonderheit des böhmischen Verfassungsrechtes war es nämlich, daß ein Thronerbe nicht automatisch Nachfolger seines Vorgängers werden konnte. Ein an sich berechtigter mußte zunächst vom Landtag als Thronerbe vorgestellt werden und dann durch die Stände angenommen werden. Etwas Ähnliches hat sich bis heute in der englischen Verfassung erhalten. Auch hier wird der zur Thronfolge auserkorene vor der Krönung den Lords vorgestellt, und diese werden befragt, ob sie ihn zum König annehmen wollen. Worauf diese natürlich immer mit »Yes« antworten.

Die böhmischen Stände, die somit den böhmischen Thron als nicht besetzt ansahen, gingen nun auf die Suche nach einem neuen Herrn. Sie fanden unter mehreren Kandidaten bald einen: Friedrich V., Kurfürst von der Pfalz, ein Wittelsbacher calvinischen Glaubens, Schwiegersohn Jakobs I., Königs von England. Am 25. Oktober 1619 betrat der neue König den Boden des böhmischen Königreiches, am 31. Oktober war der feierliche Einzug in Prag. Tage nach dem Einzug fand im Veitsdom die Krönung statt, nachdem man das Zeremoniell der Krönung stark geändert hatte, denn dieses war ja bisher auf eine katholische Liturgie zugeschnitten. Bald aber wurde der Pfälzer in seinem neuen Königreich unbeliebt: Kurz vor dem Weihnachtsfest ließ er den Veitsdom auf Anraten seines calvinischen Predigers Scultetus »entrümpeln«, das heißt, alle Bilder, Plastiken und Reliquien entfernen, denn dies paßte nicht in die calvinische Religion. Nur das Grab des hl. Johannes von Nepomuk blieb unberührt. Die Böhmen schimpften bald auch über die neue

Königin, eine geborene Stuart. Sie trug ein zu auffallendes Dekolleté, und wahrscheinlich sahen die adeligen Männer mehr auf dieses als auf das ihrer eigenen Frauen. Der neue böhmische König war das Haupt der protestantischen »Union« in Deutschland, und konsequenterweise trat Böhmen bald dieser »Union«, einer Vereinigung deutscher evangelischer Fürsten, bei. Das Direktorium, das rasch noch die Jesuiten ausgewiesen hatte, begann langsam eine Armee aufzustellen. Inzwischen waren die Gegner der »Union«, die in der »Liga« vereinigten katholischen Fürsten Deutschlands, nicht untätig. Sie stellten ebenfalls eine Armee auf, unter der Führung eines begabten Feldherrn, des Grafen Tilly, eines Flamen, der im 30jährigen Krieg viele Siege erringen konnte. Zur Liga gehörte vor allem auch Bayern. Ferdinand II., der seine Absetzung einfach nicht zur Kenntnis nahm, trat der Liga bei und verbündete sich auch noch mit Spanien, und nun marschierten die beiderseitigen Heere aufeinander los. Ganz in der Nähe von Prag, am Weißen Berg, dessen Ausläufer der Hradschin ist, kam es am 8. November 1620 zur Schlacht. Sie war nur kurz, dauerte nicht mehr als eine Stunde, dann war das Heer der adeligen böhmischen Stände geschlagen.

Als König Friedrich von der Niederlage hörte, packte er seine Sachen und floh sofort aus Prag, zuerst östlich, doch dann wandte er sich nach Norden und zog mit seinen Getreuen zunächst nach Schlesien, von dort nach Brandenburg, welches Land protestantisch war, und beendete seine Flucht in den Niederlanden, neben Genf eines der beliebtesten Ziele verfolgter Protestanten. Er starb sehr bald, während seine Frau seinen Tod um 30 Jahre überlebte. Ferdinand II., nicht nur böhmischer König, sondern auch Kaiser des Reichs, versetzte Friedrich von der Pfalz sofort in die Reichsacht und erklärte seine Länder für verlustig. Danach begann Ferdinand II. seinen Feldzug gegen die aufständischen Böhmen, der gleichzeitig ein Feldzug gegen die evangelische Konfession in Böhmen war.

Und dann verfiel Böhmen einem furchtbaren Strafgericht. Alle Anführer der Rebellion mußten am 21. Juni 1621 am Altstädter Ring in Prag das Blutgerüst besteigen und wurden hingerichtet. Desgleichen wurden alle ihre Güter beschlagnahmt. Aber noch viel weitere Kreise traf das Strafgericht: Alle Adeligen, die in irgendeiner Weise mit der Rebellion geliebäugelt hatten – und dies waren sehr viele – verloren ebenfalls ihr Hab und Gut. Alle Nichtkatholiken mußten entweder zur katholischen Kirche übertreten oder auswandern...

Viele traten unter dem Druck dieser Maßnahmen zum Katholizismus über, um ihre Habe zu retten, um in der alten Heimat bleiben zu können, um vor Schikanen und Verfolgungen Ruhe zu haben. Viele aber auch zogen das »elende Recht der Emigration« vor. Die Deutschen wandten sich vielfach nach Sachsen und in die anderen deutschen Länder, wo sie allmählich versickerten. Die tschechischen Vertriebenen fanden vielfach ein neues Heim in Brandenburg, das in der Folgezeit ja überhaupt sich zu einem Zufluchtsort für religiöse Flüchtlinge entwickelte, z. B. auch für die aus Salzburg vertriebenen Protestanten.

Heute noch heißt ein kleiner Ort in der Nähe von Potsdam »Novaves«, eine tschechische Bezeichnung, die zu deutsch Neudorf heißt. Die genaue Zahl der Vertriebenen ist natürlich unbekannt, es dürften um die 30000 Familien gewesen sein. Die meisten verließen ihre Heimat mit grenzenlosem Heimweh im Herzen, außerdem beseelt von tiefem Groll und Haß gegen jene, die die Austreibung veranlaßt hatten. Also gegen die Sieger in diesem Kampf, das waren das habsburgische Kaiserhaus und die Kirche. Noch heute liegt der Sieg der kaiserlichen Waffen am Weißen Berg wie ein Trauma über dem Land.

Es nützt nichts, wenn tschechische Historiker behaupten, der Sieg der kaiserlichen Waffen am Weißen Berg sei ein Glück für die tschechische Nation, denn dadurch wäre sie vor der Germanisierung bewahrt worden, die bei einem Sieg des Winterkönigs unweigerlich eingetreten wäre. Das Trauma bleibt. Nach dem Ersten Weltkrieg führte die neue tschechoslowakische Republik eine Bodenreform durch. Enteignet wurde hauptsächlich der Besitz der Kirche und des Adels. Innerhalb dieser Schicht befanden sich viele, die Nachkommen jener Adeligen waren, die sich freiwillig unter die kaiserlichen Waffen begeben hatten. Und die Zwangskatholisierung, die nach dem »Weißen Berg« durchgeführt wurde, war überhaupt ein Fehlschlag. Denn überzeugte Katholiken wurden diese Zwangsbekehrten überhaupt nicht. Viele Evangelische gingen in eine Art Untergrundkirche, die nur darauf wartete, daß einmal die Stunde der Befreiung kommen würde. Viele hofften auf diese Stunde der Befreiung, als Friedrich II. von Preußen in Böhmen einfiel. Viele sahen diese Stunde der Befreiung gekommen, als die alte Monarchie zusammenbrach. Kurz nach dem Ersten Weltkrieg wurde eine neue tschechoslowakische Kirche mit starken hussitischen Tendenzen gegründet, zu der in Kürze eine Million tschechische Katholiken übertraten, darunter 300 Priester. Weitere 700 000 wurden überhaupt konfessionslos.

Waren diese so harten Maßnahmen, die Ferdinand II. über Böhmen und dessen Bewohner verhängte, überhaupt notwendig? Rückblickend kann dies nur verneint werden. Durch die Toleranzedikte von 1575 und 1609 war es ja jedermann freigestellt, sich zur böhmischen Konfession zu bekennen. Das tridentinische Konzil hatte die Spendung des Altarsakramentes durch den Kelch für Böhmen ausdrücklich erlaubt. Wer sich deshalb als Utraquist, vielleicht noch dazu als katholischer Utraquist bekannte, war nicht einmal formalrechtlich ein Gegner des Staates. Eine echte und tiefe Rekatholisierung des Landes wäre sicher mit toleranten und überzeugenden Mitteln möglich gewesen. Härte und Grausamkeit erzeugt nur Haß, auf den Generationen nicht vergessen.

Ob die Adeligen, die am 23. Mai 1618 den zweiten Prager Fenstersturz inszenierten, je sich bewußt waren, welche Lawine des Elends sie ins Rollen brachten?

Maria Theresia war in dieser Beziehung klüger: Als 1740 Friedrich II. seine Truppen gegen Maria Theresia marschieren ließ und Schlesien besetzte, folgten seinem Beispiel auch andere Mächte: so Frankreich, Spanien, Sachsen und Bayern, welch zwei letzteren Mächte die Pragmatische Sanktion nicht anerkannt hatten. Die vereinigten französich-bayrischen Armeen konnten Oberösterreich besetzen, die Sachsen sogar Prag einnehmen. Auch die Bayern kamen bis Prag. Der bayrische Kurfürst, seiner Beute allzu sicher, ließ sich in Linz als Erzherzog huldigen und in Prag sogar vom Prager Erzbischof zum böhmischen König krönen. Fast alle böhmischen Adeligen huldigten dem neuen König, das heißt, sie schworen ihm die Treue. Aber das Glück trat plötzlich auf Maria Theresias Seite: Ihre Truppen konnten Oberösterreich und sogar Böhmen zurückerobern und Bayern besetzen. Maria Theresia aber ließ sich gleich in Prag krönen. Aber sie nahm keine Rache an den böhmischen Adeligen, die dem Bayern die Treue geschworen hatten, niemand von ihnen verlor sein Leben oder seinen Besitz. Die einzige Maßnahme, die sie ergriff: Sie ließ sich nicht von dem gleichen Prager Erzbischof krönen, der dem bayrischen Kurfürsten die Wenzelskrone aufs Haupt gesetzt hatte, sondern holte sich für die eigene Krönung den Erzbischof von Olmütz. Eine wahrhaft große und menschliche Geste.

Postumes Duell über Wallenstein

Srbik contra Pekař

Es ist ein seltsames Zusammentreffen, daß zwei der bedeutendsten Historiker Mitteleuropas ihre Laufbahn als Wissenschaftler mit einer Untersuchung über die Wallensteinfrage begannen und ebenfalls mit einem Werk über das gleiche Thema beendigten. Es sind dies der Prager Historiker Josef Pekař und der Wiener Historiker Heinrich Ritter von Srbik (der ebenfalls aus Böhmen stammte). 1895 erschien in tschechischer Sprache das große Werk von Josef Pekař »Die Geschichte der Wallensteinschen Verschwörung«, eine monumentale Untersuchung über das zweite Generalat des Friedländers mit völlig neuen Ergebnissen. Mit Ausnahme der tschechischen Historiker und des Franzosen Ernest Denis (der tschechisch gelernt hatte) nahm die gesamte Gelehrtenwelt davon keine Kenntnis. Die Riesenarbeit des jungen Historikers schien umsonst. 1934, anläßlich der 300. Wiederkehr des Todes des Friedländers, gab Pekař sein Werk über Wallenstein, erweitert und etwas umgearbeitet, neuerlich heraus. Allerdings wieder in tschechischer Sprache. 1937 endlich, einige Monate nach dem Tode des Prager Gelehrten, erschien es auch in deutscher Übersetzung, die als eine dritte Auflage angesehen werden kann, da in sie auch die neuesten Erkenntnisse hineingearbeitet worden waren. Die deutsche Gelehrtenwelt konnte nicht mehr an diesem Werk vorbeigehen. Insbesondere nicht der Wiener Historiker Srbik.

1920 hatte dieser bedeutendste neuere Historiker Österreichs sein Werk »Wallensteins Ende« herausgegeben. Auch er war notgedrungen, durch Nichtkenntnis der tschechischen Sprache, an dem Werk des Prager Gelehrten vorbeigegangen. Pekař hatte, als er 1934 sein Werk neu herausgab, natürlich dieses Werk benützt. Er rühmte völlig unvoreingenommen dessen Verdienste, nicht ohne große Vorbehalte machen zu können: daß dem Autor, wie allen deutschen Wallensteinforschern, nicht nur eine Unkenntnis der tschechischen Quellen zur Last gelegt werden müsse, sondern auch eine Unkenntnis der böhmischen Welt, aus der Wallenstein nicht weggedacht werden kann. Gewiß könne bei Wallenstein nicht jedes Rätsel gelöst werden, aber keinesfalls sei er ein nationaldeutscher Held, dessen höchstes Ziel es gewesen sei, dem Reich gegen den Willen des Kaisers den Frieden zu geben. Gegen diese Ansicht Pekařs trat Srbik in der Neuauflage seines Wallensteinbuches, das kurze Zeit nach seinem Tode im Jahre 1952 erschien, besonders auf. Es ist ein postumes Duell der beiden Gelehrten.

Dieses neue Wallensteinbuch Srbiks »Wallensteins Ende. Ursachen, Verlauf und Folgen der Katastrophe« (Otto-Müller-Verlag, Salzburg 1952) ist in vielem verschieden von der Erstauflage. Nicht nur im Umfang. Seit dem erstmaligen Erscheinen des Srbik-Buches war ein bisher unbekannter Bericht Piccolominis über die Egerer Exekution aufgefunden worden. Das »Chaos perduellionis«, eine Rechtfertigungsschrift für den kaiserlichen Hof, war durch Srbik auf Grund eines Indizienbeweises, der sehr scharfsinnig war, einem Jesuiten zugeschrieben worden. Der Historiker Bergl hatte durch einen glücklichen Fund nachweisen können, daß der Verfasser weder ein Jesuit noch ein Geistlicher gewesen war. Vor allem aber war das Pekař-Buch 1937 in deutscher Sprache erschienen, mit wesentlich der deutschen Forschung bisher unbekannten Ergebnissen. Insbesondere hatte Pekař nachgewiesen, daß der große Gegenspieler Wallensteins im zweiten Generalat der sächsiche Feldmarschall von Armin gewesen war, der schließlich das Scheitern der verräterischen

Pläne Wallensteins herbeiführte. Ferner war Pekař der Nachweis gelungen, daß Wallenstein den Plänen der adeligen böhmischen Emigranten nicht ferne stand, ja daß diese vielleicht das einzige ideale Ziel inmitten lauter egoistischer Pläne gewesen seien.

Srbik gibt in seinem Buch unumwunden zu, daß Pekař den deutschen Forschern gegenüber im Vorteil sei, da er nicht nur die deutschen, französischen, italienischen und schwedischen Quellen, sondern vor allem auch die tschechischen benutzen konnte. Srbik anerkennt auch, daß Pekař, dessen Werk er »monumental scharfsinnig, plastisch, dramatisch, hervorragend« nennt, der Nachweis der Tätigkeit Arnims gelungen sei, wie auch die Verbundenheit Wallensteins mit den Exulanten. Was er aber Pekař entschieden abstreitet, ist das egoistische Motiv des Verrates Wallensteins. »Beherrschend« – das ist der Tenor des Srbik-Buches – »stand über allem die Friedensidee.« Die Tragik liegt darin, daß Wallenstein immer klarer wurde, sein Friedensplan sei mit Zustimmung des Kaisers nicht zu erreichen, sondern nur durch Rebellion und Verrat. »An Stelle des Kaisers trat im Plane des Friedländers das Reich.« »War es nicht eine sittliche Tat, mehr denn je auf einen ehrenvollen Frieden hinzuwirken?« Pekař habe dies nicht erkannt. »Zu diesem Ziel führt Pekař seine innere Fremdheit gegenüber den geschichtlichen deutschen Reichsgedanken.«

Welcher von beiden Forschern ist nun der Sieger in diesem Duell? Srbik, der in Wallenstein den nationaldeutschen Helden sieht, der Pekař vorwirft, er habe »gegenüber diesem psychologischen Rätsel versagt« oder Pekař, der in Wallenstein den großen Condottiere sieht, eine dämonische slawische Figur, von maßlosem Ehrgeiz, Macht- und Besitzgier getrieben und von dem einzigen Wunsch beseelt, sich am Kaiser zu rächen? Für welches Ziel ihm jedes Mittel recht ist?

Man wird Wallenstein leichter begreifen, wenn man ihn als das nimmt, was er war: als einen Tschechen und ein Mitglied des böhmischen Herrenstandes. Wallenstein ist ein typischer

Vertreter seines Volkes. Irgendwie wird er immer undurchdringlich und unerforschlich bleiben wie alle slawischen Menschen. Dann besitzt er die geradezu geniale Virtuosität des Sabotierenkönnens aller Tschechen; als z. B. im Frühjahr 1632 die Franzosen Bayern zu erobern beginnen und der Kurfürst dringendst um Hilfe ruft, verspricht Wallenstein, ihn bis zum letzten Blutstropfen zu verteidigen. Aber er schickt statt der versprochenen Truppen nicht einmal ein Zehntel, dann schickt er endlich mehr, aber es befinden sich bei der Truppe keine höheren Offiziere, schließlich setzt er sich mit der ganzen Armee in Marsch, aber so langsam, daß inzwischen der Feind ganz Bayern erobern kann. Gegen Ende 1633 wiederholt er dieses »Spiel« noch einmal, mit demselben Erfolg. Oder er läßt sich vom Kaiser ausdrücklich die Erlaubnis erteilen, mit den Dänen zu unterhandeln, um sie auf die kaiserliche Seite zu ziehen – und benützt diese Erlaubnis, um sie auf die antikaiserliche Seite zu bringen. Das ganze Jahr 1633 unternimmt er, obwohl er eine Riesenarmee hat, nichts. Als der Hof deshalb unruhig wird, greift er nicht die Hauptmacht des Gegners an, sondern ein ganz kleines Korps, und kann mit diesem Sieg den Hof beruhigen. Echt slawisch ist sein maßloser Zorn und seine erschauernde Dämonie. Echt tschechisch die seltsame Verbundenheit mit seinem Volk: Wie schon erwähnt, ist unter den rein egoistischen Motiven seines Handelns das Hinneigen zu den Plänen der böhmischen Emigration vielleicht der einzige ideale Zug. Als er 1632 das Meißner Land verwüstet, befiehlt er seinem General Gallas ausdrücklich, den böhmischen Exulanten, die er doch als Kaiserlicher General als Feinde betrachten mußte, nichts zu tun. Und 1633 nimmt er sogar Exulanten in seine Herzogtümer Sagan und Glogau auf. Echt tschechisch ist seine Lethargie, sein seelisches Zerbrochensein, das ihn lähmt, den letzten, entscheidenden Schritt zu tun, die Sterne, die er zum Greifen nahe hat, zu erlangen, so daß ihm alle Chancen immer wieder entgleiten.

Wallenstein war aber auch Mitglied des böhmischen Herrenstandes. Einer Schicht also, die um 1600 eine Kaste darstellte, die von maßlosem Ehrgeiz und einem dämonischen Machtrausch besessen war. Die Entlassung im Jahre 1630 mußte für ein Mitglied dieser Kaste eine tödliche Beleidigung darstellen. Und tatsächlich sprach Wallenstein oft von dem »Regensburger Affront« und wie »der Kaiser und sein ganzes Haus es schmerzlich empfinden würden, einen Kavalier affrondiert zu haben«. »Er wolle«, so sagte er, »den Kaiser und den König von Spanien von Grund auf verderben.« Die Habsburger sollten aus Mitteleuropa ganz verschwinden und nur noch in Spanien regieren. Höchstens sollten Tirol und die Vorlande dem Kaisertum bleiben. Böhmen sollte wieder ein Wahlkönigreich werden und im Reich die Zustände vor 1618 wiederhergestellt werden. Zur Erreichung dieses Zieles war Wallenstein jedes Mittel recht, das Verhandeln mit den Feinden des Kaisers ebenso wie das Vorschieben der deutschen Friedensidee.

Srbik hält trotz aller Argumente und Beweise Pekařs an seiner Idee fest: Wallenstein habe nur Verrat aus höheren Motiven verübt. Welcher von beiden Forschern hat nun recht in diesem Duell?

Der Leser beider Bücher wird sich der Seite Pekařs zuneigen müssen. Nicht nur, weil Pekař Wallenstein aus seinem böhmischen Ursprung erklären kann, sondern weil noch zwei andere Argumente für seine Thesen sprechen: daß erstens der Kaiser selbst nicht einem »mittelmäßigen« Frieden abgeneigt war, Wallenstein also nicht einen eigenen Friedensplan haben mußte. Und daß zweitens das Verschwinden des Hauses Habsburg aus Mitteleuropa Deutschland nicht den Frieden, sondern nur das endgültige Chaos gebracht hätte. Deutschland wäre ohne starke Hausmacht eines Geschlechtes verloren gewesen. Und nach der Vernichtung der Habsburger (und der Wittelsbacher, die Wallenstein ja auch vertreiben wollten) hätte es kein Geschlecht mehr gegeben, das stark genug gewesen wäre, mit eigenen Mitteln Deutschland zu verteidigen. Man denke nur an die Türkenkriege, die zwei

Jahrzehnte nach dem Ende des Dreißigjährigen Krieges wieder aufflammten. Wie hätte sich Deutschland ohne habsburgische Truppen geschützt? Die Pläne Wallensteins wären tödlich nicht nur für die Habsburger, sondern auch für Deutschland gewesen.
Eine ungeschriebene Regel aller Geschichtsforschung sagt, daß man ohne Kenntnis der Sprache eines Landes nicht völlig in die Vergangenheit dieses Landes eindringen könne. Nur bezüglich der böhmischen Geschichte wurde dieses Gesetz sehr oft außer acht gelassen, hervorgerufen durch den zweisprachigen Charakter dieses Landes. Vielfach glaubten deutsche Forscher, mit den deutschen Quellen und der deutschen Literatur allein auskommen zu können. Wie gefährlich aber die Verletzung dieses Gesetzes ist, zeigen gerade die deutschen Forschungen über Wallenstein einschließlich Srbiks, die deshalb immer ein Torso bleiben müssen. Einschließlich des Srbik-Buches, von dem Pekař ausdrücklich sagt, daß es die letzte bedeutende deutsche Arbeit über das Wallensteinproblem sei, die viel Neues und Wertvolles gebracht hat.

Der vergessene Ursprung

Rainer Maria Rilke und Böhmen

Kleine Adelspalais im müden böhmischen Spätbarock, Wappen und Heiligenbilder über den Portalen, durch die der flüchtige Blick des vorbeihastenden Großstädters das Grün von Gärten wahrnimmt, die, eingespart aus der steinernen Umgebung, völlig unbekümmert ein eigenes Leben führen; eine Kirche im josefinischen Stil, die eher einem Tempel gleicht als einer christlichen Kirche und in der sich der leidende Leib Christi über dem Hochaltar wie eine große Verlegenheit ausnimmt oder wie ein Hindernis, das zwischen Gott und dem Menschen steht; ein Kloster, aus dem die Mönche schon lange fortgezogen sind; die ganze Gasse still und eher eng, so bietet sich jener Teil Prags dar, in dem Rainer Maria Rilke geboren wurde und seine frühe Kindheit verbrachte. War sie von Einfluß auf das sensible Gemüt des Kindes, und hinterließ sie Spuren für das spätere Leben? Oder war dieser böhmische Ursprung nur ein Zufall und wurde ausgelöscht durch die Eindrücke der ständigen Wanderschaft, die Rilke durch die weite Welt trug?

Der genaue Kenner Rilkes wird, wenn er die zahlreiche Literatur über den Dichter durchgeht, auf eine seltsame Tatsache stoßen, auf die Tatsache nämlich, daß das Verhältnis Rilkes zu Böhmen lange Zeit nicht gewürdigt wurde. Freunde und Gelehrte, Bewunderer und Neugierige nahmen Leben und Werk des Dichters unter die Lupe und registrierten und klassifizierten mit genauestem Fleiß alle Beziehungen Rilkes zu den Ländern, in denen er lebte und schuf: zu

Frankreich und Rußland, zu Italien, zu Spanien und zur Schweiz. Was sollten sie aber über Rilke und Böhmen berichten, außer, daß er in Prag geboren wurde und dort einige frühe Gedichte schrieb und dann das Land verließ, um niemals wiederzukehren? Daß er kurz vor seinem Tod Böhmen noch seine Heimat nannte, daß er, der geborene Deutsche, sich selbst als einen slawischen Menschen bezeichnete, all dies hätte sie stutzig machen müssen. Erst Peter Demetz unternahm in seinem Buch »René Rilkes Prager Jahre« (Eugen-Diederichs-Verlag Düsseldorf 1954), Rilke – wie es die moderne Psychologie vorschreibt – von seinen Ursprüngen her zu erklären, d. h. im Falle Rilkes als Kind der Stadt Prag. Wer die Hauptstadt Böhmens kennt, ihrem innersten Wesen nach kennt, für den ist Rilke kein Rätsel mehr. Denn Rilke ist der vollendete Prager, der vollendete böhmische Mensch. Böhmisch ist die Begeisterung Rilkes für Rußland, das er nicht aufhört als seine Urheimat zu preisen; böhmisch ist seine Liebe zu Westeuropa und dessen Hauptstadt Paris, das ihm »unentbehrlich« ist und dem er »das Beste verdankt, was er... geleistet hat«; böhmisch ist seine Abneigung gegen Deutschland, in dem er »nie gerne ist« und in dem »unsereiner sich erst recht in der Fremde fühlt«; böhmisch sein Abscheu gegen das alte Österreich, von dem er »kaum sagen kann, wie alles ihm zuwider dort ist«; böhmisch ist wieder seine geheime und starke Liebe zu eben diesem Österreich, die sich erst zeigt und die er spürt, als dieses Österreich nicht mehr besteht. Plötzlich spricht er nun von »unserem« armen Österreich, »merkt die Heimatlosigkeit des Österreichers«, von der er sich ebenfalls betroffen fühlt und die »wie ein großes Weh vor ihm steht«. Böhmisch ist seine Ablehnung des Barocks, wie sie sich in der Verwerfung seines »Cornet Rilke« äußert, dieser ganz barocken Dichtung, die er eine »Improvisation« nennt und die er »unausstehlich« findet, obwohl dieses Werk zu den schönsten seiner Schöpfungen gehört und mehr gelesen wurde als das »Stundenbuch« und die »Duineser Elegien« zusammengenommen. Aber auch hier ist er ein getreues Abbild Böhmens, das die Epoche seines Barocks als einen der dunkelsten Punkte seiner Geschichte bezeichnet, die ihm aufgezwungen wurde und die verleugnet werden muß, obwohl Böhmen durch die Kunst und Kultur des Barocks zu einem Juwel des Abendlandes wurde. Böhmisch ist sein seltsames Hervorheben einer geschichtlichen Tradition, wenn sie auch auf vagen Fundamenten ruht, und die sich bei ihm darin zeigt, daß er auf Grund irgendwelcher Gerüchte behauptet, vom Kärntner Uradel abzustammen, und ein Wappen gebraucht, das im Ständehaus zu Klagenfurt abgebildet ist und angeblich seiner Familie zugehört; was alles quellenmäßig nicht überprüft werden kann, worauf er aber weiter fest beharrt und worin sich nur die eine geheime – böhmische – Sehnsucht offenbart, Mitspieler am großen Theater der Welt zu sein. Böhmisch ist die Form, in der er seinen Beitrag an die Geschichte leistet und der in »alledem nur Leiden ist. Das Mitleiden, Vorausleiden und Nachleiden.« Böhmisch die Lethargie, die ihn beherrscht, aber gleichzeitig befähigt, Erleidender der Geschichte zu sein. Wohl empfindet er sie und klagt, »ein Ausbund an Unentschlossenheit« zu sein, aber gleichzeitig ist er glücklich und stark in dem Bewußtsein, »Geduld für Jahrhunderte« zu haben. Und böhmisch ist schließlich vieles in seinem Verhältnis zum Christentum. Gewiß in erster Linie trieb seine bigotte, engherzige, hysterische Mutter ihrem Sohn das Christentum gründlich und restlos aus. Sie ist der Hauptgrund seiner Abneigung gegen die christliche Religion. Und Rilkes Worte »sei Heide und Heide sei weit« und »Gott macht sich nichts aus den Christen« sind nur aus seiner Haßliebe zu der im Grunde unchristlichen Mutter zu verstehen. Aber dennoch darf die böhmische Komponente in seiner Beziehung zum Christentum, von dem er sich »immer leidenschaftlicher entfernt«, trotz der vielen christlichen Worte in den »Geschichten vom lieben Gott«, im »Stundenbuch«, im »Marienleben« und in den »Elegien« nicht übersehen werden, genau so wie seine Heimat sich immer mehr vom Christentum entfernte, trotz der vielen Kirchen, Klöster und der Kapellen. Im Gegenteil, diese Gotteshäuser seiner Heimat – und man sieht deutlich, wie er sich an die Kirchen Prags erinnert, an St. Niklas auf der Kleinseite, an St. Thomas, Maria Viktoria, St. Georg und Strahov, St. Ignatius und Aegid, St. Kajetan und Allerheiligen – lassen ihn voll Verachtung die Worte sprechen von den »Kirchen, welche Gott umklammern wie Flüchtlinge und ihn dann bejammern wie ein gefangenes und wundes Tier«. Es spricht eine Tragödie, die erschauern macht, aus diesen Werken. Es ist die Tragödie Böhmens.

Aber Rilke ist nicht nur ein Kind seiner Stadt, er ist vor allem auch das Kind seiner Eltern, seiner »böhmischen« Eltern. Da ist der Vater: ein gescheiterter Offizier, der sich als kleiner Beamter fortbringt, äußerlich in der Maske eines Grandseigneurs, innerlich unsicher und zerbrochen. Da ist die Mutter: brennend von Ehrgeiz, im Grunde des Herzens unreligiös, äußerlich bigott bis zum Überdruß, ein Schmock (sie kleidet sich wie eine Erzherzogin in Trauer), erbittert, daß sich ihr Traum, neben ihrem Mann eine Dame von Welt zu werden, nicht erfüllt. In dieser Atmosphäre wächst der kleine René auf. Während der Vater gar keinen Einfluß auf seinen Sohn erlangt, kann ihn diese hysterische Mutter für sein ganzes Leben entscheidend beeinflussen. Sie kann ihm ihre Tagträume so stark aufzwingen, daß er sich davon niemals mehr befreien kann, sondern sie eines Tages erfüllen wird. Der Traum seiner Mutter ist, daß er jenes Leben führen kann, welches ihr versagt blieb: ohne Beruf in der Welt zu leben, die sie als die »große« ansieht, also unter Hocharistokraten, auf Schlössern, sein Name in aller Munde. Die militärische Karriere, die Rilke vielleicht die Erfüllung dieses Wunsches teilweise hätte bringen können, ist ihm versagt, mit sicherem Instinkt erkennt der junge René, daß ihm nur noch ein anderer Weg übrigbleibt, um dieses Ziel zu erreichen: als Dichter und Schriftsteller. Der junge René glaubt, daß er Talent zu diesem Beruf besitzt, und versucht, auf den verschiedensten Wegen dieses Talent einzusetzen, um dem Ziel, das ihm die Mutter aufgezwungen hat, näherzukommen. Bis er eines Tages erkennt, daß er nicht seinem Ehrgeiz, sondern seinem Talent zu dienen habe, und er mit Instinkt, mit unendlichem Fleiß, mit Zähigkeit seinen Weg, seinen eigentlichen Weg beginnt.

»Rainer Maria Rilke«, schreibt Demetz am Schluß seines Buches, »glaubte oft, sein jüngeres Selbst, René, in seiner Arbeit und in seinem persönlichen Schicksal verleugnen zu können. Mit Gewalt verbannte er den Gedanken, daß der Geschichte seiner Arbeit das Schicksal Renés voranging, die merkwürdige Geschichte eines jungen Mannes aus der Provinz, der aus engem Talent, einer dürftigen Sprache, einer ehrgeizigen Jugend, gegen die Hemmnisse des Ortes und der Zeit sein Leben nach einem vorgefaßten Existenzentwurf zu einem dichterischen Mythos zu steigern vermochte. Wie Münchhausen sich an seinem eigenen Haar aus dem Sumpf einer gehemmten Jugend und einer armen Sprache emporgezogen zu haben, darin lag Rilkes eigentliche, unendlich rührende Leistung.«

In dem kleinen Bergfriedhof von Raron im schweizerischen Kanton Wallis, angelehnt an die Kirchhofmauer, befindet sich das Grab des größten Dichters, den Böhmen der Welt schenkte, und der, fast unbekannt in seiner Heimat, einer der vollendetsten Kinder ihres Wesens ist. Kurz nach dem Ersten Weltkrieg erhielt Rilke durch den tschechoslowakischen Gesandten in Bern einen tschechoslowakischen Paß. Er hätte somit jederzeit in sein Geburtsland zurückkehren können. Tatsächlich reiste er gelegentlich nach Prag, um seine Mutter zu sehen oder seine uralte Großmutter, die ihn sogar überlebte. Aber immer wieder kehrte er nach kurzer Zeit in die Schweiz zurück, in der er schließlich auch starb und sich begraben ließ. Ausdrücklich hatte er in seinem Testament verboten, daß ihm beim Sterben irgendein religiöser Trost zuteil werden sollte. So tiefe Wurzeln hatte seine Haßliebe zu seiner Mutter in ihm geschlagen.

»Die Idee des österreichischen Staates«

Zum Gedächtnis František Palackys

Als František Palacky am 14. Juni 1798 in einem kleinen mährischen Dorf als Sohn eines Lehrers geboren wurde, gab es praktisch kein tschechisches Volk, das Träger einer Geschichte gewesen wäre. Heute, über hundertfünfzig Jahre nach seiner Geburt, scheint das tschechische Volk wieder als Subjekt aus der Geschichte zu verschwinden, um nur noch Objekt der Politik zu sein. Aber innerhalb dieses Zeitraumes liegt der Aufstieg einer kleinen Nation zu materieller, kultureller und politischer Selbständigkeit, der beispiellos und ohne Parallele in der Geschichte Mitteleuropas ist. – Als Palacky geboren wurde, gab es kein tschechisches Volk im geschichtlichen Sinn. Es hatte keinen Adel wie andere kleine Völker, etwa die Polen, Magyaren oder Kroaten, es hatte kein Bürgertum wie Italiener oder Niederländer, es hatte keine Literatur und keine Wissenschaft wie die Deutschen, es hatte nicht einmal eine Sprache. Denn dieses slawische Idiom, das nur noch von der gestaltlosen Masse der erbuntertänigen Bauern gesprochen wurde, konnte kaum den Rang einer Sprache für sich in Anspruch nehmen. Als sieben Jahre vor der Geburt Palackys an der Prager Universität ein Lehrstuhl für böhmische Sprache und Literatur eingerichtet wurde, sagte der neuberufene Professor, der Tscheche Pelcl, in seiner Antrittsvorlesung, in Böhmen werde bald ebenso ausschließlich deutsch gesprochen werden wie in Meißen, Schlesien oder Brandenburg. Eine Nation schien langsam, aber lautlos zu versinken.

Es war die deutsche Romantik und insbesondere Herder, die hier als Retter auftraten. Herder, der »Slawenapostel«, sah in den Slawen ein Volk, das in der Vergangenheit ein friedliches, auf hoher Kultur stehendes Leben geführt hatte und das infolge seiner Unverdorbenheit bestimmt sei, in der Zukunft ein neues Zeitalter der Humanität zu begründen. Ein paar Tschechen und Slowaken, die auf deutschen Universitäten studiert hatten, brachten diese Lehre in die Heimat. Der Funke zündete. Eine Reihe von Dichtern und Schriftstellern steht auf und schafft aus dem bisherigen Bauernidiom die neue tschechische Sprache. Dann übersetzt Palacky die Ideen Herders ins Historische, um schließlich daraus eine politische Ideologie für sein Volk abzuleiten. Er schrieb die Geschichte seines Volkes, damit es daraus lerne, wieder Geschichte zu machen, er zeigte seinem Volk seine Vergangenheit, damit es daraus lerne, sich eine Zukunft zu bauen, er hob es aus dem nächtlichen Schlaf in das Licht des Tages. Erst durch die Tat Palackys wurde das tschechische Volk wieder eine historische Kraft, Volk, das – zum Bewußtsein seiner selbst gelangt – als Subjekt wieder in die Geschichte zurückkehren konnte. So verdankt im gewissen Grade das tschechische Volk Palacky sein Leben, und der Titel »Pater Patriae«, den es ihm verlieh, wurde nicht zu Unrecht gegeben.
Aus Herderschem Gedankengut schöpfte Palacky die Auffassung, daß die Völker moralische Persönlichkeiten seien, die wachsen und leben und ein natürliches Recht auf gleichberechtigtes Nebeneinanderleben haben, zu ihrer Selbsterhaltung verpflichtet sind, und ebenso, daß die Slawen aus ihrer Vergangenheit heraus sich zu den Idealen der Humanität zu bekennen hätten. Das bedeutet für Palacky, in die konkrete tschechische Wirklichkeit übersetzt, daß die Tschechen ein Recht auf Gleichberechtigung und auf Selbsterhaltung haben und zu einem Leben im Geiste der Humanität verpflichtet sind. Dieses Programm aber ist gefährdet, sowohl in seinem nationalen wie in seinem humanitären

Teil. Denn das tschechische Volk ist ein kleines Volk, eingekeilt zwischen zwei große Machtgebiete, das der Deutschen und der Russen. Aus sich heraus ist es weder materiell noch physisch, noch kulturell, noch politisch in der Lage, den Deutschen, damals Gegnern seiner Forderung nach Gleichberechtigung, oder den Russen, die seine Forderung nach Humanität nicht verstehen, zu widerstehen. Dieses Schicksal des kleinen tschechischen Volkes sieht Palacky geteilt mit einer Reihe anderer kleiner Völker, die sich alle längs der Donau lagern, die ihre wahre Lebensader ist. Wenn sich diese kleinen Völker aber alle einigen im Geiste der Gleichberechtigung und der Humanität, dann sind sie eine Großmacht, die allen Aggressionen widerstehen kann. Nun aber bestand diese Union dem inneren Wesen und Berufe nach – die Habsburgermonarchie. »Wahrlich, existierte der österreichische Kaiserstaat nicht schon längst, im Interesse Europas und der Humanität müßte er geschaffen werden«, schrieb aus dieser Erkenntnis Palacky im Jahre 1848 an die Frankfurter Nationalversammlung, ein Wort, das seinen Erfinder berühmt machte, in Tausenden von Flugzetteln verbreitet wurde und das der Ban Jellacic an die Fahnen seiner Kroaten heften ließ. Diese Einigung der Völker des Donaureiches war freiwillig im 16. Jahrhundert erfolgt als Schutz gegen den Eroberungsdrang der Türken. Diese »Allianz war eine große Wohltat gewesen, welche die Vorsehung den Nationen zuteil werden ließ«. Diese Union, die bisher eine absolute Monarchie war, muß nun durch das Erwachen der Völker umgebaut werden in einen Bund der gleichberechtigten Nationen mit einem Herrscher an der Spitze. So sieht es Palacky, und deshalb ist er nicht nur ein Anhänger der habsburgischen Idee, er ist auch ein Anhänger der Dynastie. Denn nur eine Krone kann diese Völker verbinden. Mittelpunkt dieser Union kann nur Wien sein, da es die tatsächliche Mitte aller dieser Länder darstellt. Diese Union kann organisiert sein entweder auf ethnographischer Grundlage als Bund der Nationen oder auf historischer als Bund der einzelnen historischen Länder, innerhalb deren Bereichen wieder völlige Gleichberechtigung der Nationen herrschen müßte. Neben dem Zentralparlament soll es Parlamente für die einzelnen Teile der Monarchie mit weitestgehenden Vollmachten geben. Eine solche Union kann und wird ihren Völkern nicht nur Wohlstand und Kultur bringen, sie ist vor allem eine Notwendigkeit für die Freiheit, Integrität und politische Selbständigkeit ihrer kleinen Völker.

Ähnlich wie der Bure Smuts der große Theoretiker des britischen Commonwealth of nations war, so war der Slawe Palacky der große Theoretiker des österreichischen Commonwealth of nations. Und die besten Köpfe der alten Monarchie haben ihr ganzes Können und ihre ganze Kraft darein gesetzt, um die »Idee des österreichischen Staates« zu verwirklichen, die Palacky in dem gleichnamigen Buch, ferner in seinem Schreiben an die Frankfurter Nationalversammlung, in zahlreichen Zeitungsartikeln, in vielen Reden als Mitglied des Herrenhauses, als Abgeordneter des böhmischen Landtages und zuletzt noch, wenn auch kurz, in seinem »Politischen Testament« niedergelegt hatte. Sie reifte langsam, diese Idee, aber eine siegreiche Verwirklichung war ihr nicht beschieden. Bei weitem nicht aus einseitiger Schuld. Zu jener Zeit bestand unter den politischen Richtungen, die damals das öffentliche Leben unter den Deutschen Österreichs und den Magyaren beherrschten, zuwenig Einsicht für die Verantwortung, die den beiden damals am weitesten kulturell vorgeschrittenen Völkern im Raume der Monarchie zugefallen war, zuwenig Voraussicht für die Folgen, die für alle um die Donau siedelnden Menschen ohne Unterschied des Stammes erwachsen müßten: Die wahre Idee des österreichischen Staates wurde nicht verwirklicht. Unter den Deutschen Österreichs hat es an erleuchteten Männern nicht gefehlt, die den rechten Weg wiesen und warnten. Der Kremsierer Reichstag, das Oktoberdiplom, die Einberufung des außerordentlichen Reichsrates im Jahre 1867, die ebenso viele Hoffnungen und ebenso viele Enttäuschungen für die

Tschechen gebracht hatten, waren längst vorüber, als einer der bedeutendsten Männer des deutschösterreichischen Liberalismus, Adolph Fischhof, 1869 immer noch bekannte: »Kein Volk in Österreich hat ein stärkeres österreichisches Bewußtsein als die Tschechen, denn nur in diesem Staate sind sie ein nicht unwichtiger Faktor des öffentlichen Lebens. Der Untergang Österreichs wäre identisch mit dem ihrigen. In Deutschland gingen sie mit der Zeit vollkommen unter, wie alle Slawen, die auf deutschem Gebiete wohnten und wohnen, in Rußland retteten sie wohl ihre Rasse, aber nur auf Kosten ihrer Stammeseigenheit.«

Aber Fischhof erkannte auch und rief es mit größter Eindringlichkeit seinen Zeitgenossen ins Gedächtnis, daß das Lebensgesetz Österreichs ein unabweisliches Postulat seiner föderativen Gestaltung als Nationalitätenstaat sei; hier hatte sich einer der hellsichtigsten Deutschösterreicher mit Palacky getroffen. Aber die innere Entwicklung der Monarchie im Zeichen des Dualismus führte völlig abseits von diesen Ideen. Besonders die magyarische Politik der Entnationalisierung der nichtungarischen Völker war nach Palacky eine »schwärende Wunde, die den ganzen Organismus der Monarchie zu zersetzen droht«. So erfaßten den alternden Palacky bittere Zweifel um eine endgültige Erhaltung der Monarchie. Er erlebte nicht mehr die Verkündigung des großösterreichischen Programms im Jahre 1905 durch einen österreichischen Volksführer von der Kraft Dr. Karl Luegers, die Verlebendigung eines gesunden Sprachenrechtes in der Bukowina, in Welschtirol und in Mähren, das Wachsen der Völkerstaatsidee in Ungarn und die Pläne Franz Ferdinands. Hätte Europa 1919 wirklich große Staatsmänner auf der Pariser Friedenskonferenz gehabt, so hätten sie, anstatt das Donaureich wie Kinder ein unverstandenes Spielzeug zu zertrümmern, gemeinsam mit den Völkern dieses Reiches die »Idee des österreichischen Staates« verwirklicht. Sie hätten damit der Menschheit den Zweiten Weltkrieg mit allen seinen Folgen erspart.

Die große Tragödie, die Palacky für sein eigenes Volk kommen sah, wenn einmal die alte Monarchie zerfallen werde, ist schließlich doch endgültig eingetreten. Der Staat Masaryks, der den Tschechen die alleinige Selbständigkeit, nur gestützt auf einige westliche Allianzen, zu geben versprach, hatte sich als nicht haltbar erwiesen. Der Staat Beneš, der das gleiche mit einer östlichen Allianz versuchte, hat ebensowenig seine Freiheit behauptet. Der politische Ersatz für die Donaumonarchie, die Kleine Entente, konnte nicht annähernd so starke Stürme durchhalten wie diese selbst. So blieben nur noch die beiden anderen Möglichkeiten, das Anfallen an Deutschland oder an den Osten. In beiden Fällen kann – nach Palacky – Böhmen nur noch ein Planet sein, der um die jeweilige Sonne werde kreisen müssen. Aber dem Anfallen an Deutschland sei der Anschluß an den Osten vorzuziehen, meinte Palacky, denn wenn man schon aufgehen müsse, dann lieber in einem slawischen Staat als in einem deutschen. Er hat das 20. Jahrhundert nicht erlebt, sonst hätte er den zweiten Teil der Alternative anders formuliert. Besonders aber mag noch der Worte gedacht werden, die Palacky schrieb: »Sobald ich meine Blicke über die Grenzen Böhmens erhebe, bin ich durch natürliche wie geschichtliche Gründe angewiesen, sie nach Wien zu richten und dort das Zentrum zu suchen, welches geeignet ist, meines Volkes Frieden, Freiheit und Recht zu sichern und zu schützen.« Doch heute ist alles aus den Angeln gehoben. Wird göttliche Allmacht gutmachen, was Menschen in blinder Leidenschaft und Aberwitz vernichtet haben? »Die Idee des österreichischen Staates« lebt in Wahrheit und unsterblicher Realität als die Friedensidee Europas, auch wenn Menschen sie nicht erfüllen.

3. Juli 1866

Königgrätz und die Folgen

Böhmen hat innerhalb seiner Grenzen viele Schlachten gesehen. Schlachten, in denen nicht nur viele Menschen verbluteten, sondern von deren Ausgang auch das Geschick vieler Länder für Jahrhunderte abhing. Eine solche Schlacht war z. B. die Schlacht am Weißen Berg am 8. November 1620. Aber die Schlacht, von der noch viel weitgehendere Umwälzungen sich in der Geschichte Österreichs, ja Mitteleuropas, ja anderer Teile dieses Kontinents ergaben, war die Schlacht bei der böhmischen Stadt Königgrätz, die am 3. Juli 1866 zwischen Preußen und Österreich geschlagen wurde und die Österreich verlor. Außerordentlich schwerwiegende Folgen zog diese Niederlage nach sich. Mit dieser Niederlage Österreichs ist der endgültige Auszug Österreichs aus Italien und Deutschland verknüpft. Die beiden großen Flügel der Donaumonarchie brachen ab. Und damit die Chance, auf großem Raum – als eine moderne Form des Heiligen Römischen Reiches – eine übernationale Staatengemeinschaft aufzubauen – die Europa für lange Zeit den Frieden beschert hätte. Oberbefehlshaber der Österreicher in dieser Schlacht war Feldzeugmeister Ludwig Benedek, preußischer Oberkommandierender war Hellmuth Graf Moltke, der 1870 im Krieg Preußens und seiner Verbündeten gegen Frankreich auch den Sieg von Sedan errang.

Der Krieg von 1866 war vom preußischen Ministerpräsidenten Bismarck seit langem geplant gewesen. Schon als er preußischer Gesandter bei der Versammlung des Deutschen

Bundes in Frankfurt war, begann er bereits die Politik Österreichs zu konterkarrieren, eine Tätigkeit, die er, als er 1862 preußischer Ministerpräsident wurde, verstärkt fortsetzte. Sein Ziel war: Österreich ganz aus der deutschen Politik auszuscheiden, den Deutschen Bund zu liquidieren und ganz Deutschland in die Arme Preußens zu führen. Viele Umstände erleichterten ihm seinen Plan, vor allem das Wirken österreichischer Politiker. 1859 hatte die Donaumonarchie den Krieg gegen Sardinien und das mit ihm verbündete Frankreich verloren oder richtiger gesagt, sah diesen Krieg frühzeitig als verloren an. Der verlorene Krieg von 1859 bescherte Österreich die Einführung eines parlamentarischen Systems. Bis 1859 war Österreich absolutistisch regiert worden, wobei ganz außerordentlich befähigte Staatsmänner diesem System zur Verfügung standen und dieses Regime wirklich auch auf den verschiedensten Gebieten große Leistungen vollbrachte. Aber die liberal gesinnte Öffentlichkeit hatte als Ursache des verlorenen Krieges von 1859 das absolute System angesehen, und mit dem verlorenen Krieg trat auch dieses von der Bühne ab, und ein parlamentarisches System übernahm die Regierung der Monarchie, die vorwiegend von Liberalen beherrscht war. Diese Liberalen begannen sofort die österreichische Armee zu demolieren. Sie entzogen ihr immer mehr Gelder, die ja das neu eingeführte Parlament hätte bewilligen müssen. Der Armee Gelder vorzuenthalten schien diesen liberalen Politikern, die damals in Österreich herrschten, der einzige Weg zu sein, um die Monarchie finanziell stark zu erhalten. Während so Österreich abrüstete, rüstete hingegen Preußen immer stärker auf, ja führte schließlich unter viel Kosten eine neue Waffe ein, die sich als ganz furchtbar erweisen sollte: das Hinterladergewehr, das zwar nicht so weit trug wie das österreichische Vorderladergewehr, aber dafür dreimal so schnell schoß. Auch in Österreich wurde ein Hinterladergewehr von dem Waffeningenieur Josef Werndl 1865 erfunden und der österreichischen Armee angeboten, wobei weite

Kreise des Militärs für dessen Einführung waren, aber wieder einmal bewilligte das Parlament nicht die Mittel.
Äußerer Anlaß für den Ausbruch des Krieges von 1866 waren die Differenzen wegen Schleswig-Holstein, welche zwei nördlichen Herzogtümer beide Mächte seit 1864 besetzt hatten. Im Gasteiner Vertrag konnten die Schwierigkeiten noch einmal beseitigt werden. Nachdem aber Preußen entgegen den Bestimmungen dieses Vertrages Holstein besetzt hatte, beantragte Österreich die Mobilisierung der deutschen Bundesarmee. Daraufhin trat Preußen aus dem Deutschen Bund aus und erklärte am 19. Juni an Österreich den Krieg. Mit Österreich marschierten fast alle deutschen Mittelstaaten, wie Hannover, Bayern, Württemberg usw., auf der preußischen Seite nur einige thüringische Kleinstaaten. Allerdings ist der Ausdruck »an der Seite Österreichs marschierten« stark übertrieben, denn außer dem Königreich Sachsen taten die übrigen Verbündeten in diesem Krieg fast nichts. Bismarck war es gelungen, für diesen Krieg Italien als Verbündeten zu gewinnen, sodaß die Monarchie einen Zweifrontenkrieg führen mußte. Kommandant der Nordarmee, die gegen Preußen fechten sollte, wäre gerne der Onkel des Kaisers, Erzherzog Albrecht, Sohn des Siegers von Aspern, geworden. Aber Benedek war in der Armee sehr populär, hatte er doch im Krieg von 1859 bei Solferino einen bedeutenden Erfolg gegen die Sarden erringen können, er war auch populär in der Bevölkerung, bei der Presse, bei den Liberalen, sodaß dem Kaiser kaum etwas anderes übrigblieb, als ihn zum Kommandanten der Nordarmee zu bestimmen. Benedek trat das Kommando mit sehr gemischten Gefühlen an, denn ihm war klar, daß die österreichische Armee der preußischen unterlegen sei. Als mit Königgrätz der Krieg tatsächlich verloren war, schob man dem Kaiser die Schuld zu, daß er ihn an die Spitze der Nordarmee gesetzt habe, er hätte ihn in Italien lassen sollen, denn dort kenne »Benedek jeden Baum«. Nun ist die Kenntnis jeden Baumes in einem bestimmten Gebiet vielleicht

wichtig für einen Gendarmeriebeamten, aber für einen Feldherrn ist dies keine Voraussetzung zur Erringung eines Sieges. Napoleon war vor 1805 nie in Mähren gewesen, und doch gewann er am Ende des Jahres 1805 die Schlacht von Austerlitz. Ähnliche Beispiele könnten aus dem Leben des Prinzen Eugen oder Napoleons gebracht werden. Benedek verlor die Schlacht bei Königgrätz am 3. Juli 1866, weil die österreichische Armee zu schlecht ausgerüstet war und Benedek vielleicht zu wenig hasardierte. Denn ein großer Sieg kann wahrscheinlich – und dies zeigt der Sieg des Prinzen Eugen bei Belgrad im Jahre 1717 – nur gewonnen werden, wenn der Feldherr bereit ist, etwas va banque zu spielen.
Bei Königgrätz standen sich ungefähr 500 000 Mann gegenüber. Die Preußen waren dank des Zündnadelgewehrs den Österreichern eindeutig überlegen, die Österreicher wiederum hatten eine den Preußen überlegene Artillerie. Aber leider wurde diese nicht entsprechend eingesetzt. Das Schlachtfeld von Königgrätz liegt links und rechts der Straße von Königgrätz nach Jicin, der ehemaligen Hauptstadt des Wallensteinischen Herzogtums Friedland. Rechts und links von dieser Straße liegen große Wälder, so der Schwiebwald und der Horawald. In diesen Wäldern nun lagerten bedeutende Kräfte der Preußen. Hätte Benedek nicht erst auf den preußischen Angriff, der um ungefähr 8 Uhr früh begann, gewartet, sondern – ähnlich wie Prinz Eugen bei Belgrad – die Schlacht in aller Herrgottsfrüh begonnen, d. h. hätte er schon um drei Uhr früh die österreichische Artillerie in diese beiden Wälder schießen lassen, dann wäre die Konfusion bei den Preußen wahrscheinlich sehr groß gewesen, und vielleicht hätte sich das Schlachtenglück Benedek bereits um 11 Uhr zugeneigt und nicht erst um zirka 13 Uhr, wie es tatsächlich geschah, aber da war es bereits zu spät, da stieß die preußische Kronprinzenarmee in die völlig entblößte österreichische rechte Flanke und entschied die Schlacht. Mit unerhörtem Mut war die österreichische Infanterie gegen die Preußen gestürmt, um in kurzer Zeit von den Hin-

terladern hinweggefegt zu werden. Die österreichische Armee verlor die Schlacht, aber die preußische war ebenfalls sehr angeschlagen, denn sie konnte durch drei Tage nicht an eine Verfolgung der Österreicher denken, was Benedek die Chance gab, die Armee im halbwegs geordnetem Rückzug zurückzuführen und sie sogar noch über die Donau zu bringen, die gegenüber der preußischen Armee doch einen gewissen Schutz bot.

Königgrätz bedeutet zunächst das große und endgültige Unglück für Italien. Der Auszug Österreichs aus Italien hatte schon 1859 begonnen. Damals war der Krieg eher mutwillig von Österreich vom Zaun gebrochen worden. Diplomatisch war der Krieg schlecht vorbereitet. Dazu wurde er noch militärisch schlecht geführt. Und zum Schluß wurde noch völlig übereilt der Friede geschlossen, obwohl die Chancen für die Habsburgermonarchie auch nach Solferino, der verlorenen Schlacht, nicht schlecht standen. Ein Jahr nach Solferino hatte Napoleon III. zum Herzog von Koburg gesagt, daß seine Armee nach Solferino in viel schlechterem Zustand als die österreichische gewesen sei. Trotz Solferino und der bereits vorher verlorenen Schlacht bei Magenta war die Lage der Österreicher trotzdem nicht ungünstig. Trotz zweier verlorener Schlachten hätte der Krieg noch gewonnen werden können. Denn in Deutschland begann nach Solferino die öffentliche Meinung zu kochen. Die Habsburgermonarchie war ja das führende Mitglied des »Deutschen Bundes« und seine Bedrohung eine Bedrohung Deutschlands. Der »Deutsche Bund« beschloß die Mobilisierung von sechs Armeekorps, die am Rhein aufmarschieren sollten und Frankreich gefährlich in der Flanke bedrohen würden. Die Österreicher hätten sich wie Radetzky im Jahre 1848 ins Festungsviereck zurückziehen können, wo sie praktisch unangreifbar waren. Franz Joseph hatte alle Chancen in der Hand, Napoleon fast keine, außer einer: Er bot Franz Joseph einen »billigen«, in Wirklichkeit teuren Frieden an, denn der Preis war der Verzicht auf die Lombardei – und Franz Joseph ergriff diese

»Chance« – die keine war und verzichtete auf die Lombardei und schloß Frieden.
Mit dem Krieg von 1859 begann das Unglück für Italien, mit Königgrätz vollendete es sich.
Nach Königgrätz verlor Österreich auch Venedig an das neue Italien. Selbst die größten Anhänger des Risorgimento geben heute offen zu, daß das Verschwinden der österreichischen Verwaltung aus Italien – es sei die gerechteste, die Italien jemals gesehen habe, urteilte ein moderner italienischer Historiker – ein kulturelles Heruntersteigen der italienischen Nation nach sich zog. Aber nicht der Verlust dieser Verwaltung war das eigentliche Unglück, das auf Magenta, Solferino und den Krieg von 1866, den Italien übrigens an allen Gebieten verlor, folgte. Dieses Unglück lag auf einem anderen Gebiet: Seit Jahren fieberte Italien der Einigung entgegen. Die Frage war nur, wer diese Einigung herbeiführen würde: die konservativen Kräfte, die gemäßigten Liberalen, die Anhänger der Kirche oder die Radikalen, die Freimaurer, die Anhänger Garibaldis, Mazzinis und Cavours? Königgrätz entschied endgültig zugunsten der letzteren, und Italien fiel damit einem nationalen Chauvinismus in die Arme, der gleichzeitig antikirchlich war und Italien zu guter Letzt auf die Blut- und Eisenstraße Mussolinis, dieses letzten großen Schülers Mazzinis, führte. Die Katastrophe Italiens vom Jahre 1945 ist nur noch das Ende der Niederlage Österreichs von 1859.
Mit Königgrätz hatte Preußen einen großen Sieg errungen. Aber damit noch nicht den Krieg. Im Gegenteil: Preußens Lage begann nach Königgrätz prekär zu werden. Der italienische Bundesgenosse war durch die österreichischen Siege bei Custozza am 24. Juni 1866 und bei Lissa am 20. Juli 1866 ausgefallen. Österreichs Armee hatte sich hinter die Donau zurückziehen können, da die preußische Armee nach der Schlacht bei Königgrätz so angeschlagen war, daß es die österreichische Armee nicht zu verfolgen vermochte. Außerdem entwickelte Österreich jetzt eine Waffe, die der preußi-

schen ähnlich zu schaffen machte wie das Zündnadelgewehr den Österreichern. Die Cholera brach in der preußischen Armee aus und die Verluste, die diese Seuche verursachte, überwogen bald die Opfer auf den Schlachtfeldern. Österreich hatte die Chance, mit seiner Armee in die Weiten Ungarns ausweichen zu können. Bismarck graute vor dem Gedanken, daß in diesem Land die Opfer der Cholera noch größer sein würden. Bismarcks »Dolchstoß- in den Rükken«-Politik – nämlich die Nationen Österreichs gegen die Monarchie aufzuwiegeln, funktionierte nur etwas bei den Magyaren, wo ein eigenes Korps aus ungarischen Überläufern aufgestellt werden konnte, das an der Seite Preußens marschierte, aber nicht bei den anderen Nationen, bei denen es Bismarck versucht hatte, so bei den Tschechen, Kroaten und Rumänen. Diese Nationen zeigten keine Lust, die sichere Heimat Österreich zu verlassen. Außerdem: Der französische Kaiser Napoleon III. zeigte wieder einmal Lust, sich auch in diesen Handel einzumischen und sich eine Intervention zugunsten Österreichs durch die Abtretung preußischen Gebietes abkaufen zu lassen. Bismarck beschlichen schwere Sorgen: was, wenn die Donaumonarchie wirklich auseinanderfiele? Ein Chaos würde an dessen Stelle entstehen, die deutschen Gebiete Österreichs und Wien von Berlin aus nicht zu regieren sein. Er sah nur mehr eine Chance: Österreich einen billigen Frieden – d. h. einen Frieden ohne Gebietsabtrennung – anzubieten und sich mit einer finanziellen Kriegsentschädigung zu begnügen. Als er seinem König diese Gedanken vortrug, wies er diesen Plan entrüstet zurück – wahrscheinlich auf Druck seiner Armee. Diese wollte einen Siegesmarsch über die Wiener Ringstraße. Damit – so argumentierte Bismarck – würde das österreichische Ehrgefühl schwer getroffen sein und Österreich in Zukunft nur auf Revanche bedacht sein. Auch jeden Gebietserwerb von seiten Österreichs lehnte Bismarck seinem König ab. Als dann der König wünschte, daß Preußen wenigstens ein Stück Land von Sachsen erhalten sollte, sagte wiederum

Österreich »nein«. Denn Sachsen war der einzige deutsche Bundesgenosse, der Österreich nicht im Stich gelassen hatte. Österreich erklärte, daß der Krieg weitergehen würde, wenn Preußen auf dieser Forderung beharre. Daß Preußen dieses »Nein« akzeptierte, daraus allein ist schon zu ersehen, wie schlecht Bismarck die preußische Situation beurteilte. Der Konflikt zwischen Bismarck und dem König spitzte sich so zu, daß Bismarck seine Entlassung einreichte. Überredet von seinem Sohn, dem Kronprinzen, der die Ansichten Bismarcks teilte, biß der König in den »sauren Apfel«, wie er sagte, und gab in allem Bismarck nach. Aber bei dem Frieden, der in Prag abgeschlossen wurde, zahlte die Donaumonarchie dennoch einen hohen Preis: Sie trat aus dem Deutschen Bund aus, der sich auch auflöste. Mit der Niederlage bei Königgrätz brachen die beiden großen Flügel der Habsburgermonarchie ab: Sie zog aus Italien – denn Österreich trat an Italien Venedig ab – und auch aus Deutschland aus. Damit war die Chance, auf großem Raum – als eine moderne Form des Heiligen Römischen Reiches – eine übernationale Völker- und Staatengemeinschaft aufzubauen, die Europa für lange Zeit den Frieden beherrscht hätte, vertan. Der päpstliche Staatssekretär Antonelli hatte recht, als er bei Erhalt der Nachricht von der Niederlage der Österreicher bei Königgrätz ausrief: »Casca il mondo – die Welt zerbricht!« Aber ebenso wie für Italien das Unglück mit 1866 begonnen hatte, hatte es auch für das deutsche Volk das Unglück gebracht. Auch in Deutschland lag die Einigung in der Luft. 1848 war sie von den liberalen Kräften in der Paulskirche versucht worden, 1863 durch die deutschen Fürsten. Beide Male hatte Preußen die Einigungsbestrebungen verhindert. Jetzt, nach Königgrätz, nahm sie Preußen in die Hand. Die bis dahin selbständigen deutschen Länder wurden praktisch Provinzen Preußens. Aber was noch ärger war: Es begann die Preußifizierung der deutschen Politik. Und eben damit begann das Unglück des deutschen Volkes. »Man soll doch Preußen germanisieren und nicht Deutschland borussieren«, hatte selbst Bismarck einmal gestöhnt. Aber eben dieser Bismarck hatte das deutsche Volk auf die Blut- und Eisenstraße geführt, und diese Straße hatte zur Kapitulation des Jahres 1945 geführt, eine der größten Katastrophen der deutschen Geschichte. So ist die Niederlage des deutschen Volkes von 1945 undenkbar ohne die Niederlage Österreichs auf diesem böhmischen Schlachtfeld.

Aber Königgrätz im Jahre 1866 war noch nicht das Ende der Unglückserie. Auf 1866 folgte noch das Jahr 1867 – der Ausgleich mit Ungarn. Die ungarische Frage war 1848/49 mit Gewalt gelöst worden. Aber Gewalt löst nicht immer ein Problem. Seit 1848/49 fieberte die Lösung des ungarischen Problems einer endgültigen, gerechten Lösung entgegen. Franz Joseph sah sich einem starken Druck seitens der magyarischen großen und kleinen Aristokratie ausgesetzt, einem Druck, der von seiner Frau, der schönen Elisabeth, gefördert wurde und dem Franz Joseph schließlich erlag. Der Ausgleich wurde am 15. März 1867 zwischen Franz Joseph als König von Ungarn und den Vertretern Ungarns abgeschlossen. Die österreichische Reichshälfte war zu den Beratungen gar nicht hinzugezogen worden – leider, denn dann wären vielleicht einige Bestimmungen für Österreich und schließlich für die gesamte Monarchie und damit auch für Ungarn günstiger ausgefallen.

Durch den Ausgleich wurde 1867 Ungarn ein völlig selbständiger Staat. Gemeinsam blieben nur der Herrscher, die Armee, die Finanzen und die Außenpolitik. Alle Jahre berieten Ausschüsse aus den beiden Parlamenten die sogenannten gemeinsamen Angelegenheiten, vor allem die Fragen des Militärs und der Finanzen, zwei Gebiete, auf denen die ungarische Seite es immer wieder verstand, der österreichischen Seite und der gesamten Monarchie durch eine sehr egoistische Politik Schwierigkeiten zu machen.

Oft wird deshalb die Schaffung des Dualismus, die eine »Monarchie auf Kündigung« schuf, als großes Unglück der Habsburgermonarchie bezeichnet. Dies ist nicht ganz richtig. Nach den Niederlagen von Solferino und Königgrätz hätte die Monarchie drei Möglichkeiten gehabt, auf dem Raum, der ihr noch verblieben war und den elf Nationen bewohnten – jede zu schwach, um für sich allein zu bestehen –, ein letztes übernationales Reich zu bilden: zunächst als ein Bund der Nationen, als ein »Commonwealth of nations«. Der Kremsierer Reichstag von 1848 wollte so die Monarchie umgestalten, aber sein Beschluß kam nie zum Tragen. Im Brünner Programm der Sozialdemokraten von 1899 taucht dieser Plan erneut auf – zumindest für die österreichische Reichshälfte – und zum letztenmal in der Proklamation Kaiser Karls vom 16. Oktober 1918, die wiederum nur für die Zisleithanische Hälfte Gültigkeit hatte. Diese Idee allerdings nahm keine Rücksicht auf die historischen Ländergrenzen, löschte die Länder praktisch aus. Die österreichischen Länder ließen sich aber nie auslöschen, sie sind eine starke Realität, dies zeigte sich 1918 und 1945, als die österreichischen Länder Österreich neu gründeten.

Der zweite Weg wäre gewesen, Österreich in einen Bund von sehr selbständigen Ländern zu verwandeln, innerhalb derer die verschiedenen Nationen absolute Gleichberechtigkeit gehabt hätten. Dieser Weg wurde wiederum nur in der österreichischen Reichshälfte – mit dem »mährischen Ausgleich« im Jahre 1905 begonnen. Er fand seine Fortsetzung im bukowinischen Ausgleich von 1910 und dem galizischen von 1914. Wäre der Weltkrieg nicht ausgebrochen, wäre dieser Weg zweifellos fortgesetzt worden. Das große Fragezeichen war nur, ob sich Ungarn diesem »mährischen Weg« anschließen würde? Die dritte Möglichkeit wäre die Umwandlung in eine Art »Vereinigte Staaten« gewesen, d. h. dem Ausgleich von 1867 mit Ungarn, dem der Ausgleich zwischen Ungarn und Kroatien im Jahre 1868 folgte, andere Ausgleiche folgen zu lassen, also den »böhmischen«, eventuell den »polnischen«, den »südslawischen«. Ansätze dazu waren vorhanden: So erhielten 1870 die Polen in Galizien so etwas wie ein polnisches Königreich, 1871 wurde versucht, den böhmischen Staat zu errichten, 1908, mit der Annexion Bosniens und der Herzegowina wurde tatsächlich annähernd ein südslawischer Staat im Rahmen der Monarchie gebildet. Der ungarische Ausgleich von 1867 war, wie der ungarische Minister Krisoffy sagte, der erste Schritt zur Föderalisierung der Monarchie in einen Bund »Vereinigter Staaten und Nationen«. Das Unglück war, daß die Monarchie bei dem ersten Schritt stehenblieb, ja, die herrschende Schicht Ungarns alle Schritte zu dieser Lösung immer wieder verhinderte, vielfach unterstützt von den österreichischen Deutschen. Diese herrschende Schicht Ungarns war es ja, die den »Böhmischen Ausgleich« verhinderte, ebenso wie die Erwerbung Serbiens in den achtziger Jahren, die Kroatien an die Wand spielte, Siebenbürgen auslöschte und die Nationen im Reich der Stephanskrone unbarmherzig unterdrückte, obwohl 1868 ein ausgezeichnetes Nationalitätengesetz erlassen worden war.

Die Jahre und Jahrzehnte der Monarchie ab 1867 sind angefüllt mit zähen, komplizierten Versuchen, den zweiten, dritten, vierten Schritt gehen zu können, der auf die Schaffung des Dualismus hätte folgen müssen, die Donaumonarchie in ein Heim zu verwandeln, in dem sich alle Völker wohl und zu Hause fühlten, hinter dessen mütterlichem Schutz sie auswachsen und gedeihen konnten. Oft schien man diesem Ziel schon sehr nahe, waren sich doch die meisten Nationen der Bedeutung der Monarchie bewußt.

»Eingekeilt zwischen den beiden größten Nationen Europas«, hatte der Rumäne Aurel Popovici geschrieben, »den Deutschen und den Russen, können die kleinen im Reiche der Habsburger lebenden Völker überhaupt nur in einem festgefügten Bund ihre Sicherheit nach außen, ihre Freiheit nach innen behaupten.«

Mit größter Hoffnung blickte alles auf den Thronfolger Franz Ferdinand, in der Erwartung, er werde diese Umwandlung der Monarchie vollziehen. Es wurde viel über diese Pläne der Umwandlung gemunkelt. Einer schien darin zu bestehen, in allen Kronländern der österreichischen Reichshälfte, die von mindestens zwei Nationen bewohnt waren, eine Art »mährischer Ausgleich« einzuführen. Und für Ungarn, das seine Nationen, die Schwaben, die Slowaken, die Rumänen schamlos unterdrückte, scheint der Thronfolger die Absicht gehabt zu haben, den ungarischen Reichstag so lange immer wieder aufzulösen, bis sich doch einmal eine Mehrheit fand, die bereit war, mehr Demokratie in Ungarn einzuführen und damit mehr Rechte seinen Nationen zu gewähren.

Am 28. Juni 1914 aber wurden alle Hoffnungen auf die Taten des kommenden Thronfolgers zunichte. Der Nationalismus hatte bei Solferino gesiegt, bei Königgrätz, im Jahre 1867 und siegte jetzt durch die Tat eines jungen Serben, der die tödliche Waffe gegen Franz Ferdinand erhob und ihn traf. Mit dem Röcheln des zu Tode Getroffenen begann der endgültige Todeskampf der Monarchie.

1918 fiel die Monarchie – »diese herrliche Monarchie«, wie sie Prinz Eugen genannt hatte – auseinander. »Was sollte an die Stelle Europas gesetzt werden«, hatte einst Bismarck geschrieben, »welche der österreichische Staat von Tirol bis zur Bukowina bisher ausfüllt? Neue Bildungen auf dieser Fläche könnten nur dauernd revolutionärer Art sein.«

»Die große Tragödie (des Ersten Weltkrieges)«, sagt Winston Churchill in seinen Erinnerungen über den Zweiten Weltkrieg, »war der vollständige Abbruch des Österreichisch-Ungarischen Reiches... Jahrhundertelang hatte dieser letzte Rest des Heiligen Römischen Reiches einer großen Zahl von Völkern, zum Vorteil von Handel und Sicherheit, ein gemeinsames Leben ermöglicht, und keines dieser Völker besaß in unserer Zeit die Kraft oder die Lebensenergie, um sich allein gegen den Druck eines wiederauflebenden Deutschlands oder Rußlands zu behaupten... Die Balkanisierung Südosteuropas schritt rasch fort... Es gibt keine einzige Völkerschaft oder Provinz des habsburgischen Reiches, der das Erlangen der Unabhängigkeit nicht die Qualen

gebracht hätte, wie sie von den alten Dichtern und Theologen für die Verdammten der Hölle vorgesehen sind.«
»Trennung Ungarns von Österreich ist Tod ohne Auferstehung für Ungarn«, hatte einst der große Ungar Franz von Deák geschrieben. Und dennoch ging Ungarn seine eigenen Wege.
»Extra Austriam non est vita« – »Außerhalb Österreichs gibt es kein Leben«, hatte einst der Tscheche Kaizl gesagt. Und dennoch ging Böhmen seinen eigenen Weg.
»Denken Sie sich Österreich in eine Menge von Republiken und Republikchen aufgelöst«, hatte einst Palacky, der große Weise, gewarnt, »welch ein willkommener Grundbau zur russischen Universalmonarchie.«
Die einzelnen Teile der Monarchie begannen einen eigenen Weg zu gehen, in die Freiheit, wie sie meinten, entflohen einem »Völkerkerker«. Als alle diese »befreiten« Völker eines Tages erwachten und sahen, daß sich über ihnen nicht mehr das Dach der zitierten »Universalmonarchie« wölbte, kamen sie bald darauf, daß sie sich nun in einem wirklichen »Völkerkerker« befanden. Ohne Königgrätz wäre es nie so weit gekommen.
Nur das Stammland des Donaureiches, die ehemalige Ostmark, ist wie durch ein Wunder verschont worden, ebenfalls in einem Völkerkerker zu erwachen. Eine Tatsache, für die Österreich nicht genug dankbar sein kann.

Die Vergessenen

Ein Nachruf

Am 8. Juli 1929 erlosch das Leben von Jaroslav Goll. Ehemals k. k. Hofrat, ehemals Ordinarius für neuere Geschichte an der Prager tschechischen Universität. Ehemals lebenslängliches Mitglied des Österreichischen Herrenhauses. Die tschechische Öffentlichkeit nahm 1929 kaum Notiz von seinem Tod, denn seit 1918 hatte er zu den bewußt Vergessenen gehört. Und doch ist er einer der Größten gewesen, der dem tschechischen Volke entstammte.

Jaroslav Goll wurde 1846 als Sohn eines Arztes in Chrudim geboren. Nach seinen Gymnasialstudien besuchte er die Universitäten von Prag und Göttingen. Konstantin Höfler, Tomek, Waitz waren seine Lehrer. Auf seine Studien folgten Reisen durch Deutschland, Holland und England. Und gleichzeitig Begegnungen nicht nur mit diesen Ländern, sondern mit deren Kultur, deren Literatur, deren Musik, die der junge Wissenschaftler in sich aufnahm. 1885 wurde er bereits Ordinarius für Geschichte an der vor kurzem neugegründeten Prager tschechischen Universität. Und nun beginnt seine große Bedeutung für das tschechische Volk, dem er ein Lehrer und Erzieher von seltenem Format wurde.

Palacky, »der Vater des Vaterlandes«, hatte seinem Volk ein teilweise realistisches, teilweise utopisches Denken anerzogen. Verdorben durch Herder, hatte er dessen berühmter These von den friedliebenden Slawen und den bösen Germanen, von den demokratischen Tschechen und den feudalen Deutschen weiteste Popularität verschafft. Jaroslav Goll, der

sich bald als ein Meister der Analyse erwies, der an die Geschichtsforschung ohne jede Illusion heranging, gelang es bald mit seinem Ruf »zurück zu den Quellen« dieses utopische Denken, zumindest bei großen Teilen der Intelligenz, zu zerstören. In diesem erzog er ganze Generationen von Schülern, unter denen sich Kamil Krofta und Max Dvořak, befanden. Golls These »Geschichte betreiben ohne Illusion« mußte sich aber auch auf politischem Feld auswirken, denn das tschechische politische Denken des 19. Jahrhunderts war zutiefst historisch ausgerichtet. Palacky hatte seinem Volk auch im politischen Denken ein zwiespältiges Erbe hinterlassen. Einerseits hatte er 1848 gesagt, daß Österreich, wenn es nicht bestünde, geschaffen werden müßte, andererseits hatte er seinem Volk den Glauben eingeimpft, daß es auch ohne Österreich bestehen könne. Goll dagegen wußte, daß das tschechische Volk nur existieren könne in einem starken Österreich. Er war ein Schwarzgelber durch und durch, weil man seiner Meinung nach als Tscheche nur schwarzgelb sein konnte, wenn man es ehrlich mit seinem Volke meinte. Ähnlich wie der Ungar Deák, der sagte, daß die Trennung Ungarns von Österreich Tod für Ungarn bedeute ohne Auferstehung, war Goll der Meinung, daß der Untergang Österreichs auch der Untergang für das tschechische Volk sei.
Das Jahr 1918 allerdings schien ihm unrecht zu geben. Ihn, den Schwarzgelben, traf nun mit voller Wucht der Zorn der neuen Machthaber, die diesem makellosen Charakter allerdings nicht mehr antun konnten, als ihm den Stempel des Verfemten aufzudrücken. Goll ertrug alle Anfeindungen als der österreichische Grandseigneur, der er immer gewesen war. Von seinen Thesen, seinen Meinungen, seinen Anschauungen nahm er nichts zurück.
Jaroslav Goll war kein Einzelgänger. Auch der größte tschechische Historiker der Neuzeit, Josef Pekař, der anfangs 1937 im Alter von 67 Jahren starb, stand in dem gleichen Lager wie sein von ihm hochverehrter Lehrer Jaroslav Goll. Unvergeßliches Zeugnis dafür ist seine Rede, die er an der

böhmischen Karl-Ferdinands-Universität nach dem Tode Kaiser Franz Josephs hielt. Ein unvergeßliches Zeugnis, aber doch kaum bekannt. Sie sei deshalb im folgenden zitiert: »Die Zeit Kaiser Franz Josephs gehört der Vergangenheit an. Sie umfaßt nahezu sieben Jahrzehnte – eine so lange Reihe von Jahren, wie sie die Herrschaft keines unserer alten Könige erreichte. Und zwar nicht nur durch die Zeitspanne, sondern auch durch ihren Gehalt, durch eine reiche und allseitige Fülle sowie schicksalhafte Größe ihrer Handlungen hat sie wenig Ähnliches in der Geschichte unserer Staaten aufzuweisen. Bewunderswert ist ihre Geschlossenheit in bezug auf die allgemeine Entwicklung: Sie beginnt mit dem Jahre 1848, als die junge Freiheit die Völker unserer Länder zum ersten Male in den Ring der Geschichte stellte, nachdem sie plötzlich und für immer das mittelalterliche Wesen der Monarchie verwandelt hatte, und endet inmitten des größten und furchtbarsten Krieges, den Europa erlebte, eines Krieges, der für die ganze Welt eine unvergeßliche Entwicklungsgrenze bedeuten wird. Sie endete nicht nur in einem Krieg, sondern begann auch im Kriege: Mit dem Schwert in der Hand ergriff der achtzehnjährige Jüngling die Regierung, mit dem Schwert in der Hand starb der Greis. Damals, 1848 und 1849, mußte er sein Reich, dessen überwiegender Teil von einem inneren Aufstand ergriffen war, im Kampfe wiedererobern, hatte er die Autorität der Krone, die durch die Revolution erschüttert war, wiederherzustellen; an der Neige seiner Tage stellte ihn das Schicksal vor die Aufgabe, in einem wahrhaft gigantischen Kampf die Integrität des Reiches gegen übermächtige Feinde zu verteidigen. Die revolutionäre Bewegung der Jahre 1848/49 zeigte erstmals, welch viele und mächtige, scheinbar unvergleichliche Schwierigkeiten die innere Situation der Monarchie in sich birgt; der Weltkrieg entblößte nicht minder offen alle Gefahren ihrer außenpolitischen Beziehungen. Hie und dort waren das nationale Empfinden und die von ihm getragenen politischen und historischen Ideale jene geheimnisvolle

Kraft, die allem voran den Sturm entfesselt hatte. Dieses tiefste historische Motiv der Geschichte der Neuzeit trat in verschiedenen Formen, je nach der kulturellen und politischen Stärke und der historischen und geographischen Situation der beteiligten Völker, auf; bei den einen verkörperte es sich im idealen Bemühen, die nationale Unterdrückung loszuwerden, in dem Verlangen nach Gleichberechtigung oder Wiederherstellung historischer Rechte, bei den anderen verstärkte es sich zu einem Egoismus, durch den ihre Herrschaft gefestigt werden sollte – bis es sich schließlich bei besonders Starken und Mächtigen zu expansiven, imperialistischen Absichten entwickelte, die große Horizonte beherrschten und stark von wirtschaftlichen Motiven getragen waren. Und in den Kampf mit diesem übermächtigen schöpferischen Prinzip geriet Franz Joseph freilich nicht nur zu Beginn und am Ende seiner Regierung, sondern er hatte mit ihm all die langen Jahre seiner Herrschaft zu kämpfen und sich auseinanderzusetzen, und zwar ebenso in der Innen- wie auch in der Außenpolitik. Wenn einmal ein Historiker die Schlüsselformel suchen wird, die den Grundriß ausdrükken, den Gehalt und das Gesetz des historischen Geschehens der Zeit Franz Josephs zusammenfassen wird, dann wird er sie im Streit und im Ausgleich des dynastischen Prinzips mit dem Nationalitätenprinzip finden...

Es gab keinen Herrscher, den das Schicksal vor so schwierige Probleme gestellt hätte, der sich mit einer so komplizierten und fast hoffnungslosen Situation auseinanderzusetzen hatte und der diesen Kampf mit zwei Generationen nacheinander führen mußte, manchmal wirklich wörtlich mit Vätern und Söhnen. Auf diese Tatsache muß man meiner Meinung nach bei der Beurteilung der Zeit Franz Josephs einen besonderen Nachdruck legen. Bewundernswert war die Art, wie sich der Herrscher bemühte, die Schwierigkeiten zu überwinden und der Macht der Krone als dem höchsten Zufluchtsort der Rechte im Kampfe der Völker um Gerechtigkeit oder Herrschaft zum Durchbruch zu verhelfen. Der Weg eines strengen, unbeugsamen Festhaltens nach einem einzigen Prinzip, an einer einzigen Lösung oder Staatsauffassung schien aus vielen Gründen nicht gangbar zu sein. Der Herrscher entschloß sich für den Weg des allmählichen Anpassens, das den Machtverhältnissen der Parteien Rechnung trug und in der Regel den Charakter eines Kompromisses hatte, manchmal nach einem Versuch aussah, aber nie denjenigen vergaß, dem Unrecht geschah, und im passenden Augenblick auch ihn von der liebevollen Sorge seines Herzens überzeugte.

Der verewigte Herrscher erlebte öfters eine schwere Probe, manches Abschiednehmen von Idealen, die ihm teuer waren. Aber seine geistige Frische gewährte ihm die Gabe einer so seltenen Anpassungsfähigkeit, daß er ohne Bitternis und den Erfordernissen einer neuen Situation voll ergeben weiter an seinem Lebenswerk arbeitete, einem Werk, das man ein Werk des Ausgleichs nennen kann. Dieses Wort kehrt in seinem Leben immer wieder und verbindet sich mit großen staatsrechtlichen Daten und großen Ansätzen, es verbindet sich mit zahlreichen Versuchen, den Streit unter den Völkern beizulegen. Wie eine ergreifende Bitte, fast wie ein Gebet klingen uns die Worte, mit denen sich der Herrscher im April des Jahres 1907 von Prag verabschiedete: »Mein sehnsüchtigster Wunsch wäre es, zu sehen, wie die Basteien fallen, die bisher die Völker trennen und die volle Entfaltung ihrer reichen Begabungen und auch die Entwicklung der Staatsmacht behindern. Ich hielte es für das höchste Glück, wenn ich, der alle Bitternisse des Kampfes miterlebte, einmal auch der Freuden der nationalen Versöhnung teilhaftig werden könnte...« Ist es nicht tragisch, daß dieser Fürst, der mit einer solchen Inbrunst seine Hände nach der Vision des nationalen Friedens streckte, inmitten des grimmigsten Völkermordens starb?...

Die Frucht dieser Periode eines nie dagewesenen Aufschwungs der schöpferischen Kräfte der Gesellschaft, einer Ära, die mit der Zeit Franz Josephs zusammenfällt, ist auch die große Entfaltung unseres Volkes. Und man kann vielleicht sagen: vor allem die Entfaltung unseres Volkes. Denn bei diesem ist – wenn wir von den Magyaren absehen – der Unterschied zwischen dem, was wir 1848 waren und was wir heute sind, der beachtenswerteste. Der überwiegende Teil dessen, worauf wir heute als ein Kulturvolk stolz sind, wurde uns in dieser Zeit gegeben – darunter auch unsere große Vergangenheit und mit ihr deren nationalpolitische Ideale: Die Generationen der vorangegangenen Zeit waren sich nur ungenau der Zusammenhänge mit Ruhm, Sehnsucht und Schmerz der Altvordern bewußt. Es gibt keinen Grund, zu übersehen, inwieweit zu dieser Entfaltung der Wille zur Selbsthilfe beitrug, zu der unser Volk seit je durch seine schwierigen Existenzbedingungen erzogen wurde. Aber das Ergebnis dieses Bemühens wäre nicht so gesegnet gewesen, wenn es nicht durch das staatsmännische Verständnis des verewigten Monarchen für die Rechte der Unterdrückten und für die um eine bessere Zukunft sich bemühenden Völker unterstützt worden wäre. Seine Majestät verfolgte mit liebenswürdiger Sorgfalt unsere wachsenden Fortschritte; der erste kaiserliche Unterrichtsminister Graf Leo Thun, durchbrach die ausschließliche Herrschaft des Deutschen in der Mittelschule und bahnte dem Tschechischen den Weg auch in die Slowakei; der erste bürgerliche Tscheche, der im Jahre 1861 zum Mitglied des Herrenhauses ernannt wurde, war Franz Palacky, der Wiederhersteller unserer Vergangenheit. Bald darnach folgte die völlige Tschechisierung der tschechischen Mittelschulen, die Teilung der Technischen Hochschule, die Legalisierung einer weitgehenden Selbstverwaltung in Gemeinden und Bezirken (in größerem Ausmaß als in irgendeinem europäischen Staate), die in vieler Hinsicht ein Ansporn für die nationale Entfaltung wurde. In dieser Zeit, die mit dem Eintritt der Tschechen in den Reichsrat begann – nach 1879 –, folgte der Ausbau unserer Mittel- und Fachschulen, die Teilung der Universität, die Gründung der Akademie der Wissenschaften, die den Namen Seiner Majestät trägt, die Gründung der Kunstakademie, der Brünner Technischen Hochschule, der Modernen Galerie, des Volkswirtschaftlichen Institutes. Unsere nationalen Bestrebungen wurden dadurch mit fast allen Hilfsmitteln und Instituten des höheren Kulturlebens ausgestattet, die ein starkes und selbstbewußtes Volk nicht missen darf, wenn es ehrenvoll an dem Werk des menschlichen Fortschritts mitwirken will. Erinnern wir uns an die Unterstützung der zahlreichen Regierungen Seiner Majestät (in denen zuletzt auch Repräsentaten unseres Volkes Sitz und Stimme erhielten) in unserem Kampf um das Recht des tschechischen Volkes, in den Ämtern der Länder unserer Krone. Was das alles für unsere Gegenwart und unsere Zukunft bedeutet, zu welch aufrichtigen Danksagungen uns dies zur Wahrung des Andenkens an den toten Kaiser verpflichtet, wissen und fühlen wir alle; alle erinnern wir uns, auf welche Schwierigkeiten manchmal der Wille der Regierung stieß, uns das gebührende Recht zu gewähren, und welch mächtige konträre Kräfte manche gute Absicht, manche edle, weitreichende Anregung vereitelten...

In Augenblicken, wie wir sie in diesen Tagen erleben, erneuern die Völker ihre Bande mit der Dynastie, und in Schmerzen, aber auch Hoffnungen wenden sie ihre Blicke mit Vertrauen zum neuen Herrscher, indem sie vor seinem Throne die Gelöbnisse vererbter Treue und Ergebenheit erneuern. Er war, noch bevor er den Thron bestiegen hatte, unserem Herzen nahe. Er weilte lange unter uns; unsere Universität ist stolz darauf, daß er zu den Schülern ihrer Professoren zählte und daß er ihr Ehrendoktor ist. Er trägt den Namen, der jedem Tschechen teuer ist, den Namen eines Königs, der legislativ die Macht des böhmisches Staates vollendete und zugleich mit berühmten Gesetzen um die Ruhe und den Frieden des Reiches sorgte. Er trägt auch den Namen des letzten böhmischen Königs und römischen Kaisers aus dem Geschlecht der Habsburger, der mit dem fundamentalen Gesetz der Pragmatischen Sanktion die Rechtsgrundlage der

Monarchie des Hauses Österreich legte, wobei er die historischen Rechte ihrer einzelnen Staaten und Kronen unberührt ließ. Als Kaiser von Österreich ist er Karl I., als König von Böhmen Karl III. Ihn auf dem Throne seiner Ahnen begrüßend, bitten wir Gott, ihm eine lange, ruhmreiche und glückliche Herrschaft zu geben, ihm zu gönnen, daß er durch einen siegreichen, ehrenhaften Friedensschluß dem Reiche den gewünschten Frieden gäbe und dann in Jahren ungestörter Ruhe das Werk seines großen Vorgängers vollende, das heißt seine Staaten zu neuer Blüte führe und alle seine Völker befriedige im Geiste des Rechtes und der Gerechtigkeit, die auf ewige Zeiten bleiben wird.«

So mancher wird scheinbar mit Recht gegenüber der schwarzgelben Haltung dieser beiden Historiker auf die Existenz der tschechischen Legionen im Ersten Weltkrieg hinweisen, die doch ein beredtes Zeugnis zu sein scheinen, daß der überwiegende Teil des tschechischen Volkes negativ gegenüber der alten Monarchie und gegenüber der Dynastie eingestellt war.

Die Bedeutung der tschechischen Legionen wurde nach dem Ersten Weltkrieg aus begreiflichen Gründen von der tschechoslowakischen Propaganda hoch emporgespielt. Die Wirklichkeit sah allerdings anders aus. Im ganzen umfaßten die tschechischen Legionen 100 000 Mann, davon 70 000 Mann in Rußland, 20 000 in Frankreich und 10 000 in Italien. Teilweise waren ihre Mitglieder Auslandstschechen, teilweise traten viele tschechische Kriegsgefangene in Rußland gegen Ende des Weltkrieges den Legionen bei, um aus dem bolschewistischen Hexenkessel herauszukommen. Die Anzahl der wirklichen tschechischen Überläufer und Deserteure war relativ gering. Dies geht schon deutlich daraus hervor, daß die Tschechen und Slowaken in der alten Armee 1 000 000 Mann stellten, wovon nur zehn Prozent zu den Legionen übertraten. Im übrigen gab es in allen Armeen des Ersten Weltkrieges sowohl auf seiten der Mittelmächte wie auf seiten der Alliierten Meutereien und Desertionen. Im

Jahre 1917 brachen in Frankreich bei 16 Armeekorps Unruhen aus, und 112 Truppenkörper wurden von Meutereifällen heimgesucht. In der deutschen Marine brachen bereits ein Jahr vor der Meuterei der österreichischen Kriegsmarine in Cattaro Unruhen aus, deren Ursprünge bis in das Jahr 1915 zurückreichten. Die Anzahl der elsässischen Überläufer aus der deutschen Armee war schon zu Beginn des Weltkrieges enorm. Und der Prozentsatz der Deserteure in der italienischen Armee, die doch eine nationale einheitliche Armee war und für rein nationale Ziele focht, während sich die Tschechen Österreichs an einem Kampf beteiligten, der von Bethmann-Hollweg unklugerweise als ein Kampf der Germanen gegen die Slawen dargestellt wurde, war weitaus höher als der Prozentsatz der tschechischen und slowakischen Überläufer. Der Blutzoll der tschechischen Regimenter der alten Armee war im Ersten Weltkrieg höher als der Blutzoll der bosnischen Regimenter, die doch mit Recht zu den Elitetruppen der k. u. k. Armee zählten. Die tschechischen Regimenter hielten an der italienischen Front noch stand, als die Magyaren bereits die Front verließen und die Monarchie eigentlich nicht mehr existierte. Das Gedenken all dieser heute schon namenlosen Soldaten und Offiziere, die ihr Leben für die Monarchie in die Schanze schlugen, soll durch diesen kurzen Nachruf der Vergessenheit entrissen werden.

»Die schreckliche Nacht«

Das Ende der Tschechoslowakei im März 1939

Man schrieb den 13. März 1939. Eine milde, ruhige Nacht lag über Prag. Es sollte die letzte sein. Nicht nur für die Hauptstadt Böhmens, sondern für Böhmen selbst, und nicht nur für dieses, sondern für ganz Mitteleuropa, ja für ganz Europa. Der Tag »X«, der Tag, an dem alle Hoffnungen auf den Frieden in Europa sich als die große Illusion erweisen sollten, war gekommen. Die Tragödie begann abzurollen.

Am 10. März traf in Prag die Nachricht eines tschechoslowakischen Agenten aus Dresden ein, daß Hitler am 15. Böhmen und Mähren besetzen wollte. Obwohl er erst in »München« sich bereit erklärt hatte, die Grenzen der neuen Tschechoslowakei zu garantieren, und ebenso feierlich erklärt hatte, keine Tschechen in das »Reich« eingliedern zu wollen. Aber schon Mitte Jänner war Mastny, der Berliner Gesandte der Tschechoslowakei, nach Prag gekommen und berichtete, daß Hitler beschlossen habe, die Resttschechoslowakei zu liquidieren. Chvalkovsky, der tschechische Außenminister, hatte versucht, den Schlag abzuwenden, hatte Dr. Hubert Masařik vom Prager Außenministerium nach Berlin gesandt, um eine Zoll- und Wirtschaftsunion mit Deutschland, Verkauf aller Waffen, Eintritt eines Deutschen ins Kabinett anzubieten. Dr. Masařik war nicht einmal bis zu Reichsaußenminister Ribbentrop gekommen. Mitte Februar machte der deutsche Militärattaché in Prag, Oberst Toussaint, eine große Reise durch Böhmen und Mähren. Es nützte nichts, daß seine genaue Route nach Prag gemeldet wurde, es nützte nichts, daß der tschechoslowakische Generalstab Alarm schlug, es nützte nichts, daß die fremden Militärattachés unterrichtet wurden. Niemand wollte einen Finger rühren.

Am 10. März, da die Meldung eines Agenten in die Hände des Prager Generalstabes gelangt war, war gleichzeitig schon der Text des deutschen Ultimatums an den deutschen Geschäftsträger Henke in Prag angelangt, das er der tschechischen Regierung am 14. vorlegen sollte und in dem auf Grund der schweren Ausschreitungen am 14. – die in Berlin schon am 10. bekannt waren! – schärfster Protest eingelegt und der Einmarsch der Deutschen Wehrmacht angekündigt wurde. Am 11. März kamen in Preßburg zwei hohe deutsche Parteifunktionäre an: der Staatssekretär zur besonderen Verwendung im Berliner Auswärtigen Amt, Wilhelm Keppler, und der spätere deutsche Gesandte in Budapest, Veesenmayer. Ihre Instruktionen gingen dahin, die slowakische Regierung zu veranlassen, die Unabhängigkeit zu proklamieren und wegen bedrohlicher Ereignisse einen »Hilferuf« an Berlin zu richten. Auf diese Weise sollte die Garantie der Tschechoslowakei umgangen und die Aktion als eine Intervention zugunsten des slowakischen Volkes aufgezogen werden. Am 12. März – einem Sonntag – meldete Keppler nach Berlin, daß alle Versuche, tschechische Organe und tschechisches Militär in der Slowakei zu entsprechenden Handlungen herauszulocken, gescheitert seien. Hitler änderte darauf seine Taktik. Sonntag abend erhielt die nationalsozialistische Studentenschaft in Prag die Weisung, in den nächsten zwei Tagen Zwischenfälle herbeizuführen.

Am 13. März – Montag – rief Sir Neville Henderson, der britische Botschafter in Berlin, den tschechischen Gesandten Mastny an, daß sich unverkennbar eine direkte Aktion gegen die Tschechoslowakei vorbereite. Am besten wäre es, wenn Chvalkovsky nach Berlin käme, vielleicht sei die Situation zu retten. Mastny kabelte die Nachricht sofort nach Prag.

Beran, der tschechoslowakische Ministerpräsident, ließ im Hradschin in Gegenwart Präsident Hachas den Ministerrat zusammentreten. Chvalkovsky schlug vor, Hacha solle selbst nach Berlin fahren, ihn, Chvalkovsky, werde Hitler möglicherweise gar nicht empfangen, den Präsidenten müsse er empfangen. Hacha willigte ein, ließ sofort beim deutschen Geschäftsträger anrufen und ihn zu sich bitten. Der bekam es mit der Angst, wußte nicht, was er tun sollte, rief in Berlin an, bat um Instruktionen. Berlin antwortete, er solle sich auf kein Gespräch einlassen, sondern unter Hinweis auf die »Ausschreitungen gegen Volksdeutsche« eine Unterredung ablehnen. Zehn Minuten später rief der Geschäftsträger wieder an, teilte mit, Chvalkovsky habe ihn soeben angerufen und ihm mitgeteilt, daß er auf dem Weg zu ihm sei und ihm eine direkte Fühlungnahme Hachas mit der deutschen Regierung in Vorschlag bringen werde. Hitler faßte einen neuen Plan, willigte kurz ein und ließ den tschechoslowakischen Präsidenten zu einem offiziellen Besuch nach Berlin einladen. Die tschechoslowakische Regierung atmete auf. Der erste Hieb schien pariert. Eine ruhige Nacht brach über Prag herein. Im »Deutschen Haus« am Ende des Grabens spielte das »Quartetto di Roma« Haydn und Mozart.
Am 14. März – Dienstag – platzte die erste Bombe. Die radikalen Elemente in der Slowakei erlangten die Oberhand. Der slowakische Landtag proklamierte die Selbständigkeit. Prag wurde nervös. Am Nachmittag begannen sich dichte Menschenmassen durch die Straßen der böhmischen Hauptstadt gegen den Wenzelsplatz zu wälzen. Jeder begriff, daß etwas Furchtbares in der Luft lag. Der Platz war bald schwarz von Menschen. Manchmal schob sich ein Trupp nationalsozialistischer Studenten durch die Menge. Es kam zu Reibereien, zu »Zwischenfällen«! Die Polizei schritt ein, stellte die Ruhe her. Ununterbrochen dröhnten Lautsprecher und mahnten die Bevölkerung, Ruhe zu halten, auf Provokationen nicht zu achten.
Gegen fünf Uhr nachmittags fuhr der Sonderzug des tsche-

choslowakischen Präsidenten ab. Kurz vor der Abfahrt war die zweite Bombe geplatzt: Der Innenminister hatte dem Präsidenten noch die Nachricht gebracht, daß deutsche Polizei Mährisch-Ostrau besetzt habe.
Das Land, durch das der Zug fuhr, lag ruhig da. Der Aufenthalt an der Grenzstation war kurz. Im Zug war man zu Beginn der Fahrt nicht ohne Hoffnung. Die Chancen wurden erörtert. Es gab verschiedene »Vielleicht«. Vielleicht konnte man Hitler von einer Besetzung abhalten, vielleicht sie auf wenige Plätze beschränken, vielleicht? In irgendeiner sächischen Station blieb der Zug plötzlich stehen. Der Stationsvorsteher kam aufgeregt und meldete, die Strecke sei auf kurze Zeit blockiert. Ein paar Züge fuhren nach einer Weile vorbei. Deutlich sah man Lafetten und Geschützrohre gegen den Himmel ragen. Sie rollten in Richtung Böhmen. Der Zug fuhr weiter. Blieb nach kurzer Zeit neuerlich stehen. Wieder kamen Militärzüge vorbei. So ging es fort. Im Zug fiel kaum noch ein Wort. Eisiges Entsetzen ergriff die Reisenden. Jeder hatte schließlich das Gefühl, in einer Art Hinrichtungszelle zu sitzen.
Es war schon fast Mitternacht, als der Sonderzug am Anhalter Bahnhof in Berlin einfuhr. Der tschechoslowakische Gesandte in Berlin, Mastny, stand am Bahnhof, neben ihm Ribbentrop und irgendein General. Ein kalter Wind fegte über den Platz vor dem Bahnhof, auf dem eine Ehrenkompanie aufgestellt war. Im Lichtkegel der Scheinwerfer, die die Operateure der Wochenschau aufgestellt hatten, sah man einige Schneeflocken langsam herabgleiten. Müde schritt der alte Präsident in seinem Winterpelz die Kompanie ab, lüftete seinen Zylinder vor der Fahne, stieg dann ins Auto. Die kleine tschechische Delegation fuhr ins »Adlon«. Wartete dort. Die Minuten krochen dahin. Endlich, um ein Uhr nachts, kam der Anruf aus der Reichskanzlei. Der Führer erwarte den Präsidenten.
Meissner, der Chef des Protokolles, der unter Ebert und Hindenburg gedient hatte und nun ebenso treu Hitler

diente, führte den Präsidenten und seine kleine Begleitung durch endlose Gänge und über pompöse Treppen der Reichskanzlei. Irgendwo wurden die Mäntel abgelegt. Dann hielt Meissner vor einer großen Tür, warf auf die Delegation einen bedeutenden Blick, öffnete. Man war in »seinem« Zimmer. Hitler wartete am Ende des langen Saales, neben ihm Göring und Ribbentrop, hinter ihm eine Menge von Uniformen, schwarze, braune, graue, goldbetreßte. Die Delegation ging durch das lange Zimmer, vorbei an den Wänden, an denen die Gobelins aus der Wiener Hofburg hingen. Die Begrüßung war frostig.

Kaum hatte man sich gesetzt, fing Hitler schon zu toben an, stand wieder auf, rannte umher, schrie, tobte, gestikulierte mit den Händen, gebärdete sich wie ein Rasender. Die Verfolgung der Volksdeutschen könne er nicht länger ansehen, schrie er, die reichsfeindlichen Umtriebe in der Republik nicht länger dulden. Um den Provokationen ein für allemal ein Ende zu machen, werde um sechs Uhr früh der Einmarsch der deutschen Truppen in Böhmen und Mähren beginnen. Das einzige, was Hacha tun könne, sei, um ein Blutvergießen zu vermeiden, vollständig zu kapitulieren. Göring trat vor und sagte zu dem Präsidenten, Prag werde in zwei Stunden eine brennende Stadt sein, wenn er die Kapitulation nicht annehme und Widerstand leisten wolle. Die Gesichter der Statisten um Hitler nickten zustimmend, Ribbentrop kam zu dem Tisch Hachas und legte ihm ein Blatt vor. Plötzlich war Stille im Raum. Hacha nahm das Blatt, las es aufmerksam. Blickte auf. Sah Hitler an.

Und dann begann der ehemalige österreichische Hofrat, der für sein Leben lieber Vizepräsident des k. k. Obersten Verwaltungsgerichtshofes in Wien geworden wäre als Präsident des Obersten tschechoslowakischen Verwaltungsgerichtshofes in Prag und der lieber diese Stellung behalten hätte, als Präsident der Republik zu werden, der nie Politiker und Staatsmann, sondern nur ein stiller Gelehrter und hervorragender Jurist gewesen war, der hinter sich nichts mehr hatte

als ein zerfallendes Land ohne Bundesgenossen, seinen aussichtslosen Kampf um die Existenz seines Staates und Volkes. Ruhig erwiderte er Hitler in dem klassischen Deutsch des altösterreichischen Beamten, daß es nicht möglich sein werde, die gewünschte Kapitulation in der angegebenen Zeit durchzuführen. Widerstand werde unvermeidlich sein. Vorbereitung der Situation sei notwendig. Chvalkovsky kniff die Augen zusammen, sein Gesicht bekam einen Ausdruck höchster Spannung; man sah ihm plötzlich die spaniolische Abstammung an. Er begriff, Hacha wollte Zeit gewinnen. Vielleicht ließ sich die Besetzung auf zwölf Stunden hinausschieben, vielleicht rührte sich dann irgendwo ein Arm in der Welt. Hitler begann wieder zu toben, schrie, die Besetzung sei unwiderruflich für sechs Uhr festgesetzt. Hacha änderte die Taktik, gab scheinbar nach. Befahl Chvalkovsky, in Prag anzurufen und Syrovy, den höchsten General der Armee, und Beran zu verständigen, daß um sechs Uhr – also in vier Stunden – der Einmarsch begänne und kein Widerstand geleistet werden solle. Wieder kniff Chvalkovsky die Augen zusammen. Wieder begriff er. Wenn die in Prag jetzt nicht ganz den Kopf verloren hatten und die Situation begriffen, dann konnten sie in vier Stunden noch viel retten. Die Luftwaffe davonfliegen lassen, das Gold verschicken, alle Listen, die Personen belasteten, vernichten. Ein Apparat wurde gebracht, nach einer Weile kam Prag, Chvalkovsky gab die Befehle durch, Hacha ließ sich schließlich selbst den Apparat geben, wiederholte den Befehl. Mit Betonung der vier Stunden. Leider erfaßte man in Prag das zu Geschehende nur zum Teil, vernichtete wenig, lediglich der Geheimdienst mit all seinen Mitgliedern und Aufzeichnungen ging nach London durch. Die Luftwaffe konnte nicht starten, es herrschte ein entsetzlicher Sturm.
Hitler schien zufrieden. Verlangte aber sofort mehr: die Unterschrift Hachas im eigenen sowie im Namen der Regierung unter das Dokument, in dem stand, er lege das Schicksal der tschechischen Nation vertrauensvoll in die Hände des

Führers. Hacha begriff, worum es Hitler ging. Durch die Unterschrift sollte sein Einmarsch legal werden. Hacha wehrte sich, sagte, er könne ohne Zustimmung der Regierung und des Parlamentes nicht unterschreiben. Hitler drängte, unterstützt von Göring und Ribbentrop. Plötzlich griff sich Hacha ans Herz, sackte zusammen, Meissner sprang hinzu, fing den ohnmächtig gewordenen Präsidenten auf. Hitler war wütend. Diesen Zwischenfall hatte er nicht vorgesehen. Ein jung aussehender Mann in SS-Uniform kam herein und gab Hacha eine Injektion. Bald kam er wieder zu sich. Neuerliches Drängen Hitlers. Hacha verlangte Verbindung mit der Prager Regierung. Beran flehte den Präsidenten an, nicht zu unterschreiben, es sei verfassungswidrig. Hacha verlangte, die Regierung möge sich beraten und ihn anrufen. Es war schon vier Uhr. Hitler drängte wieder, er müsse die Unterschrift haben, redete Hacha zu, die tschechische Nation werde es nicht zu bereuen haben. Hacha schloß die Augen. Jetzt hatte er Hitler.

Er erklärte sich plötzlich bereit, zu unterschreiben, aber nur im eigenen Namen, nicht im Namen der Regierung. Ein Aufatmen ging durch die Reihen der Deutschen, die Schlacht schien gewonnen, die Aktion Hitlers auch vor dem internationalen Forum gedeckt. Hacha stand auf, sagte auf tschechisch zu seiner Umgebung: »Ich opfere mich, wenn schon der Staat nicht gerettet werden kann, soll wenigstens nicht das Volk zugrunde gehen«, ging zum Schreibtisch und unterschrieb. Nur die tschechische Delegation begriff, was geschehen war: Seine Unterschrift war wertlos, da sie in keiner Weise verfassungsmäßig war, durch sie war weder die Regierung noch das Volk gebunden. Gebunden war nur Hitler, gebunden an Hacha. Und mit dem Präsidenten würde ein Mindestmaß an eigener Verwaltung bleiben und damit an Sicherheit der nationalen Existenz. Hacha ließ wieder Prag anrufen und Beran mitteilen, daß er unterschrieben habe. Es war wenige Minuten nach vier Uhr früh, 15. März 1939.

Die Unterschrift Hachas bedeutete nicht nur das Ende eines Staates, sondern auch das Ende einer Politik. Mitten im Ersten Weltkrieg hatte Šmeral, der Führer der tschechischen Sozialisten, erklärt, die Politik Masaryks und Beneš' werde der tschechischen Nation einen neuen »Weißen Berg« bereiten. Dieser »Weiße Berg« trat in dieser schrecklichen Nacht ein, als Folge der Politik Masaryks, der selbst diesen Punkt einmal kommen gesehen hatte und dennoch den Pfad dieser Politik weitergegangen war. 1922 äußerte er zu dem bekannten österreichischen Feuilletonisten Felix Salten: »Wir haben viel zu viel erreicht, unsere Republik ist ja nur eine schlechte Auflage der alten Monarchie.« Beneš selbst hat die Unterschrift Hachas nicht genug tadeln können, um in einer ähnlichen schrecklichen Nacht ebenfalls eine ähnliche Unterschrift leisten zu müssen, die wieder einen neuen »Weißen Berg« bedeutete.
Deutlicher hatte sich Hacha ausgedrückt, der kurz nach dieser schrecklichen Nacht sagte: »Unser Unglück begann mit dem Untergang des alten Österreich.«
Es war schon fast fünf Uhr früh, als die kleine Autokolonne den Hof der Reichskanzlei verließ. Eine dicke Schneeschicht bedeckte die Straße und zwang zu vorsichtiger Fahrt. Todmüde saß der alte Präsident im Fond des Wagens. Mastny, das ewige Monokel in dem einen Auge, starrte wortlos auf das Schneetreiben. Chvalkovsky nagte nervös an den Lippen. Niemand sprach ein Wort. Ein dumpfes Rollen lag in der Luft. Waren es die ersten Laute der erwachenden Großstadt? Oder kam dieses Getöse von der fernen Grenze, über die jetzt die Deutschen fluteten?
Es dämmerte schwach. Die schreckliche Nacht war zu Ende. Zu Ende? Eine schrecklichere Nacht begann über Europa zu fallen ...

Abschied vom Abendland?

Böhmen im Februar 1948

Müd scheint die Februarsonne über das Schlachtfeld vom Weißen Berg. Tödlich ist die Stille, die über der Landschaft lagert. Ein paar Krähen hocken auf den kahlen Bäumen, welche die alte Heerstraße säumen, auf der noch immer alle Armeen zogen, die im Schicksal Böhmens eine Rolle spielten. Drüben, aus dem Dunkel des Föhrenwaldes, blinken die hellen Mauern des Schlosses »Stern«, das der Statthalter Erzherzog Ferdinand von Tirol für seine Gattin, die schöne Welserin, erbauen ließ. Abseits der Straße, mitten auf dem ehemaligen Schlachtfeld, steht eine kleine Barockkirche. Eine Wallfahrtskirche. Durch Jahrhunderte, sogar bis ins ungläubige neunzehnte Jahrhundert hinein, zogen Pilger zu dem kleinen Muttergottesbild, das über dem Altar hängt und das auf dem Feldaltar stand, auf dem der spanische Karmelit Dominikus a Jesu Maria vor der denkwürdigen Schlacht die Sonntagsmesse las. Denn dieser 8. November 1620 war ein Sonntag, und symbolhaft erschien nicht nur den Teilnehmern dieser Messe, sondern auch den späteren Jahrhunderten, daß auf diesen 8. November 1620 das Evangelium vom 22. Sonntag nach Pfingsten fiel. Jenes Evangelium, das mit den Worten endigt, »Gebt dem Kaiser, was des Kaisers ist, und Gott, was Gottes ist!« Es erschien auch den Erbauern der Kirche so bedeutungsvoll, daß sie diesen Spruch einmeißeln ließen zum ewigen Gedenken. »Reddite ergo« steht über dem runden Torbogen, »Quae sunt Caesaris Caesari! Et quae sunt Dei Deo!«

Müd gleiten ein paar Strahlen der Sonne über diese Buchstaben. »Reddite ergo!« Gilt dieser Spruch nur für diese Schlacht, oder steht er nicht in Wirklichkeit über jenem Bogen, der sich über ein Jahrtausend böhmischer Geschichte wölbt? Reddite ergo! Gebet zurück! Vor tausend Jahren hatte sich Böhmen für das Abendland entschieden, nach langem Zögern, und hatte sich damit entschieden, nach jenen Gesetzen zu leben, die für das Abendland galten. Und alle Kämpfe, an denen das Leben Böhmens innerhalb dieses Jahrtausends so reich war, gingen im Grunde genommen um die Erfüllung dieser Grundgesetze. Das Abendland forderte in die Schranken, wenn seine Synthese verletzt wurde. Es ließ kein Christentum zu, das keinen Humanismus kannte, wie es die Hussiten praktizierten, es ließ keinen Humanismus zu, der kein sakrales Christentum kannte, wie es die böhmischen Brüder predigten. Es ließ nicht zu, daß Böhmen aus der politischen Einheit herausfiel, wie es jene Rebellen wollten, die hier am Weißen Berg geschlagen wurden. Reddite ergo! Reddite ergo!

In diesen tausend Jahren hatte Böhmen wiederholt versucht, eine der beiden Komponenten zu eliminieren, die das Grundgesetz des Abendlandes bildeten. Nicht aber das Abendland zu eliminieren. Jetzt, im Februar 1948, da der Kommunismus die Macht im Staat übernahm, aber scheint Böhmen das Abendland zu verlassen. Ganz und endgültig? Historische Situationen wie jene, die sich in den Tagen des Februar 1948 in Böhmen ergaben, sind nicht von heute auf morgen entstanden. Ihre Wurzeln reichen weit zurück, Jahre und Jahrzehnte.

Gewiß, zunächst scheinen diese Ereignisse in Böhmen nur eine Wiederholung in umgekehrter Richtung der Ereignisse von 1939 zu sein. Damals mußte das Land kapitulieren, weil es allein und schwach war. Weil alle Sicherungen, die gegeben worden waren, versagten. Dr. Hacha, der damals als Präsident die Kapitulation unterschreiben mußte, opferte den Staat, um wenigstens das Volk zu retten. Ein Vorgehen, das Dr. Beneš nicht genug tadeln konnte, denn, wie er schrieb, »gibt es Prinzipien der politischen Moral, die nie, unter keinen Umständen, unter keinem Druck, mögen Vorteile welcher Art immer winken, geopfert werden dürfen«. Und der gleiche Dr. Beneš mußte jetzt seine eigenen Worte praktisch dadurch widerrufen, daß er in einer ähnlichen Situation wie Dr. Hacha die Kapitulation nicht vermied. Nicht vermeiden konnte, weil das Land wieder allein und schwach war. Und warum war es allein, damals 1939 und heute? Weil es dreißig Jahre zuvor die einzige politische Ordnung verlassen hatte, in der es stark und nicht allein war. Weil es jene Union der kleinen Völker verlassen hatte, die man die Habsburgermonarchie genannt hatte. Und warum verließ es sie? Hier liegen die Wurzeln der Tragödien des letzten Jahrzehnts. 1948 waren es hundert Jahre, daß František Palacky seine berühmten Worte an die Nationalversammlung in der Frankfurter Paulskirche schrieb: »Wenn Österreich nicht wäre, im Interesse Europas und der Humanität müßte es geschaffen werden!« Palacky fürchtete, bei einem Auseinanderfall des Donaureiches werde es für Böhmen nur zwei Möglichkeiten geben: Entweder es fiele an Deutschland oder es fiele an Rußland. Vereinigung mit Deutschland konnte nur restlose Germanisierung bedeuten – noch 1895 schrieb Masaryk erschreckt an seine Landsleute, sie sollten sich ja nicht den Zusammenbruch Österreich wünschen, dieser würde automatisch eine Okkupation durch Deutschland nach sich ziehen, deren Folgen unabsehbar wären –, Vereinigung mit Rußland bedeutete für Palacky Unterjochung unter eine Tyrannis. In beiden Fällen für das tschechische Volk ein Aufgesogenwerden. Nur die Union der elf Völker des alten Reiches erschien damals Palacky eine Garantie, daß sein Volk nicht zerrieben werde, nur die Union dieser elf Völker erschien ein Schutz gegen nationale Unterdrückung, nur die Union dieser elf kleinen Völker machte sie so stark, daß sie eine Großmacht bildeten und eine Garantie gegen alle Aggression. Er, Palacky, der »Vater der Nation«, sah die Tragödie kommen, die sein Volk treffen mußte, wenn diese Union eines Tages aufhörte zu bestehen. Und dennoch hat auch er die Axt an sie gelegt. 1867 unternahm er seine berühmte »Moskauer Wallfahrt«. Diese Wallfahrt war zuerst als eine Art Demonstration gedacht, als ein Ausspielen der panslawistischen Karte gegenüber der pangermanistischen Karte der kurzsichtigsten Politiker, die es im alten Österreich gegeben hat. Aber es war etwas Anstekkendes an dieser Wallfahrt. Sie führte schließlich ein Volk mit auf diesen Pilgerzug. Ist sie heute endgültig ans Ziel gekommen? Mußte sie zu diesem Ziel kommen? Wer trägt die Schuld, und wer ist in diesem düsteren historischen Prozeß ohne Schuld? Als Masaryk zu Beginn des Ersten Weltkrieges den gewesenen Ministerpräsidenten Koerber aufsuchte und dieser auf die Frage, welche Politik Österreich wohl nach dem Kriege einschlagen werde, achselzuckend die Antwort gab, es werde zentralisieren und germanisieren, entschloß sich Masaryk zur Emigration. Und auch Beneš wurde Emigrant. Das Unglück war in seinem Lauf.

Vor tausend Jahren, als das tschechische Volk, am Beginn seiner geschichtlichen Existenz stehend, sich dem Abendland anschloß, verlangte das Abendland die Annahme seiner Gesetze und seiner Lebensformen. Und alle Versuche, diese Gesetze zu umgehen, mußten blutig bezahlt werden. Jetzt, da 1948 das tschechische Volk versuchte, sich nur teilweise dem Osten anzuschließen, wird es ganz in dessen Totalität gezwungen. Bedeutet dies ein endgültiges Abschiednehmen vom Abendland? Welcher Spruch wird von nun an gelten, an Stelle dieses Spruches da oben am Kirchenportal? »Reddite ergo!« Aber es gibt nur einen Gott, er ist der Herr des Abendlandes und des Ostens, und es gibt kein Abschiednehmen von seinen Gesetzen. »Reddite ergo! Quae sunt Dei Deo!« Aber es gibt auch kein Abschiednehmen von jenen Gesetzen des Abendlandes, die ewiges Gut aller Menschen sind. Böhmen ist durchtränkt vom Abendland. Das tschechische Volk wird es nie mehr ablegen können. Nur mitnehmen kann es und hinübertragen, um damit andere zu erfassen. Wird dies vielleicht jetzt seine Aufgabe sein, der Sinn kommender Geschichte...

Ein Auto fährt drüben auf der Straße, die Krähen fliegen kreischend auf. Dann ist wieder Stille. Irgendwo nur heult ein Hund, der in der Kälte friert. Sonst Stille, Stille. Die Zeit scheint zu stehen wie die Uhr am Kirchturm. Die Sonne verschwindet langsam, nur ein paar Strahlen huschen noch über die gemeißelten Worte: »Reddite ergo!«

»... warten auf die Sekunde X«

Das tschechische Volk und die Revolution

Der Prager Dichter Rainer Maria Rilke hat, aus dem Urgrund des böhmischen Denkens heraus, die unnachahmliche Formulierung für jenen Grundsatz gefunden, der seit einem Jahrtausend böhmisches Denken und böhmische Geschichte bis heute beherrscht und eben wieder die Erklärung dafür gibt, warum es im Herbst des Jahres 1956, da in Budapest die Barrikaden aus dem Erdboden wuchsen, in Prag zu keinem Aufstand gekommen ist, sondern die Moldaurepublik völlige Ruhe bewahrt hat. »Wer spricht von siegen«, heißt der Grundsatz, »überstehen ist alles.«

Es ist die Lebensphilosophie eines kleinen, schwachen Volkes, das nicht von vielen Freunden umgeben ist. Ihr aber verdankt es dieses Volk, daß es durch ein Jahrtausend alle Katastrophen mit relativ geringen Verlusten überleben konnte, heute noch sein Dasein hat und nicht von den Mächtigen der Welt hinweggespült wurde. Herzog Wenzel, der Heilige, der Freimaurer Beneš, der konservative Katholik Hacha, sie alle huldigten diesem Grundsatz, ebenso wie die zahlreichen großen und kleinen Führer des Landes, die immer wieder auf jeden Kampf verzichteten, weil sie einen Sieg für ausgeschlossen hielten und der Nation zumindest die Existenz retten wollten.

Przemysl Ottokar II., der Rivale Rudolfs von Habsburg, ist einer der wenigen Herrscher des Landes, die sich nicht an diesen Grundsatz gehalten haben. Noch 1276, als er seine österreichischen Besitzungen räumte und Böhmen und

Mähren als Lehen empfing, da handelte er nach diesem Gesetz »... überstehen ist alles«. 1278 aber ging diesem König, der nur zu einem Viertel Tscheche war und von seiner Mutter, einer Hohenstaufin, deutsches, und von seiner Großmutter, einer Arpadin, magyarisches Blut in sich hatte, das böhmische Denken verloren. Er ließ sich auf einen Kampf auf »Siegen oder sterben« ein. Das Ende dieses Kampfes war sein Tod und die »schreckliche Zeit« für Böhmen.

»... überstehen ist alles.« Dieser Grundsatz hat nichts mit Feigheit zu tun. Denn der Tscheche ist kein schlechter Soldat. Wo das Kämpfen einen Sinn hat, da schlägt er sich und ist dann ein zäher Kämpfer. Die Geschichte der böhmischen Regimenter, die durch Jahrhunderte auf den Schlachtfeldern für die Donaumonarchie kämpften, ist ein Beweis dafür. Noch im Ersten Weltkrieg war der Blutzoll der tschechischen Regimenter höher als jener der bosnischen, die doch mit Recht zu den besten Truppen der Monarchie gerechnet wurden. Der Tscheche ist auch taktisch nicht unbegabt. Zwei der bedeutendsten Heerführer des alten Reiches, einige der wenigen, die aus den Erbländern stammten und nicht, wie Prinz Eugen, Montecuccoli, Laudon, Daun, Haynau, Beck Zugewanderte waren, kamen aus dem tschechischen Hochadel, nämlich Wallenstein und Radetzky.

Trotz Vorhandenseins militärischer Begabungen und persönlichen Mutes wird sich der Tscheche nur schlagen, wenn das Kämpfen einen Sinn hat. Einen Sinn hat es für ihn nur dann, wenn mit der größten Wahrscheinlichkeit oder fast schon der Sicherheit eines Sieges zu rechnen ist. Der Parole »Siegen oder sterben« konnte diese Nation nie einen Geschmack abgewinnen, und den Mythos, den manche Nationen, wie die Deutschen oder Polen, um den heldenhaften Soldatentod gebildet haben, lehnt sie ebenso ab wie den militärischen Grundsatz des »Stürmens ohne Rücksicht auf (menschliche) Verluste« (hier ähnlich dem englischen Denken).

Wenn der Tscheche der Überzeugung ist, daß ein Kampf

nicht mit einem Sieg beendet werden kann, dann fängt er den Kampf gar nicht erst an. Selbst auf die Gefahr hin, daß er dann in irgendeiner Form der Gefangene seines Gegners wird. Denn die Gefangenschaft kann man überstehen und »... überstehen ist alles«.

Die Waffe, die der Tscheche gegen alle seine Unterdrücker, mögen sie aus den eigenen Reihen kommen oder Fremde sein, anwendet, war und ist immer die gleiche. Diese Waffe besteht im Wartenkönnen. Wartenkönnen nicht auf den Tag X und nicht auf die Stunde X und nicht auf die Minute X, sondern auf die Sekunde X.

Wartenkönnen auf die Sekunde X, die für jeden Götzen, jeden Tyrannen einmal kommen muß. Denn jeder Götze, jeder Diktator, jeder Gegner stürzt über kurz oder lang. Er stürzt, weil er stirbt oder weil er Gegner hat, die ihn beseitigen, oder weil er Fehlgriffe macht, über die er selber stürzt. Denn je unkontrollierter eine Macht ist – und Tyrannen aller Schattierungen lieben keine Kontrolle ihrer Macht –, desto mehr Fehlgriffe begeht sie. Und auf diese Fehlgriffe gilt es zu warten, zu warten, zu warten. Ihr Kommen gilt es nicht zu verhindern, und dann gilt es, wenn sie sich einstellen, sie vielleicht durch einen leisen, kaum sichtbaren Druck zu verstärken.

Alle Gewaltregime haben diese Handlungsweise immer wieder als Sabotage bezeichnet. Der Tscheche denkt anders; für ihn ist jedes Gewaltregime schon eine Sabotage an seiner menschlichen Existenz, und jede Handlung, die diese Sabotage vermindert und Raum für ein kleines Stück menschlicher Freiheit schafft, wird er für gerechtfertigt ansehen.

Der Tscheche wird sich ansonst, soweit wie möglich, auch gegen seine Unterdrücker loyal verhalten. Schon aus dem einen Grund, um keinen Angriffspunkt zu bieten. Und er wird durch einen immensen Fleiß sich so notwendig machen, daß der Gegner, der ihn beherrscht, notgedrungen einen wenn auch kleinen Raum der Freiheit zugestehen muß, da er ohne diese Arbeitskraft nur schwer existieren kann.

Auf die Barrikaden aber steigen wird der Tscheche nur selten, fast nie, höchstens dann, wenn er auch hier die Gewißheit hat, daß er nicht vor der Alternative »Siegen oder sterben« steht. Volksaufstände hat es deshalb, mit Ausnahme der Hussitenzeit, in Böhmen nie gegeben, während sie in der magyarischen und polnischen Geschichte an der Tagesordnung waren und sind. Und Barrikaden in Prag – dies zeigen der Pfingstaufstand 1848 und der Maiaufstand 1945 – hat es nur dann gegeben, wenn sie an anderen Orten der Welt schon wieder abgeräumt wurden. Barrikaden in Prag haben fast nur symbolischen Wert, sie sind ein Zeichen, daß sie bereits überflüssig sind. Wäre es während des ungarischen Aufstandes zur Errichtung auch nur einer Barrikade in Böhmen gekommen, dann wäre dies ein Zeichen gewesen, daß der Aufstand in Ungarn gelungen war.

Die Parole »Siegen oder sterben« findet keinen Widerhall im tschechischen Volk. Dazu denkt dieses Volk zu nüchtern. Diese Nüchternheit ist ein Grund mit, warum der Josephinismus in Böhmen solche Wurzeln schlagen konnte und anderseits auch eine derartig starke Anfälligkeit für angelsächsische Ideen besteht.

Dazu kommt noch ein weiterer Umstand, der das tschechische Volk immer wieder mit äußerster Skepsis spontanen Gegebenheiten gegenüberstehen läßt: das Vorhandensein eines Katastrophenkomplexes im tschechischen Denken. Dieser Komplex ist allerdings nicht nur dem tschechischen Volke eigen (bei diesem ist er sogar durch Humor gemildert), er war in noch viel stärkerem Maße bei den Sudetendeutschen vorhanden, von den Juden Böhmens ganz zu schweigen. Er ist somit eine allgemeine böhmische Erscheinung.

Dieser Katastrophenkomplex ist das Ergebnis eines Jahrtausends Geschichte mit unendlich vielen Katastrophen, nicht eingehaltenen Versprechen, zahllosen Unglücksfällen. Vielleicht spielen bei diesem Komplex noch Belastungen aus einer bisher unbekannten Vorgeschichte mit. Dieser Komplex wirkt bis weit ins tägliche Leben. Viele Tschechen (das gleiche gilt für die ehemaligen Sudetendeutschen) werden kaum einen Zug besteigen können, ohne nicht gleich an eine Zugentgleisung zu denken oder beim Besteigen eines Flugzeuges schon dessen Absturz vorauszusehen oder bei jedem harmlosen Schnupfen schon Gedanken an den Tod zu haben. Es ist klar, daß ein solcher Komplex nicht nur hemmend im täglichen Leben des einzelnen sich auswirken muß, sondern auch im politischen Leben der Nation.

Jeder Kampf, der vielleicht ausbrechen könnte, läßt im tschechischen Menschen schon grauenhafte Visionen und Ängste über die kommenden Folgen desselben auferstehen. An die Möglichkeit eines positiven Ausganges des Kampfes zu denken, kommt er kaum noch dazu. Sein nüchternes Denken, das immer nur auf eine Politik des Möglichen hinzielt, erhält durch diesen Katastrophenkomplex eine weitere Bremse, die ihn von jedem Kampf, dessen Sieg nicht handgreiflich vor ihm liegt, abhält. Das Ungemach, das er vielleicht im Gefolge des Ausweichens auf sich zukommen sieht, wird er auf sich nehmen, denn er kennt seine Waffe und kann warten, um alles zu überstehen und »... überstehen ist alles« (»Nimm es leicht«, sagt der Engländer, auch hier in seinem Denken dem tschechischen Denken verwandt).

Die Frage, warum die Tschechen, als Ungarn 1956 auf die Barrikaden stiegen, nicht ebenfalls zu den Waffen griffen, beantwortet sich damit von selbst. Der nüchterne tschechische Verstand hat es für ausgeschlossen gehalten, daß eine kleine Nation wie die tschechische sich gegen die russische Armee, die weder ein Napoleon noch ein Hitler zu besiegen vermochte, auf die Dauer siegreich behaupten könne. Der Katastrophenkomplex hat dem tschechischen Denken gleichzeitig schaurige Visionen über die Folgen eines derartig verlorenen Aufstandes vorgegaukelt, die nur in einer furchtbaren Schwächung der Lebenskraft der Nation bestehen können.

Welchen Zweck – so fragte man sich – hätte ein Aufstand in der Tschechoslowakei gehabt? Seit Jahren gibt es keine nennenswerten russischen Truppen mehr in der Moldaurepublik. Eine überhastete Industrialisierung und damit eine Senkung des Lebensstandards waren zum Unterschied von Polen und Ungarn nicht nötig, denn schon zur österreichischen Zeit waren die böhmischen Länder hochindustrialisiert. Die Kolchosierung, die in den Ostblockstaaten vielfach so böses Blut machte, wurde teilweise in eine Art Vergenossenschaftung abgebogen. Dies alles sagt nicht, daß etwa der Großteil des tschechischen und slowakischen Volkes zu dem heutigen Regime steht. Ja, es schließt auch nicht aus, daß man vielerorts mit dem Heldenkampf der Ungarn im Jahre 1956 sympathisierte. Es zeigt nur, daß es dem Volk der Republik, ohne auf die Barrikaden zu steigen und ohne blutige Verluste, mit seinen alten Mitteln gelungen ist, doch einige nicht unbedeutende Erfolge gegen das Regime zu erringen und dem einzelnen Menschen wie auch der Nation einen schmalen Raum des Atmenkönnens zu erobern, der es ihnen ermöglicht, zu warten.
Und so gilt es zu warten. Zu warten, zu warten, zu warten. Auf die Sekunde X. Auf die Sekunde, da wieder die Gerechtigkeit ihren Sieg erringen wird. Es gibt viele solche Sekunden. Sie kommen immer wieder. Es gilt zu warten und zu überstehen. »Wer spricht von siegen, überstehen ist alles.«

Ein Apostel der Humanität

Thomas Garrigue Masaryk und der Katholizismus

Thomas Garrigue Masaryk, der Gründer und erste Präsident der Tschechoslowakischen Republik, der große Zerstörer der Habsburgermonarchie, ist heute ein Vergessener. Die Welt weiß kaum noch etwas von jenem Mann, den sie einst als einen Vorkämpfer für Humanität und Demokratie gefeiert und mit höchstem Lob überschüttet hat. Wohl ist sein Name bei einem Teil der tschechischen Emigranten wie auch in der angelsächsischen Welt noch in Ehren, aber dennoch ist nur wenig von ihm und über ihn bekannt. Das einzige, was man von ihm weiß, ist, daß er der Gründer und langjährige erste Präsident der Tschechoslowakischen Republik war. Sonst ist Masaryk ein Vergessener. Die Menschen wissen nichts mehr von seiner Tätigkeit als Professor, von dem »Handschriftenstreit«, der in den achtziger Jahren des vorigen Jahrhunderts die böhmische Welt erschütterte; sie wissen nichts mehr von seiner »Hilsneriade«, seiner Verteidigung des wegen eines angeblichen Ritualmordes zum Tode verurteilten Juden Hilsner, nichts mehr von seiner Verwendung für Wahrmund im Wiener Reichsrat, wissen nichts mehr von dem Auftreten im Agramer Hochverratsprozeß, von all diesen Ereignissen, die seinen Namen berühmt und verhaßt zugleich gemacht haben. Vergessen sind auch seine Werke, angefangen vom »Selbstmord als soziale Massenerscheinung« über die »Philosophischen und soziologischen Grundlagen des Marxismus« bis zu »Rußland und Europa«; vergessen sind seine tschechischen Bücher und seine deutschen. Begreiflich, sind sie doch alle zu aktuellen Fragen geschrieben, über welche die Zeit längst hinweggegangen ist. Dies alles wird noch in seltsamer Weise unterstrichen durch die Feststellung, daß es über Masaryk keine kritische Biographie gibt, obwohl diese zu schreiben schon in den letzten Jahren seines Lebens bei der Überfülle von Material möglich gewesen wäre. Doch die große Verehrung, die der greise Mann im Hradschin genoß, ließ das Wagnis einer kritischen Würdigung der Gesmatpersönlichkeit zu Lebzeiten nicht aufkommen. Kurz nach seinem Tod aber brach der Zweite Weltkrieg aus. Er ging über Europa hinweg und begrub die Möglichkeit einer objektiven Würdigung. So ist sein Leben weithin unbekannt geblieben.

Die folgende Studie ist ein Versuch, Ursprünge und geistige Entwicklung Thomas G. Masaryks darzulegen, die ihn zu einem entschiedenen Gegner der katholischen Kirche und zu einem der großen Zerstörer der habsburgischen Monarchie werden ließen. Denn sich mit diesem bedeutenden Mann beschäftigen, heißt zugleich eines der letzten Kapitel der Geschichte der österreichisch-ungarischen Monarchie und somit Mitteleuropas aufschlagen. Heißt, sich mit jenem Mann beschäftigen, der durch seine Tat – die Zerschlagung der Habsburgermonarchie, die ohne ihn kaum eingetreten wäre – einen politischen Erdrutsch ohnegleichen verursachte. Wenn jede Geschichtsschreibung – nach Huizinga – eine Rechenschaft ist, die sich eine Zeit über ihre Vergangenheit gibt, so ist eine Studie über Masaryk zugleich ein Stück Auseinandersetzung mit unserer persönlichsten Vergangenheit, an der die Generation unserer Väter tätig und leidend beteiligt war und an deren Folgen wir zu tragen haben.

Welche Einflüsse und welche Lebensbedingungen formten T. G. Masaryk, den Millionen für einen Tschechen halten, der aber in Wirklichkeit ein nationaler Mischling war, den die eigenen Landsleute lange als Fremden ansahen und dessen Tschechisch anfangs recht mangelhaft klang? Der den Tschechen lange Zeit als germanophil und von Deutschen

bestochen galt, während die Deutschen ihn wieder als einen wüsten Chauvinisten und Panslawisten bezeichneten und der selbst jede Russophilie als »Geschwätz« ablehnte? Den man als gottlos verschrie und der doch ein überaus religiöser Mensch war? Den man als Marxisten brandmarkte und der doch schon 1899 eine wissenschaftliche Widerlegung des Marxismus veröffentlichte? Den man als einen Philosophen ansah und der dies entschieden ablehnte? Den man als einen Universitätsprofessor einschätzte, der sich nur zufällig in die Politik verirrt hatte, während er von sich bekannte, daß er sein Leben nichts anderes als Politiker gewesen sei? Der sich selbst als Gegner jeder Revolution bekannte und selbst einer der erfolgreichsten Revolutionäre wurde? Den man als einen grundsätzlichen Gegner der alten Monarchie wertete und der wie wenige Austroslawen so bedeutende Worte für deren Erhaltung gesprochen hatte? Dessen politische Macht man für sehr groß hielt, während sie in Wirklichkeit immer sehr klein war, sowohl vor als auch während und nach dem Weltkrieg? Denn vor dem Weltkrieg errang seine eigene Partei – die Realisten – 1907 zwei Mandate für den Reichsrat, das österreichische Parlament, 1911 gar nur eines und während des Weltkrieges folgte nur ein sehr kleiner Teil des tschechischen Volkes seinen Parolen, und nach dem Weltkrieg ging die Politik seiner Heimat oft andere Wege, als er es gewünscht hätte. Wer war also jener Masaryk, der zu einer Zeit, da die Monarchen des Kontinents zu Erbpräsidenten von Republiken degradiert wurden, als Präsident einer Republik ein heimlicher König war?
Masaryk wurde am 7. März 1850 in Göding, in Mähren, knapp an der ungarischen Grenze, geboren. Seine Mutter war eine Deutsche, sein – offizieller – Vater Slowake, der bis vor kurzem – bis 1849 – noch fast leibeigen gewesen war und es auch nach 1850 noch de facto blieb, der seine Herrschaft um Erlaubnis bitten mußte, um seinen Sohn auf die Mittelschule schicken zu dürfen. Der Charakter T. G. Masaryks ist vor allem durch das Erleben dieses Verhältnisses geformt

worden. »Niemand kann sich von den Eindrücken und Einflüssen seiner Kindheit freimachen. Sie sind für sein Leben entscheidend«, sagt einmal der alte Masaryk. Die Eindrücke und Einflüsse, die der kleine Thomas in dieser Umgebung empfängt, werden wahrlich bestimmend für sein Leben sein. Noch mehr, er ist ein sehr sensibles Kind, und die Eindrücke lassen Affekte in ihm zurück, die er kaum jemals überwinden kann und die ihm, dem sonst so kritischen Geist, die Fähigkeit zum objektiven Urteil nehmen, ja ihn auf falsche Fährten bringen werden. Nicht Bücher, Dichter, Philosophen formten ihn, so bekennt er als Greis, sondern nur das Leben. Und die vielen Bücher, die er sein Leben lang verschlang – Masaryk besitzt am Ende seines Lebens eine der größten Privatbibliotheken der Welt –, gaben ihm immer nur eine Bestätigung für sein erlebtes Leben.

Als kleiner Knabe sieht er nun, wie sein Vater seine Herren einerseits haßt, anderseits fürchtet, sieht, wie sein Vater schwer arbeiten muß, während die Herren müßiggehen. Ja noch mehr, er erlebt, wie die Herrschaftsbeamten seinen Vater schlecht behandeln, grob behandeln. Im Herzen des kleinen Kindes steigt ein unbändiger Haß gegen diese Herren und gegen dieses ganze Sklavensystem auf. Er überlegt, wie er sie erschlagen und verprügeln könnte, überlegt, ob er ihre Pelze, die sie einmal, als sie zur Jagd gingen, im Hause des Vaters hängen lassen, zerschneiden soll. Er erlebt weiter, daß seine Mutter am Sonntag nicht in die Kirche gehen kann, weil sie für die Herrschaft kochen muß und »Herrendienst vor Gottesdienst geht«. Da der kleine Thomas, seiner Mutter nachgeraten, tief fromm war, bekommt sein Haß gegen dieses System der Sklaverei eine religiöse und eine moralische Färbung. Hat denn Jesus nicht gesagt, daß alle Menschen gleich und Brüder seien und daß, wer der Erste sein will, der Letzte sein möge? Unauslöschlichen Eindruck hat auf ihn das Wort gemacht: »Suchet zuerst das Reich Gottes und seine Gerechtigkeit ... « – ein Wort, das er sein ganzes Leben hindurch als Leitspruch hochhält. Wird hier dieses

Wort Gottes nicht zuschaden an diesen Herren, die seine Mutter zur Sünde verführen? Der große Affekt erwacht in ihm, daß dieses System falsch ist; ein Affekt, den er niemals überwindet.

Wie eine Erlösung wirkt es, als er die angelsächsische Welt und damit die Grundsätze der Demokratie kennenlernt. Hier, in der Demokratie, trifft er ein System, das menschenwürdig ist; denn »Demokratie will politisch und sozial das Untertanenverhältnis abschaffen«, schreibt er 1913 in seinem Buch »Rußland und Europa«. »Die aristokratische Organisation«, heißt es weiter, »beruht auf dem Verhältnis des Über- und Untereinander; die Demokratie erstrebt das Nebeneinander. Aristokratismus bedeutet: Die Ungleichheit wird als natürlich und historisch notwendig erklärt... Aristokratismus ist die Organisation durch Macht; das demokratische Nebeneinander soll ein freies und brüderliches Miteinander sein... Der Aristokratismus ist die Herrschaft der Nichtarbeitenden über die Arbeitenden, die Demokratie verlangt die Arbeit aller und jedes einzelnen. Der Aristokrat herrscht, der Demokrat arbeitet«. »Das tiefste Argument«, sagt er in seinem letzten Werk, das er ähnlich wie Goethe nicht selbst schreibt, sondern schreiben läßt, in den »Gesprächen mit T. G. Masaryk«, die Karel Čapek aufzeichnet, »ist der Glaube an den Menschen, an seinen Wert, an seine Geistigkeit, an seine unsterbliche Seele. Demokratie ist Diskussion. Die ist nur möglich, wo Menschen einander vertrauen.«

Demokratie ist das einzige menschenwürdige politische System. Als er die Hoffnung aufgeben zu müssen glaubte, das alte Österreich in eine Demokratie umzuwandeln, jenes Österreich, dessen unvollständigen Konstitutionalismus er schon 1895 in der »Tschechischen Frage« sehr günstig beurteilt und das 1907 bereits das allgemeine Wahlrecht eingeführt hat, in dem aber infolge der endlosen nationalen Streitigkeiten der Monarch und teilweise die Aristokratie das bestimmende Element bleiben, in diesem Augenblick, als er glaubt, daß Österreich endgültig nicht umgewandelt werden kann, geht er in die Emigration und beginnt den Kampf gegen die Habsburgermonarchie, deren Existenz er als moralisch nicht mehr gerechtfertigt ansieht. Ja, den Sinn des ganzen Weltkrieges erklärt er schließlich als den Kampf der Demokratie gegen die Theokratie und damit gegen den Aristokratismus, der die beste Stütze jeder Theokratie ist. Kurz nach der Errichtung der Tschechoslowakischen Republik wird sie, zum Unterschied von der Französischen und der Weimarer Republik den Adel abschaffen. Ob die Beamten der Herrschaft oder jene Baronin, die seine Mutter am Sonntag statt in die Kirche in die Küche zwang, ahnten, welchen Keim sie in das Gemüt des kleinen Kindes legten, das scheinbar ganz unbeteiligt dies alles erlebte?

Neben diesem Haß gegen die »Herren« wird ihm in seiner Kindheit noch ein anderer Keim ins Herz gesenkt: die Sehnsucht, selbst ein »Herr« zu sein. Diesen Keim legt seine Mutter. Sie war eine Zeitlang »Herrschaftskochin«, hat die bessere Welt in der Nähe kennengelernt und will, daß es auch ihren Kindern einst besser geht, daß sie etwas Großes, Schönes werden. Um etwas Besseres zu werden, muß man reich werden; reich werden können Leute aus diesem Kreise nur auf einem Weg: durch Erwerb von Wissen. Der kleine Thomas soll, so bestimmt die Mutter, Lehrer werden. Er soll lernen. Soll sich Wissen aneignen und dadurch ein »Herr« werden. Masaryk wird von dem ersten Augenblick an, da er lesen kann, ein fanatischer Leser. Er liest ununterbrochen, sein ganzes Leben lang, wie er sein Leben lang lernt. Er liest auf der Realschule in Auspitz – jenem Auspitz, das in dem Werfel-Roman »Der veruntreute Himmel« eine so große Rolle spielt – alle Bücher, deren er habhaft werden kann, liest am Gymnasium in Brünn, arbeitet auf der Hochschule alle Philosophen durch, lernt die Weltliteratur kennen, lernt als Kind von selbst Latein, lernt in der Schule perfekt Deutsch, lernt Französisch, Russisch, Englisch und Polnisch. Es gibt kein Gebiet, das ihn nicht interessiert. Diese

Bildung macht ihn zu einem Weltbürger von Format, macht ihn zu einem »Herrn«, zu einem Grandseigneur, den die kleinen spießbürgerlichen Verhältnisse von Prag, in das er 1882 als Universitätsprofessor kommt, bedrücken und der das Wort Palackys: »Jeder Tscheche müsse ein Weltbürger sein« seinen Landsleuten immer wieder vorhält. Masaryk kleidet sich so elegant, daß man ihn einmal als den bestangezogenen Abgeordneten des Wiener Reichsrates bezeichnet. Am Katholizismus schätzte er besonders dessen Internationalität, seinen Universalismus. Charlotte Garrigue, seine spätere Frau, gefällt ihm auch deshalb so gut, weil sie, die Amerikanerin, die aus einer französischen Hugenottenfamilie abstammt, eine Weltbürgerin im besten Sinne ist. Stolz erzählt er, daß ihr Geschlecht bis auf die Kapetinger zurückgehe. Mit sechzig Jahren lernt er noch den Sport des »Herrn«, das Reiten. Seine Sehnsucht ist es schon als Student, sich jenem Beruf zuzuwenden, der einem »Herrn« gemäß ist: Diplomat und Politiker. Er will sich deshalb für die Orientalische Akademie in Wien melden, beginnt schon Arabisch zu lernen, gibt aber diesen Plan wieder auf – schmerzlich getroffen, weil er hört, daß nur Aristokraten von Geblüt und mit einem Vermögen aufgenommen werden. Was er hörte, war falsch. Wohl wurden in das diplomatische Korps der alten Monarchie fast nur Aristokraten aufgenommen, der letzte k.u.k. Botschafter in Washington, Konstantin Dumba, war die einzige Ausnahme, und sicher ist, daß vor dem Eintritt in das Korps der Nachweis eines monatlichen Privateinkommens von mindestens achttausend Goldkronen erbracht werden mußte, aber für die Orientalische Akademie, die spätere Konsularakademie, galten diese Vorschriften nicht. Aus ihr gingen in erster Linie die Konsularbeamten hervor. Für diese Laufbahn war weder das Vorhandensein eines Vermögens noch ein Adelstitel notwendig. »Dennoch, allen diesen Hindernissen« – Hindernisse, die gar nicht vorhanden waren – »zum Trotz«, schreibt er in seinem Buch »Weltrevolution«, »bin ich Politiker geworden.«

Der kleine Thomas Masaryk hat ein furchtbares Erlebnis. Im Pferdestall des Schlosses erhängt sich ein Knecht. Man zeigt ihm die Tür, und das Kind wird dabei von einem solchen Grauen erfaßt, daß es von nun an nie mehr die Schwelle dieser Tür überschreitet. Es kommt ihm entsetzlich und unbegreiflich vor, wie ein Mensch seinem Leben freiwillig und vorzeitig ein Ende setzen kann. Er grübelt darüber nach, ohne eine Antwort zu finden. Der Eindruck dieses Erlebnisses wird ihn nie mehr zur Ruhe kommen lassen. Sein Leben lang wird er über das Problem des freiwilligen Todes sprechen. Seine Habilitationsarbeit ist diesem Thema gewidmet. Sie erscheint 1881 in Buchform unter dem Titel »Der Selbstmord als soziale Massenerscheinung«, aber auch in fast allen folgenden Werken spricht er über den freiwilligen Tod.
Lang und breit untersucht Masaryk die Ursachen der Selbstmordepidemie. Nach genauer Untersuchung kommt er zur Ansicht, daß weder Krankheit noch Beruf, noch Umgebung den Ausschlag zum modernen Massenselbstmord geben, sondern einzig und allein der Verlust der Religiosität. Denn durch diesen Verlust verliert das Leben jeden moralischen Halt. Irreligiosität macht das Leben beim ersten Schicksalsschlag unerträglich. Im Mittelalter gab es keinen Selbstmord als Massenerscheinung. Der mittelalterliche Mensch hatte eine gefestigte Lebensanschauung. Aber diese Basis wurde zersetzt. Die modernen Wissenschaften scheiden Glauben und Wissen voneinander. Der Mensch verliert sein harmonisches Weltbild; sein Denken wird zerspalten, er versinkt in Halbbildung, die Halbheit wird die Ursache des großen Lebensüberdrusses. Trotz allem Fortschritt wird das Leben immer unglücklicher; die Energie des Willens wird geschwächt, das Gleichgewicht von Verstand und Gemüt geht verloren und daraus entsteht eine Psychose, an deren Endpunkt die Verzweiflung an sich und damit der Selbstmord steht. Einige Jahre vor Freud, der sich ja ebenfalls mit dem Entstehen der Psychose beschäftigt und dafür allein ver-

drängte Sexualität verantwortlich macht, kommt Masaryk zu ganz anderen Ergebnissen.
Da nach Masaryk die Selbstmordneigung in letzter Instanz auf Irreligiosität zurückgeht, kann sie nur beseitigt werden, wenn der Mensch wieder zur Religion findet. Aber zu welcher Religion? »Die alte katholische Religion ist unmöglich geworden«, sagt Masaryk. Hier öffnet sich uns der Zugang zu einer Tragödie der modernen Zeit, der Abwendung Masaryks von der katholischen Kirche. Es ist nicht nur für ihn eine Tragödie, sondern auch für die Kirche, die er verläßt. Denn wäre er an das rechte Vorbild geraten, so hätte aus Thomas G. Masaryk ein anderer John Henry Newman werden können.
»Das Wesen der Religion«, heißt es in seinem Werk über den Marxismus, »erfassen wir am vollsten und sichersten an dem religiösen Leben der Gegenwart.« Und wie war diese Gegenwart, die er erlebte, als Kind und junger Mensch?
Seine Mutter war sehr fromm; der kleine Thomas war ihr darin nachgeraten. Er erlebte tief die Welt des heimatlichen Katholizismus. Aber dieser Katholizismus war abergläubisch, von slowakischer Mythologie durchsetzt. Die Grenze zwischen Glauben und Aberglauben war nicht klar. Zwar ministrierte der Kleine sehr fleißig und empfing in der Schule den Religionsunterricht, aber weder dort noch zu Hause hörte er ein lebendiges Wort über Religion. Ja, der erste Priester, dem er begegnete, war schon ein Unglück für ihn. Er war dem intelligenten Knaben nicht gewachsen und wußte auf dessen Fragen keine Antwort; dann half er sich, indem er ihn ermahnte, nicht soviel zu fragen und nachzudenken, sondern zu glauben, allein zu glauben. Der Wissensdurst des Kindes wurde dadurch nur noch mehr angeregt. Ferner neigte dieser Pfarrer, der gleichzeitig Katechet war, zum Aberglauben. Zuweilen wurde er auch selbst von Zweifeln geplagt, während er an anderen Tagen wie ein Fanatiker auftrat. Vor allem war er auch sittlich nicht ganz einwandfrei. Man munkelte im Ort, er habe ein Kind, und

bei einer Predigt gab er dies versteckt zu. Besonders beunruhigte das Kind aber, daß es im Nachbardorf Christen gab, die zu einer anderen Religion gehörten, die man Protestanten nannte und die jedermann als wesentlich gebildeter ansah.

Einen Augenblick scheint es, als werde die große Tragödie seines Lebens an ihm vorübergehen. Das ist, als er im Alter von ungefähr zwölf Jahren auf dem Schloß eine Menge Bücher von Jesuiten findet und mit Heißhunger liest, worauf er ein so eifernder Katholik wird, daß er die protestantische Frau des Schmiedes, bei dem er zur Lehre ist, zum Übertritt bewegt. Doch dann kommt er zu einem Lehrer, um sich auf seinen Beruf vorzubereiten, und als er eines Tages den Kindern erklärt, die Sonne drehe sich nicht um die Erde, sondern umgekehrt, wird er denunziert, er lehre Dinge, die mit der Bibel in Widerspruch stünden. Der offene Konflikt bleibt ihm erspart, aber der Einwand, daß Katholizismus und Wissenschaft nicht zusammenpassen, faßt zum erstenmal Fuß. Mit fünfzehn Jahren kommt Masaryk auf das Gymnasium nach Brünn, in die zweite Klasse. Hier kommt es nun zum endgültigen Bruch. Er hat zwar einen guten Religionsprofessor, aber auch der kann ihm nicht auf alles eine Antwort geben. Denn er liest wiederum sehr viel. Pascal begeistert ihn, aber auch Renan fällt in seine Hände. Wenn er diesen auch in späteren Jahren als einen krassen Dilettanten bezeichnet, so empfängt er von ihm doch die ersten Glaubenszweifel, die immer stärker werden. Eine Glaubenskrise kommt langsam über ihn, die mit zwanzig Jahren schließlich ausbricht – eine nicht ungewöhnliche Erscheinung in diesem Alter, aber für Masaryk von besonderer Bedeutung.

Er hat kein Heim, er ist nirgends zu Hause; er ist viel älter als seine Kameraden, kann sich nirgends aussprechen. Die Lehrer, die von seiner Krise wissen, gehen stillschweigend an ihr vorbei; denn sie sind im Grunde ihres Herzens Liberale und wollen mit Religion nicht viel zu tun haben. Die

Mitschüler wissen nichts davon; sie sind viel jünger, sie verspotten die gottesdienstlichen Handlungen, zu denen sie gehen müssen. Sie gehen zur Beichte und rühmen sich dann, was sie alles nicht gesagt haben, gehen zur heiligen Kommunion und sündigen genau so weiter wie vorher. Er bittet den Religionsprofessor, ihn von der Pflicht, an den religiösen Übungen teilzunehmen, zu entbinden; der Professor ist entsetzt, spricht ihm gütig zu, weint, kann ihn aber nicht überreden. Im Gegenteil, die erzwungene Teilnahme an den religiösen Übungen steigert seinen Affekt nur noch. Er weigert sich, weiter teilzunehmen und bringt damit die ganze Klasse in Unordnung. Der Direktor ist wütend auf ihn und findet endlich einen nichtigen Grund, um diesen unbequemen Schüler von der Anstalt zu entfernen. Der einsame Masaryk hatte ein Mädchen kennengelernt, und es entspann sich eine Jugendliebe, die er zwar später als eine »miserable Leidenschaft« bezeichnet, in der er aber vielleicht in erster Linie nichts anders als etwas Anteilnahme an seinem Leben gesucht hatte. Aber die Eltern des Mädchens zeigen ihn an. Der Direktor lädt ihn vor, spricht häßlich über seine Liebe, gibt ihm schließlich das consilium abeundi und hat damit gleichzeitig auf bürokratische Art die Gefahr einer religiösen Krise innerhalb seiner Schule beschworen. In diesem Augenblick entsteht der große Bruch zwischen Masaryk und der katholischen Kirche. Von nun an ist er ein entschiedener Gegner des Gewissenszwanges. In dieser Gegnerschaft wird er nicht müde, die Trennung von Kirche und Staat und die Aufhebung des Religionsunterrichts an den Schulen zu fordern. Damit wurde auch der Grund zu jenem falschen Geschichtsbild gelegt, das er immer wieder vorbringt: Die große Tat des Protestantismus bestehe darin, die Gläubigen vom Gewissenszwang befreit und nur einer Autorität unterstellt zu haben, dem eigenen Gewissen.

Hätte in diesem Jahr 1870 ihn nicht sein Protektor, der Polizeipräsident Le Monnier von Brünn, nach Wien mitgenommen und ihm die Fortsetzung des Studiums am Akademischen Gymnasium ermöglicht, er hätte die geliebte Wissenschaft aufgeben müssen. Hier in Wien trifft er wieder auf zwei andere Priester, die sein Leben beeinflussen. Der eine ist der Professor am Gymnasium, ein durch und durch Liberaler, der Masaryk gar keine Schwierigkeiten macht, schon gar nicht den Versuch unternimmt, ihn zu belehren und zu bekehren; der in einer Art Nihilismus seinen Stundenplan absolviert, so daß der junge Masaryk Ekel über diese Charakterlosigkeit empfindet. Der zweite Geistliche, der auf ihn einen besonderen Einfluß ausübt, ist ein aus der Kirche Ausgetretener: Franz Brentano, Professor an der Universität Wien, die Masaryk seit 1872 besucht. Wohl kann er seine Vorlesungen nicht hören, aber er trifft ihn oft persönlich und, wenn auch Brentano nie über seinen Schritt spricht, der ihn aus der Kirche geführt hat, das Beispiel dieses gefeierten und vornehmen Mannes wirkt um so stärker auf ihn. Brentano ist Theist und nach seinem Beispiel wird Masaryk jetzt Theist, kann weiter an eine persönlichen Gott und an eine unsterbliche Seele glauben, ohne sich mit der Kirche verbunden fühlen zu müssen.

Der Glaube an Gott und seine Kirche, den dieser junge Bauernsohn aus der mährischen Slowakei, wenn auch in seiner Umwelt durch mythologischen Aberglauben überwuchert, empfangen hatte, war zerstört worden durch Angehörige dieser Religion, die hartherzig, ungebildet und unsittlich waren, die am Sonntag in die Kirche gingen und am Werktag ihren Gott einen »lieben Herrn« sein ließen. »Der größte Feind der Kirche sind die Katholiken und ihre Methoden«, sagt Masaryk einmal. »Der Glaube hat die Kirche ertötet«, sagt er anderswo. »Kirchenglaube und Sittlichkeit können zwei verschiedene Begriffe sein«, heißt es an einer dritten Stelle. Sein Glaube war zerstört worden, da er keinerlei Rüstzeug empfangen hatte, um dem glaubensfeindlichen Geist, der ihm auf der Hochschule entgegentrat, standzuhalten. Die Skepsis Hummes und der Kritizismus Kants entziehen seinem mythifizierten Kinderglauben den Boden.

War sein Kinderglaube von Wundern erfüllt, so verwirft er jetzt den Glauben an jedes Wunder. Er will nur noch an das glauben, was beweisbar ist. Und da – seiner Meinung nach – die Offenbarung sich nur auf Wunder gründet, will er an sie nicht mehr glauben. »In der Wissenschaft basieren wir auf Erfahrung«, schreibt er, »in der Theologie auf Offenbarung.« Und »Offenbarung ist nichts anderes als eine Fortsetzung der Mythologie.« Er kann nicht mehr an Dogmen glauben, da sie »unbeweisbar« sind, und »da sie der Kritik der Vernunft nicht standhalten können«. »Die Philosophie steht im Gegensatz zur Theologie.« »Jeder Versuch, die wissenschaftliche Philosophie und die Theologie zu versöhnen, ist prinzipiell verfehlt. Der Kritizismus macht hier ein Zurück unmöglich.« Vor allem aber, »der entscheidende Protest gegen das menschliche Wissen ging von Rom aus, indem der Papst sich allen Ernstes für unfehlbar erklärte«.
In seinen antikatholischen Affekt, denn es ist nur ein Affekt, der völlig unkritische Voraussetzungen hat, mischt sich ein antiklerikaler, der sich wieder mit seinem antiaristokratischen Affekt verbindet. »Der Katholizismus ist seinem Wesen nach aristokratisch und monarchisch.« »Der Glaube an die Offenbarung Gottes ist nowendig Glaube an Mittler. Dieser Glaube hat die Theokratie geschaffen. Der wissenschaftlich, der kritisch Denkende anerkennt keine Mittler zwischen Gott und Menschen, er vertraut nicht mehr den Priestern und ihrer Kirche, sondern der Wissenschaft und Philosophie. Er setzt der Theokratie die Demokratie entgegen.« »Der Glaube ist aristokratisch, die Liebe demokratisch.«
»Die Frage kann nur lauten, wie ist für den kritisch, den wissenschaftlich Denkenden eine Religion möglich und welche?« »Ich glaube«, schreibt Masaryk im »Selbstmord«, »daß eine der protestantischen Sekten die erwünschte Religion sein könnte.« Dieses Ideal einer neuen Religion erblickt er in der Sekte der Böhmischen Brüder. 1880 war Masaryk aus der katholischen Kirche, sicher unter dem Einfluß seiner

Frau, aus- und zum Protestantismus übergetreten. 1877 hatte er Charlotte Garrigue in Leipzig kennengelernt und binnen kurzem in ihr das gefunden, was er sich ersehnte. Man vergesse nicht: Masaryk, aufgewachsen ohne Heim, erfüllt von Sehnsucht nach Gott, nach Liebe, nach Sittlichkeit, trifft in einer Welt ohne Liebe auf ein Wesen, das ganz erfüllt ist von Liebe. Er ist nirgends zu Hause, nicht in seinem Volk, nicht in seinem Staat, nicht in seiner Kirche, und nun kommt er, der Weltbürger, in ein Heim, das ihm das Gefühl der Geborgenheit gibt. Sie ist Amerikanerin, Angehörige der Unitarier. Da in ihrem Elternhaus jeder machen konnte, was er wollte, und sich deshalb in der Familie ein halbes Dutzend Bekenntnisse finden, ist jedes Familienmitglied zur Toleranz erzogen. Noch mehr, wie viele Anhänger einer Sekte lebt sie religiös wesentlich aktiver als Tausende von Katholiken. Bei ihr ist nicht nur der Sonntag, sondern vor allem jeder Werktag von Religion durchdrungen. Als Unitarierin glaubte Charlotte Garrigue an keine sichtbare Kirche, an keine Priester. Nicht das sakramentale Leben und aus diesem heraus die Liebe zu den Nächsten, sondern eine starke Sittlichkeit und Hilfsbereitschaft prägten diese Religiosität. Es ist eine Religion der reinen Menschlichkeit. »Meine Ehe vollendete meine Erziehung«, gesteht Masaryk.

Als Masaryk 1880 aus der katholischen Kirche austrat, wandte er sich nicht der Konfession seiner Frau zu, auch nicht dem lutherischen oder kalvinischen Protestantismus seiner Heimat, sondern der kleinen Sekte der Böhmischen Brüder, einer Art Pietisten, deren berühmtester Kopf Comenius gewesen war. Wieso kam Masaryk gerade zu dieser Konfession? Hier ist es am Platze, kurz den Einfluß des großen tschechischen Historikers und Politikers Palacky auf Masaryk zu beleuchten.

Nirgends erwähnt Masaryk in seinen Schriften, ob er das Werk Palackys, des »Vaters der Nation«, schon in seiner Jugend kennengelernt habe. In seinem Memoirenbuch »Die

Weltrevolution« erzählt er, daß er nach Ablauf seiner ersten parlamentarischen Tätigkeit, also nach 1893, sich in Palacky vertieft habe. Die Frucht dieser Beschäftigung mit dem »Vater der Nation« war die kleine Schrift »Palackys Idee des böhmischen Volkes« gewesen. Dennoch kann kein Zweifel sein, daß er sich bereits viel früher eingehend mit Palacky beschäftigt hatte.

Palacky war bekanntlich weitgehend in seinem Denken von Herder beeinflußt. Von diesem übernahm er die Ansicht, daß die Völker moralische Persönlichkeiten seien, die wachsen und leben, die ein natürliches Anrecht auf gleichberechtigtes Nebeneinander haben und zu ihrer Selbsterhaltung verpflichtet seien. Des weiteren übernahm er auch Herders Ansicht über die Slawen. Dessen Slawenkapitel sind bekannt: Er sah in ihnen das friedliebende, ackerbautreibende Volk, die »Demokraten«, an dem sich die kriegerischen »feudalen« Deutschen durch Wegnahme des Landes und Germanisierung schwer vergangen hatten. Er sah in ihnen auch das Volk der Zukunft, das infolge seiner Unverdorbenheit bestimmt sei, ein neues Zeitalter der Humanität herbeizuführen.

In der Hussitenzeit sah Palacky einen Höhepunkt der tschechischen Geschichte. Während für die Menschen der Aufklärung die Hussiten Barbaren waren, für die Katholiken Ketzer, sah Palacky in ihnen Kämpfer für die Demokratie und gegen das Feudalwesen, für die menschliche Vernunft und gegen die autoritative Religion, für die Freiheit und gegen die Fesseln der mittelalterlichen Welt. Er sah in ihnen mit einem Worte Kämpfer für »Ideale der Humanität«.

Der Einfluß Palackys auf den jungen Masaryk, der ihn noch im Alter als »Vater der Nation und unserer Geschichte« preist, muß gewaltig gewesen sein. Sicherlich hatte er ihn schon während seines Studiums gelesen, wie er so viele Werke der heimischen und fremden Schriftsteller in sich aufgenommen hatte. Jeder gebildete Mensch des damaligen Böhmen, jeder Student, las die Werke des »Vaters der Nation«. Für Masaryk hatte dieser Einfluß aber noch eine ganz besondere persönliche Note. Hier, in den Werken Palackys, fand er seine persönlichsten Erfahrungen bestätigt. Sein antiaristokratischer und sein antikatholischer Affekt, seine Abneigung gegen jeden Gewissenszwang erhielten hier sozusagen ihre historischen Grundlagen. Seine Affekte erschienen ihm gerechtfertigt.

Palacky war kein Katholik; er gehörte der Böhmischen-Brüder-Unität an. In dieser Brüder-Unität sah er nicht nur den Gipfel der böhmischen Geschichte, sondern auch die »vollendete Kirche«, das »reine Christentum«.

»Die nationale Wiedergeburt ist nicht vollendet«, schreibt Masaryk in seiner kleinen Studie über Palacky, »sie wird es erst, bis wir, auf dem Boden unserer Brüder-Unität fußend und im Geiste der Zeit fortschreitend, die vermoderten und leblosen Formen des offiziellen und Matrikel-Christentums verlassen und zu wahrer Humanität und Religion vordringen.«

1880 hatte Masaryk unter dem Einfluß seiner Frau den Schritt aus der katholischen Kirche getan; unter dem Einfluß Palackys wandte er sich der Konfession, der dieser angehört hatte, zu, den Böhmischen Brüdern. 1881, in seinem ersten großen Werk, dem »Selbstmord«, preist er sie bereits als das Ideal einer neuen Religion.

Masaryks Verhalten gegenüber der katholischen Kirche wurde überwiegend durch das Verhalten von Katholiken verschuldet. Sein Hinneigen zum Protestantismus erklärt sich dagegen überwiegend durch die hohe sittliche Stellung vieler Protestanten. Er schloß von dem Verhalten der Protestanten auf den Protestantismus. Wäre der junge Masaryk auf echte, lebendige Katholiken gestoßen, seine religiöse Entwicklung hätte wohl einen anderen Weg genommen. Dies anzunehmen ist man berechtigt, hat er doch unverhohlene Anerkennung für den englischen und deutschen Katholizismus gezeigt. Wundert es ihn schon, daß in England die Gebildeten kirchlich und religiös gesinnt sind und viele an-

glikanische Geistliche – und Aristokraten – zur katholischen Kirche übertreten, so schreibt er über den deutschen Katholizismus, daß man ihn »unstreitig als den schönsten ansehen muß. Der Bildung haben die deutschen Katholiken sich nicht verschlossen, ihr Klerus ist sittlich und verglichen mit unserem bedeutend tüchtiger. Die Theologie blüht, während bei uns die theologische Wissenschaft eigentlich nicht existiert. Mit seinem protestantischen Bruder verglichen, genießt der deutsche Katholik in bedeutend höherem Maß die Segnungen wahrer und inniger Religiosität.«
Die Liebe zu einem theistischen Gott und die Liebe zu den Menschen ist von nun an der Inhalt der Religion Masaryks. Jesus ist nicht mehr der Sohn Gottes, sondern ein Prophet, der höchste und vollkommenste Mensch, allerdings Nur-Mensch. »Die Ideale der Humanität«, wie Masaryk an Stelle von Nächstenliebe sagt, sind der Leitfaden seines Handelns, eines durch rein ethische Momente bestimmten Handelns. In der Union der Böhmischen Brüder, die Peter Chelcicky (†1460) begründet hat, sieht er den idealen Typus seiner Religion. Diese Böhmische-Brüder-Unität feiert er als den Höhepunkt der böhmischen Geschichte; nach ihr soll sich der Aufstieg des tschechischen Volkes richten, mehr noch auch die Umwandlung der Habsburgermonarchie. Sie soll sich um-wandeln in einen Staat, in dem jedes Individuum und jede Nation frei ist. Es soll ein Verhältnis von Mensch zu Mensch, von Volk zu Volk sub specie aeternitatis werden.
Sein eigenes Handeln wird von diesem starken ethischen Gefühl beherrscht; alles wird zu einer Frage der Moral. Von der Ethik geleitet – und geheim getrieben von dem Wunsch, ein »Herr« zu sein – geht er in die Politik; denn sie soll dazu dienen, innerhalb der Gesellschaft die Grundsätze der Ethik durchzuführen. Aus ethischen Gründen wird er zum Revolutionär gegen die Habsburgermonarchie.
Kurz nach dem Ende des Ersten Weltkrieges sagt Masaryk einmal: »Wir haben mit Habsburg abgerechnet, wir werden

mit Rom abrechnen!« Das sollte anzeigen, wie sehr die Auflehnung gegen den Thron der Affekt gegen die Theokratie und den sie stützenden Aristokratismus begleitet, ja getrieben war von einem Affekt gegen die Kirche, die – vom Josephinismus her – noch diesen Staat stützte. Allein es kam anders; nicht Thomas G. Masaryk rechnete mit Rom ab, sondern Rom mit ihm, oder vielmehr, es rechnete nicht mit ihm ab, es wartete auf ihn. Denn Masaryk konnte von sich sagen, daß seine Gedanken ununterbrochen um Gott, »den uralten Turm« kreisten. Einmal mußten diese Affekte doch schwächer werden. Wohl sagt Wildgans, »daß man sich im Leben Büge holt, die keines Gottes Hammer gerade schweißt«. Aber eine gute Erziehung oder ein starker Wille oder ein langes Leben oder starkes, sakramentales Leben lassen vieles wieder gerade werden.

Am Ende seines Lebens kehrt Masaryk weitgehend zur Religion seiner Kindheit zurück. »Einmal in der Jugend«, bekennt er, »regte ich mich auf, weil ich keine absolut zwingenden Beweise erbringen konnte. Heute denke ich mir, müssen wir denn alles wissen und schwarz auf weiß haben?« Ja, er bekennt weiter: »Im geschichtlichen Konflikt zwischen Wissenschaft und Kirche sehe ich nur einen Weg: in dem beständigen Streben nach Erkenntnis die Frömmigkeit nicht zu verlieren. Die Theologie ist nur dazu da, die religiöse Lehre für den Vestand zu begründen.« »Der denkende Mensch hat eine wissenschaftlich-philosophische Theologie.« Und weiter: »Es geht darum, ob Jesus Gott ist oder nicht.« »Wenn er Gott ist, dann ist es nur logisch, daß der Bischof von Rom die Unfehlbarkeit besitzt.« »Die Freiheit und die Vorbestimmung des Menschen ist durch sein Verhältnis zum allmächtigen und allwissenden Gott gegeben. Der Mensch ist nach dem Ebenbilde Gottes geschaffen, Gott konnte ihn nicht anders als nach seinem Ebenbilde schaffen, und daraus entspringt für den Menschen die Zusammenarbeit mit dem Willen Gottes.« »Das ewige Leben beginnt schon jetzt.«

Wer mag bei dieser Wendung mitgewirkt oder sie gar verursacht haben? Die Geschichte wird es wohl nie erfahren. Vielleicht war es irgendein scheinbar unbedeutender Mensch, der nur konsequent den »kleinen Weg«, wie ihn Therese von Lisieux nannte, ging? Vielleicht waren es bedeutende Kirchenfürsten, wie Kardinal Mercier von Mecheln, die so ganz einen anderen Typus darstellten als jene, die Masaryk in seiner Jugend vor Augen hatte?
Aus dem Leben Thomas G. Masaryks ergibt sich wieder die große Aufgabe jedes Christen: in seinem persönlichen Leben Christus aufleuchten zu lassen. Wäre Masaryk solchen Menschen begegnet, der katholischen Welt wäre ein »Apostel der Humanität« erstanden, einer Humanität, die tief genug begründet gewesen wäre, um nicht dem Ansturm einer neuen Barbarei zu erliegen. Unausdenkbare Konsequenzen eröffnen sich beim Nachsinnen über diese Möglichkeit. So aber verbrauchte sich das Leben dieses geistig ringenden Menschen, um einen Affekt allmählich zu überwinden, der zerstörend noch über seinen Tod hinaus wirkt.

Wer war Thomas Garrigue Masaryk?

Das Rätsel seiner Abstammung

Auf Grund des Friedensvertrags von St. Germain mußte Österreich eine Reihe von Archivalien, die bis dahin in Wien gelagert hatten, an die Nachfolgestaaten übergeben. Dies galt nicht auch für den Personalakt des früheren Dozenten der Wiener Universität und nunmehrigen Präsidenten der Tschechoslowakischen Republik, Thomas Garrigue Masaryk. Er war schon vorher als ein Akt der Courtoisie durch die Wiener Universität dem Präsidenten geschenkt worden.

In diesem Personalakt befand sich ein eigenhändig geschriebenes Curriculum vitae aus dem Jahre 1875, das Masaryk aus Anlaß des Gesuches um Zulassung zur philosophischen Doktorprüfung der Universität Wien eingereicht hatte. In diesem Curriculum heißt es unter anderem:

»Geboren wurde ich in einem kleinen Landstädtchen Mährens am 7. März 1850 und wurde von frühester Jugend sorgfältig erzogen und betreut von meiner guten Mutter, deren opfervollen Liebe ich alles verdanke. Ich machte auch gute Fortschritte im Deutschen, welches mir nicht ganz fremd war – meine Mutter war Deutsche –, aber ich war im Deutschen weniger geläufig als im Tschechischen respektive Slowakischen.«

Aus diesen Worten ergibt sich eindeutig, daß der Gründer der Tschechoslowakischen Republik nach seiner eigenen Aussage eine deutsche Mutter besaß. Diese Tatsache suchte er später – so in den Gesprächen mit dem tschechischen

Schriftsteller Karl Čapek, die 1936 auch auf deutsch erschienen – etwas zu vertuschen, in dem er seine Mutter als eine Hannakin von Geburt bezeichnete, die aber unter Deutschen in Auspitz aufgewachsen war, weshalb ihr das Tschechische anfangs Schwierigkeit gemacht habe. In Wirklichkeit war seine Mutter Therese Kropaczek tatsächlich eine Deutsche. So mancher wird darauf hinweisen, daß gerade ihr tschechischer Familienname eine Zugehörigkeit zum böhmischen Volke beweise. Wer aber die Verhältnisse in Böhmen und Mähren kennt, weiß nur zu gut, daß sehr oft Tschechen deutsche Namen trugen und andererseits Deutsche böhmische Namen. Die Mutter Masaryks kam aus einer deutschen Familie in Auspitz, wo sie am 4. September 1813 geboren wurde.

Ihr Urgroßvater Kropaczek lebte in Königsfeld bei Brünn, wo er bei einem Bierbrauer arbeitete. Von dort übersiedelte er nach Auspitz, übernahm eine Gastwirtschaft und heiratete ein deutsches Bürgermädchen. Seine männlichen Nachkommen verheirateten sich in der Folge mit den Töchtern von Auspitzer Deutschen. So nahm sich sein Sohn Thomas ein Fräulein Thekla Wurm zur Frau, dessen Sohn Josef verheiratete sich mit Katharina Ruprecht, Tochter des Auspitzer Bürgermeisters Josef Ruprecht. Dieser Josef Kropaczek, Gastwirt und auch Fleischhauer in Auspitz, war der Vater der Therese Kropaczek.

Therese Kropaczek lebte bis zu ihrer Großjährigkeit im väterlichen Haus in Auspitz, sie wurde deutsch erzogen, denn in der Familie sprach man nur deutsch. Sie kannte nicht die Sprachen, die man in der mährischen Slowakei redete, sondern höchstens ein paar unbedeutende Worte. Sie diente zuerst in Wien und ab 1849 in Göding als Köchin. Masaryk bezeichnete sie in seinen Gesprächen mit Čapek als Köchin, die bei »Herrschaften« gedient hatte. Dies sollte wohl bedeuten, daß sie bei einer sogenannten gutbürgerlichen Familie beschäftigt war. Solche Familien sprachen aber in Göding zur damaligen Zeit nur deutsch.

Bereits im Jahre 1920 veröffentlichte der tschechische Historiker Vilem Doležal in seinem tschechisch geschriebenen Buch »Masaryks Lebensweg« diesen Passus aus dem »Curriculum vitae«. Wie Doležal in den Besitz dieses Aktes kam oder zumindest Einsicht in ihn nehmen konnte, ist nicht bekannt. Die damalige tschechoslowakische Öffentlichkeit nahm diese Veröffentlichung so gut wie nicht zur Kenntnis. Dies ist um so erstaunlicher, als die ersten Jahre nach der Gründung der Moldaurepublik vielfach von Aversionen gegen die deutschen Bewohner der Tschechoslowakei erfüllt waren, aber auch gegen jene Tschechen, die treue Diener der alten Monarchie waren, und deren waren nicht gerade wenige. Niemand warf Masaryk in diesem ersten Jahrzehnt nach der Gründung des neuen Staates diese zumindest teilweise deutsche Abstammung vor, zu groß war die Achtung und Verehrung für und vor dem Gründer der neuen Republik. Auch in der Literatur wurde so gut wie nicht auf diesen Akt und diese Stelle hingewiesen.
Erst der Professor der Prager Karlsuniversität Dr. Zdeněk Nejedly, der 1930 seine große Biographie über Masaryk zu veröffentlichen begann, schreibt im ersten Band dieses Werkes ganz offen, daß Masaryk eine deutsche Mutter hatte. Dieses Werk blieb allerdings ein Torso. Der Verfasser gab nur fünf Bände heraus, die das Leben Masaryks bis zum Jahre 1883 darstellten. Der letzte dieser fünf Bände erschien 1937.
Ein Jahr darauf begann der Verfall der Tschechoslowakei, der Verfasser emigrierte nach Moskau, von wo er erst im Mai 1945 zurückkehrte, um fast gleichzeitig kommunistischer Unterrichtsminister der wiedererrichteten Tschechoslowakei zu werden. In dieser Zeit begann der Stern Masaryks bereits zu sinken, um nach dem Umsturz im Feber 1948 ganz zu verblassen. Masaryk wurde geradezu zur Unperson. Alle Straßen und Plätze, die nach ihm in den Städten und Dörfern benannt worden waren und deren Bezeichnung bereits in der Zeit des Protektorats verschwunden war, be-

saryk mit ihr, und am 13. März 1878 heiratete er sie in den USA, wohin er ihr nachgereist war.
Durch die Heirat mit Garrigue änderten sich im Leben Masaryks zwei Dinge: zunächst einmal sein Name. Noch in der Heiratsmatrik seiner Eltern war er slowakisch als »Maszarik« vermerkt worden. Vielfach wurde aber sein Name schon damals in der späteren Form als »Masaryk« ausgesprochen. Nach der Heirat setzte er seinem Namen den Geburtsnamen seiner Frau Garrigue hinzu und nannte sich fortan »Thomas Garrigue Masaryk«. Als Begründung führte er an, daß dies in den USA so gebräuchlich sei, was nicht ganz stimmt. Im Spanischen ist dieser Usus selbstverständlich, aber in den USA fast nie. Aber »Thomas Garrigue Masaryk« klingt natürlich sehr nobel, es hat fast etwas Aristokratisches an sich. Vor allem prägte sich die Abkürzung »T. G. M.« jedermann leicht ein. Schon hier zeigte sich das Talent des späteren Präsidenten für eine gute Propaganda.
Und das zweite, das sich mit der Heirat änderte, war die Umgangssprache in der Familie. Masaryk hatte als Kind deutsch und slowakisch gesprochen, als Mittel- und Hochschüler fast nur deutsch. Er beherrschte Deutsch perfekt und ohne Akzent bis an sein Lebensende, während sein Nachfolger Dr. Beneš in allen Sprachen, die er beherrschte, »böhmakelte«. Frau Garrigue sprach sehr gut deutsch, aber das Englische war ihr doch geläufiger. Immer häufiger begannen nun die Eheleute sich englisch zu unterhalten, auch bei der Erziehung ihrer Kinder sprachen sie mit diesen fast nur englisch, so daß diese Englisch perfekt beherrschten.
Als Masaryk nach der Hochzeit wieder nach Wien zurückkehrte, beschloß er, sich auf der philosophischen Fakultät zu habilitieren. Als Habilitationsarbeit reichte er 1879 das Werk »Der Selbstmord als soziale Massenerscheinung« ein, das 1881 beim Verlag Carl Konegen in Wien als Buch erschien. Die Professoren Gomperz, Brentano und Zimmermann beurteilten seine Arbeit sehr positiv, so daß Masaryk zur Abhaltung des Rigorosums schreiten konnte, das er am 20.

März 1879 bestand. Zwei Tage später hielt er die vorgeschriebene Probevorlesung, die er auch bestand, und so gab es kein Hindernis mehr, die Venia legendi zu erhalten, die ihm im März auch noch erteilt wurde.

Im Jahre 1882 wurde die bisher hauptsächlich deutsche Universität in Prag in eine deutsche und tschechische geteilt. Das Unterrichtsministerium stellte es den bisherigen Professoren frei, auf welcher der beiden Hochschulen sie nun lehren wollten. Da aber noch nicht genug tschechische Professoren vorhanden waren, machte das Wiener Unterrichtsministerium u. a. auch Masaryk den Vorschlag, nun Professor in Prag zu werden.

Masaryk schwankte eine gewisse Zeit, ob er die Berufung annehmen sollte. Er kannte Prag kaum, hatte dort keine Bekannten oder gar Freunde, auch hatte er Angst, daß seine Kenntnis der tschechischen Sprache nicht für die Vorlesungstätigkeit ausreichen werde. Er beriet sich deshalb mit dem Wiener Universitätsprofessor für Philosophie, Dr. Gomperz, der ja auch einer seiner Habilitationsväter gewesen war und den Masaryk auch sonst gut kannte, da er dessen Sohn Nachhilfestunden erteilt hatte. Gomperz, der die finanziell prekäre Lage Masaryks kannte, riet ihm, die Berufung unbedingt anzunehmen, worauf Masaryk meinte, dann müsse er aber vorher einige Monate in eine rein tschechische Gegend übersiedeln, um sich im Gebrauch der tschechischen Sprache zu üben.

Trotzdem dürfte das Tschechisch des neuen Professors zu Beginn seiner Prager Tätigkeit noch nicht ganz gut gewesen sein, denn öfters sollen die Studenten vor Beginn seiner Vorlesungen auf die Tafel geschrieben haben, er möge doch endlich Tschechisch lernen. Im Laufe der nächsten Jahre aber erlernte Masaryk die tschechische Sprache perfekt, so daß er dieselbe ohne Akzent aussprach und auch wissenschaftliche Bücher verfassen konnte.

Nachdem bisher nur immer von der deutschen Mutter des Präsidenten, von seiner Schulbildung und seiner guten

Kenntnis der deutschen Sprache die Rede war, ist es Zeit, sich dem Vater des Präsidenten zuzuwenden. Wer war nun der Vater des Präsidenten?

Ernst Rychnovsky sagt in seiner Biographie über Präsident Masaryk, daß im Sommer 1849 der zu Göding Nr. 106 wohnhafte 26jährige Josef »Maszarik«, obrigkeitlicher Roßwärter allda, die Ehe mit der 36jährigen Therese Kropaczek gegenwärtig hier als Köchin in Diensten stehend, schloß. Dem Ehepaar wurde am 7. März 1850 der erste Sohn geboren, der auf den Namen Thomas Johann getauft wurde.

Der im Gödinger Register verzeichnete Vater Thomas Masarayks, Josef Masaryk, kam aus der ungarischen Slowakei, aus Kopčany. Sein Vater war ein armer Keuschler, dessen ältester Sohn übernahm die winzige Bauernwirtschaft, Josef dagegen mußte in andere Dienste treten. Er diente zuerst als Pferdeknecht auf dem kaiserlichen Gut in seinem Dorf. Von dort wurde er auf die kaiserliche Herrschaft Göding versetzt, die schon Franz Stephan von Lothringen erworben und die Kaiser Josef II. durch neue Erwerbungen wesentlich erweitert hatte.

Aus der oben zitierten Stelle der Biographie fallen auch dem unbefangenen Leser sofort zwei Tatsachen auf: einmal der große Altersunterschied der beiden Neuvermählten – der Bräutigam ist um fast zehn Jahre jünger als seine Braut, die nach damaligen Begriffen schon nicht mehr jung war – und zweitens die soziale Kluft, die die Neuvermählten trennte. Denn der neue Ehemann ist, wie schon erwähnt, nur ein »Roßwärter«, also ein einfacher Knecht, während seine Frau als »Herrschaftsköchin« sozial hoch über ihm steht.

Aus den Gesprächen des alten Präsidenten über seine Jugend geht auch noch hervor, daß auch ein großer Unterschied in der Intelligenz der beiden Ehepartner bestand. Der Mann, der fast noch als Leibeigener in der damals zu Ungarn gehörenden Slowakei geboren wurde, hatte nie eine Schule besucht und nur bei einer Soldatenwitwe etwas Lesen und Schreiben gelernt! Seine Mutter dagegen bezeichnet der Prä-

sident als sehr klug und lebenserfahren, die außerdem auf ihn, ihren Lieblingssohn, einen großen Einfluß besaß, ja ihn direkt auf seine kommende Laufbahn führte. Denn als Herrschaftsköchin hatte sie Einblick in die »große Welt« und wollte ihren Sohn auf der gesellschaftlichen Leiter höher bringen, ja sie wollte, wie der alte Präsident sagte, aus ihrem Sohn »einen Herrn« machen. Die sprachliche Verständigung zwischen den beiden Neuvermählten muß anfangs recht schwierig gewesen sein, denn die Mutter dürfte außer ihrem Deutsch kaum Slowakisch gekannt haben und ihr Mann außer Slowakisch höchstens ein paar Worte deutsch.
Über zwei Tatsachen aus dem Leben der Mutter Masaryks gehen sowohl die Biographien des späteren Präsidenten wie auch er selbst in seinen Gesprächen mit Karel Čapek hinweg, wo die Mutter als »Herrschaftsköchin« in Diensten stand und an welchem Tag sie im Jahre 1849 heiratete. Warum letztere Tatsache verschwiegen wurde, ist leicht ersichtlich. Denn die Gödinger Matrikeln verzeichnen den 15. August 1849 als Hochzeitstag und den 7. März als Geburtstag des späteren Präsidenten. Zwischen Hochzeit der Eltern und Geburt des ersten Sohnes lagen somit nicht einmal sieben Monate. Eine Erwähnung dieser Daten hätte nur zu leicht den Gedanken aufkommen lassen können, daß der spätere Präsident einer außerehelichen Beziehung seiner Mutter entstammte, ja der Partner höheren Kreisen angehörte und man schnell für sie einen Vater für das zu erwartende Kind suchte.
Interessant ist aber auch, daß die Biographien des Präsidenten nie erwähnen, wo seine Mutter als »Herrschaftsköchin« tätig war. Dafür gab es in Göding nicht sehr viele Möglichkeiten, entweder bei der einzigen wirklichen Herrschaft, die es in Göding gab, nämlich der k.k. Gutsherrschaft, die die Herrschaften Göding, Groß-Paulowitz und Holitz umfaßte. Bei diesen Gutsherrschaften war natürlich eine größere Anzahl von Beamten, Verwaltern und sonstigem Personal beschäftigt, die fast alle in den großen, schloßähnlichen Häu-

sern wohnten, die die Gutsherrschaft besaß. Auch die Büros der Verwaltung befanden sich in den schloßähnlichen Gebäuden. Daß jemals ein Erzherzog diese Gutsherrschaft besucht hatte, konnte nicht nachgewiesen werden. Unter den höheren Beamten dieser Gutsherrschaft gab es sicher Personen, die sich eine Herrschaftsköchin leisten konnten.
Göding besaß allerdings auch noch andere Familien, die ebenfalls materiell in der Lage gewesen waren, sich eine solche Köchin zu halten. In Göding gab es viele Kauf- und Geschäftsleute, auch Ärzte und Notare. Auch jene Familien, die Teile der k.k. Gutsherrschaft gepachtet hatten, waren ebenfalls in einer ähnlichen Lage. Diese angeführten Familien waren allerdings fast ausschließlich jüdische Familien, die sich aber geschlossen zum Deutschtum bekannten wie fast alle Mitglieder von jüdischen Familien in Mähren, auch wenn sie in kleinen Städten wohnten, die ansonst rein tschechisch waren.
Alle jüdischen Familien waren unter Maria Theresia aus Göding ausgewiesen worden. Viele dieser Ausgewiesenen hatten sich nach Ungarn gewandt, einige sich auch in anderen Städten Mährens angesiedelt. Die Ausweisung der jüdischen Familien brachte dem kleinen Städtchen schweren wirtschaftlichen Schaden, weshalb schon 1783 Kaiser Josef II. dreizehn jüdischen Familien die Rückkehr in das Städtchen erlaubte. Unter den Zurückgekehrten befand sich auch ein Lazar Redlich. Das Jahr 1848, das auch den Juden in der Monarchie endlich die volle Gleichberechtigung brachte, sah die meisten jüdischen Familien Gödings dank ihres Fleißes und ihrer kaufmännischen Talente im Besitz eines mehr oder minder großen Reichtums, der auch einen gewissen Aufwand erlaubte.
Der Name Redlich wurde hier mit einer gewissen Absicht verzeichnet, denn in der ersten tschechoslowakischen Republik ging immer wieder das Gerücht um, daß Masaryk angeblich der Familie Redlich entstammte. Denn bei dieser Familie Redlich war Masaryks Mutter als »Herrschafts-

köchin« tätig. Sein Vater sei angeblich Nathan Redlich gewesen, der 1803 geboren wurde.
1848 erwarb dieser Nathan Redlich, der bereits Besitzer eines Ledergeschäftes war, aufgrund der neuen Gleichberechtigung eine Mühle und ein kleines Bauerngut. Er besaß drei Söhne: Alois, Ignaz und Adolf. Adolf selbst hatte wieder zwei Söhne, Fritz und Josef. Letzterer wurde der später berühmte Gelehrte, Politiker und Finanzminister in der Regierung Lammasch, der letzten k.k.Regierung. Der Sohn Ignaz Redlichs, Oberbaurat Carl Redlich, war der Erbauer der Arlbergbahn. Er gründete auch in Göding eine Zuckerfabrik, welche Tatsache vielleicht auch zu der Entstehung des Gerüchtes beitrug, Masaryk sei mit einem reichen jüdischen Zuckerfabrikanten verwandt.
Alle jene aber, die aufgrund dieser Gerüchte – die, wie noch zu zeigen sein wird, eine gewisse Wahrscheinlichkeit für sich haben – dem Präsidenten eine teilweise jüdische Abstammung nachsagen, gehen an einer Tatsache vorbei: daß Nathan Redlich, der angebliche Vater Masaryks, gar kein – oder zumindest nur ein teilweiser Sohn Lazar Redlichs war, sondern ein Findelkind, welches von dem Ehepaar Lazar adoptiert und aufgezogen wurde.
Hier darf man allerdings nicht an der Möglichkeit vorbeigehen, daß ein Findelkind zu adoptieren sehr leicht die Chance gab, ein Kind, das einer außerehelichen Beziehung entstammte, doch in eine Familie aufzunehmen und es zu erziehen und zu versorgen. Als der österreichische Bundespräsident im Dezember 1921 Präsident Masaryk auf dessen Schloß Lany bei Prag besuchte, erzählte Masaryk Dr. Hainisch, daß seine Mutter ihn vor Juden gewarnt habe und ihm geraten habe, diesen auszuweichen. Ob sich hinter dieser Warnung vielleicht die Erinnerung an ein unangenehmes Ereignis verbarg?
Dieses Findelkind war als erwachsener Mann groß und hager. Ähnlich wie der Präsident, während sonst alle Mitglieder der Familie Redlich eher breitschultrige, gedrungene

Menschen waren. Für die Abstammung Masaryks aus der Familie Redlich gibt es nur einige, allerdings sehr dünne Beweise.

In der Familie Redlich war die Abstammung immer bekannt und wurde nie bestritten. In dem Vorwort zu den Tagebüchern des späteren Ministers Josef Redlich, die 1953 veröffentlicht wurden, gibt es diesbezüglich einen leisen und kaum wahrnehmbaren Hinweis. Denn auf Seite XII des Vorwortes schreibt der Herausgeber über den Großvater des Historikers, daß er ein Bauerngut besaß, und fährt dann fort:

»Als ein interessantes Detail sei vermerkt, daß es dieses Bauerngut war, auf dem Thomas Garrigue Masaryk zwei Dezennien vor Josef Redlich geboren wurde.«

Therese Masaryk, die Mutter des Präsidenten, soll außerdem von der Familie Redlich Unterstützungsgelder für den jungen Thomas erhalten haben. Diese Gelder wurden angeblich über die Kanzlei des Brünner Advokaten Dr. Alois Pražak (1820–1901, 1879 k.k.Minister ohne Portefeuille) ausgezahlt. Dr. Alois Pražak war Anwalt der Familie Redlich. Jan Masaryk, der zweite Sohn des Präsidenten, der 1948 unter nicht ganz geklärten Umständen verstarb, soll auch einmal zu seiner langjährigen Vertrauten, Mrs. Davenport, geäußert haben, er glaube, daß er jüdisches Blut in sich habe.

Aus allen diesen Tatsachen ergibt sich allerdings nur eine vage Wahrscheinlichkeit über die mögliche väterliche Abstammung des Präsidenten. Da Nathan Redlich außerdem ein Findelkind war, wird man wahrscheinlich niemals Gewißheit darüber erlangen, wer der wirkliche Vater des Präsidenten war. Eines nur ist sicher – »mater semper certa est« – daß der Gründer der Tschechoslowakei zumindest ein halber Deutscher war (»zumindest« deshalb, weil Nathan Redlich sich natürlich wie alle Juden Gödings zum Deutschtum bekannte).

Der Verfasser dieses Artikels möchte sich ausdrücklich dagegen wehren, den ersten Präsidenten der Republik durch das Aufzeigen seiner teilweisen deutschen Abstammung für das deutsche Volk zu reklamieren. Selbst wenn Thomas Garrigue Masaryk hundertprozentig deutscher Abstammung gewesen wäre, hätte er das Recht gehabt, sich als Tscheche zu bekennen. Tausende von Menschen haben sich im Laufe der Geschichte als Franzosen bekannt, ohne einen Tropfen französischen Blutes in sich zu haben. Im nationalen Wiedererwachen jener Völker, die zwischen Deutschland und Rußland liegen, spielten die nationalen Mischlinge außerdem eine hervorragende Rolle. So war Pilsudski nur ein halber Pole, und Kossuth besaß ebenso wie Lenin eine deutsche Mutter. Diese Beispiele mögen an Stelle von Dutzenden anderen stehen.

Die Tatsache aber, daß Masaryk seine teilweise deutsche Abstammung verschweigen mußte, um innerhalb seines Volkes ernst genommen zu werden, beleuchtet nicht nur eine persönliche Tragödie, sondern wirft ein bezeichnendes Licht auf die große Tragödie der böhmischen Länder im 19. und 20. Jahrhundert.

Masaryk hatte im Laufe seines Lebens, wie zum Beispiel im Handschriftenstreit, im Hilsner-Prozeß, im Friedjung-Prozeß, immer wieder bewiesen, daß er bereit war, ohne persönliche Rücksichten für die Wahrheit zu kämpfen und ihr zum Siege zu verhelfen. Er hatte auch lange Zeit hindurch in nationalen Fragen Toleranz gepredigt und war von tschechischer Seite deswegen nicht wenig heftig angegriffen worden. Die »Narodni listy« bezeichneten ihn 1890 als Nihilisten, Verräter, Renegaten und von den Deutschen bestochen. Ja, sie schrieben sogar folgenden Satz: »Wir scheiden dich aus als ein abscheuliches Geschwür aus unserem nationalen Körper.« Trotz des persönlichen Mutes, den Masaryk immer wieder bewies, konnte er es doch nicht wagen, zu sagen:
»Ja, ich bin Tscheche, aber ich habe eine deutsche Mutter, und ich bekenne, daß ich den beiden Nationen dieses Landes angehöre, daß ich nicht am Leben wäre, wenn ich nicht diese meine konkreten Eltern hätte. Ich betrachte diese Abstam-

mung von beiden Nationen als einen persönlichen Reichtum, ebenso wie es ein Reichtum des Landes ist, daß es von zwei Nationen bewohnt wird.«

Masaryk hätte mit diesem Bekenntnis nicht nur dem tschechischen Volk, sondern den böhmischen Ländern einen großen Dienst erwiesen. Denn sein Beispiel und sein Bekenntnis hätten vielleicht doch auch andere seiner tschechischen oder deutschen Landsleute bewogen, sich vom Irrsinn des Nationalismus, der das Land zerstörte, abzuwenden und eine Synthese zwischen beiden Nationen zu finden, die diesem schönen Land von Nutzen gewesen wäre. So aber ging diese einmalige Sternstunde der böhmischen Geschichte vorüber, und das Einanderfinden der beiden Völker der einen böhmischen Nation fand wieder nicht statt.

Nach dem Ende des Ersten Weltkrieges, im Rausch der Freude über die neu erlangte Selbständigkeit und des Sieges, hielt auch der sonst so gescheite Masaryk manchmal unüberlegte Reden. So erklärte er z. B. im Jahre 1919, als er Tabor offiziell besuchte, Tabor einst das Zentrum der radikalen Hussiten: »Tabor ist unser Programm.« Masaryk kannte zu gut die böhmische Geschichte, um nicht zu wissen, welche zerstörerische und vernichtende Politik diese Taboriten befolgten. Eine solche Politik zu betreiben, kann doch nicht im Sinne dieses Humanisten gelegen sein.

Und ein zweites törichtes Wort war, als er auch knapp nach dem Krieg negativ über die Deutschen der böhmischen Länder sagte, daß sie nur Kolonisten und Immigranten seien. Er vergaß hierbei vollkommen, daß er als Sohn einer deutschen Mutter von einer solchen Kolonistin abstammte, und übersah auch, daß seine von ihm so geliebte Frau als französisch-hugenottische Einwanderin in die USA eigentlich eine Immigrantin sei. Später soll er dieses Wort allerdings tief bedauert haben.

Das stumme Gesetz

Zum Tode Dr. Eduard Beneš im Herbst 1948

Die Sonne brannte noch heiß vom Himmel, obwohl man schon Oktober schrieb, den 5. Oktober 1938. Keine Wolke stand am Firmament, kein Windhauch wehte über die Stoppelfelder. Regungslos hing das goldgelbe Laub an den Bäumen, in deren Ästen sich manchmal ein Strohhalm von heimkehrenden Erntewagen verfangen hatte. Weit draußen hob sich der Kamm des Erzgebirges sanft vom Horizont ab. Eine unendliche Milde lag über der Landschaft. Aber niemand von den Menschen, die hier am Bahnhof saßen oder standen und warteten, bemerkte etwas davon. Ihre ausdruckslosen und erloschenen Gesichter zeigten nur noch ein Interesse: in den Zug zu kommen, der als letzter hier aus dem Sudetenland ins Innere Böhmens fuhr. Das Leben dieser Deutschen, Tschechen und Juden hing an einem Faden, den dieser Schienenstrang darstellte. Denn drüben am Kamm standen schon die Deutschen und zwei Stationen weiter unten ebenfalls schon, und nur noch diese Linie führte ins Innere. Totenstille lag über dem Bahnhof, gespenstisch inmitten dieser Herbstschönheit. Von dem Antlitz der Kinder dieses Landes konnte man das Schicksal der Kinder dieses Landes ablesen, das sich in diesen Stunden vollzog. Diese Menschen waren nur noch lebende Leichname, und auch Böhmen war nur noch ein lebender Leichnam. Seit Tagen wurde es zerrissen und seine natürliche Einheit zerstört und seine Kinder zu gegenseitigen Feinden gemacht. Böhmen war gestorben, zerbrochen, in den Rachen eines

Unersättlichen geworfen, in der trügerischen Hoffnung, den Frieden für die andern damit zu erkaufen. Milde Sonne lag über Böhmen und zeigte es in seiner ganzen Pracht, ließ das Antlitz des toten Landes erstrahlen. Dieses Antlitz, das in seiner letzten Stunde noch einmal jenes Gesetz hatte aufleuchten lassen, nach dem es in der Geschichte angetreten war und das es hätte erfüllen sollen, da dieses stumme Gesetz sein einziges Lebensgesetz gewesen wäre, nach dem es stark und unerschütterlich hätte leben können. Dieses stumme Gesetz war die Einheit der Kinder des Landes, gleichgültig welche Sprache sie redeten, und die Zugehörigkeit zur großen Einheit jener Völker, die an der Donau lagen.

Nicht nur, daß die tschechoslowakische Regierung in letzter Minute die Gleichberechtigung aller Sprachen verkündete, nicht nur, daß der böhmische Adel, vertreten durch seine glanzvollsten Namen, in seiner letzten Proklamation, die er in der Geschichte vollzog, die Einheit des Landes aufs neue beschwor, vor allem waren es die Deutschen selbst, jene Deutschen, die Böhmen verlassen sollten, die in einer überwältigenden Mehrheit sich zu diesem Böhmen bekannten. Dieses Land war schon ein Sterbender gewesen, als aus den Lautsprechern in den sechs Sprachen der Republik die allgemeine Mobilmachung befohlen worden war, und praktisch gab es keinerlei Sanktion mehr, die die Erfüllung von Gesetzen hätte erzwingen können. Und dennoch leisteten über 85 Prozent aller Deutschen der böhmischen Länder der Mobilmachung Folge und bekannten sich in einem Maße zu jenem stummen Lebensgesetz Böhmens wie nie zuvor. Das sollte ihnen nie vergessen werden.

Und noch der zweite Teil des stummen Gesetzes ward erkennbar in diesen Todesstunden. Nicht nur ein Bekenntnis zur Einheit der Völker des Donauraumes, sondern auch zur Notwendigkeit dieses Donauraumes als Erziehungs- und Verwaltungsfaktor großen Stils. Denn inmitten dieses Chaos gab es nur noch einen unerschütterlichen Halt, der schein-

bar unberührt von allem Geschehen lebte. Mit einer Präzision, die ihresgleichen suchen wird, amtierte die Verwaltung des Staates weiter, arbeiteten die Bezirkshauptmannschaften, die Gerichte, die Post, die Eisenbahn, harrten aus bis zur letzten Minute und verhinderten ein noch Größerwerden des Chaos. Es war eines der Glanzstücke, die die alte, noch aus der Tradition Österreichs lebende Verwaltung vollbrachte. Und sie bewies damit, daß nur in der Einheit, die jenes alte Österreich dargestellt hatte, die kleinen Völker ruhig leben und gedeihen hätten können...
Endlich kam der Zug, ein unendlich langer Zug, in dessen alte Wagen sich die Flüchtenden ergossen. Er fuhr gleich ab, als dürfte er keine Minute versäumen. Und die er dennoch versäumte, da er durch die Landschaft kroch wie eine Schnecke. Schweigen herrschte im Abteil, niemand sprach. Draußen sah man eine Zeitlang die Elbe, für kurz tauchten die Türme von Leitmeritz auf. Theresienstadt huschte vorüber, in Bauschowitz hielt er kurz, ein Aufatmen schien durch den Zug zu gehen, man war auf tschechischem Sprachboden, hierher würden die Soldaten Hitlers nicht mehr kommen. Dann kroch der Zug weiter, Raudnitz tauchte auf, die Türme seiner Pfarrkirche, der Riesenquader des Lobkowitz-Schlosses, die barocke Kuppel des Kapuzinerklosters. »Raudnitz«, unterbrach plötzlich der alte Bezirkshauptmann, der in der Ecke saß, die Stille. »Ich stamme nämlich aus Raudnitz«, fügte er gleichsam entschuldigend und erschrocken hinzu, daß er das Schweigen gebrochen hatte. »Mein Großvater war hier Stallmeister beim Fürsten Lobkowitz. Er hatte unter Radetzky in Verona gedient, bei den Neuner-Ulanen, und seine große Liebe waren die Pferde geblieben. Sein größter Wunsch war, daß seine Enkel zum Militär als Offiziere kämen. Zwei meiner Brüder wurden auch Offiziere, Infanteristen natürlich, denn wir waren ja arm. Der eine ist in Przemysl gefallen, der andere 1917 auf der Hermada. Mich ließ der alte Fürst Lobkowitz studieren. Hier in Raudnitz kam ich zur Bezirkshauptmannschaft. Was

waren das für glückliche Zeiten. Wie schön war es dann in Prag bei der Statthalterei oder dann im Wiener Innenministerium. Jetzt sind es bald 20 Jahre, daß ich, ähnlich wie heute, in einem solchen überfüllten Zug fuhr, im November 1918, als die Monarchie zusammenbrach und ich nach Prag zurück mußte. Damals war allerdings viel Jubel. Aber ich wußte, was Verwaltung heißt, was ein großes Reich für ein Schutz für eine kleine Nation ist. Es ist leicht gesagt: ›Detruisez!‹ und schwer, etwas Besseres an die Stelle zu setzen. Damals fuhr ein alter Hofrat mit mir, er war vom Verwaltungsgerichtshof, er zeigte wie ich ein tief bekümmertes Gesicht. Ich erinnere mich noch gut an seine Worte. ›Wir werden das nicht durchhalten‹, sagte er, ›wir werden zugrunde gehen. Österreich hatte schon Schwierigkeiten, wir werden noch mehr bekommen, ohne seine Vorteile zu besitzen‹. Und nie werde ich vergessen, was er damals leise flüsterte: ›Finis Austriae, finis Bohemiae.‹«

Im Abteil herrschte weiter Grabesstille, niemand antwortete auf den halb vor sich hingesprochenen Monolog des Bezirkshauptmannes. Der Zug kroch weiter. Es war schon Abend, als wir in Prag ankamen und der Zug in die Halle des Bahnhofes einfuhr. Draußen auf der Straße standen die Zeitungsverkäufer. Die große Schlagzeile auf der ersten Seite war kurz und weit sichtbar: »Beneš odstoupil!« stand darauf, »Beneš hat abgedankt«.

Am Abend dieses 5. Oktober 1938 hatte Dr. Beneš zum erstenmal abgedankt, am 7. Juni 1948 das zweitemal. Diesmal endgültig. Hatte zweimal abgedankt, weil jedesmal seine Politik Schiffbruch erlitten hatte.

Masaryk wird oft mit einem Philosophen verglichen, der sich zufällig in die Politik verirrte, Beneš mit einem Politiker, der seine Politik philosophisch zu unterbauen versuchte. Beides ist falsch, denn Masaryk war, wie er selbst bekennt, Politiker und nur Politiker, während Beneš weder Politiker noch Philosoph war. Beneš war, dies war seine Stärke und Schwäche zugleich, immer nur der große Sekretär seiner Nation, angefangen vom Conseil national in Paris, über seine Stellung als Außenminister, bis zu seiner bedeutenden Rolle, die er im Völkerbund spielte. Er hatte alle Eigenschaften und Fähigkeiten eines großen Sekretärs. Er kannte alle Menschen, er wußte alle ihre Fehler und alle ihre Vorzüge, er war unübertrefflich am Parkett, er konnte, um ein Wort Kaiser Wilhelms über Bismarck abzuwandeln, gleichzeitig mit fünf Kugeln jonglieren, er sprach viele fremde Sprachen, er wußte mit Menschen umzugehen, war mit vielen gut Freund, mit Freimaurern, Sozialisten, Kommunisten und Katholiken, weshalb er auch bei seiner Wahl zum Präsidenten so viele Stimmen erhielt, wie Masaryk niemals erreicht hatte. Er wußte, wie ein guter Sekretär, von den kommenden Mächten und hat als solcher das Hereinbrechen des Nationalsozialismus viel früher erkannt als berühmte Politiker. Er war, dies sei nicht vergessen – obwohl Hochgradfreimaurer – in religiösen Fragen tolerant und trat auch nie wie so viele seiner tschechischen Mitbürger aus der katholischen Kirche aus. Er war von Natur aus von kleiner Statur und war auch innerlich ein kleiner Mann. Er war kein Grandseigneur wie Masaryk und konnte deshalb nie über seinen Schatten springen. Sein Unglück war, daß er sich für einen großen Staatsmann hielt und sich völlig überschätzte. In aller Welt kaufte er sich Journalisten und Zeitungen, die seinen Ruhm verkünden mußten, an den im Grunde nur er glaubte. Sein Unglück war auch, daß der »alte« Masaryk, der Begründer der Republik, außerordentlich viel von ihm hielt. Was natürlich die gute Meinung, die Beneš von sich hatte, noch steigerte. Oft hatte die Öffentlichkeit den Eindruck, daß der alte Masaryk Dr. Beneš als seinen »Traumsohn« ansah, der ihm von Natur aus vorenthalten worden war. Denn die Wege seines eigenen Sohnes Jan verliefen ganz anders, als es sich sein Vater vorgestellt hatte. Er brachte es gerade noch bis zur Matura, aber von einem Hochschulstudium oder gar einer wissenschaftlichen Laufbahn war keine Rede. Der junge Masaryk beherrschte zwar viele Sprachen

und war auch – wie jeder Böhm – recht musikalisch, aber sonst führte er gerne ein lustiges Leben, war stets zu Streichen aufgelegt. Der »alte« Masaryk hatte oft Klage geführt, welch liederliches Leben angeblich so mancher junge Erzherzog führte und im Zusammenhang damit vermeint, diese alte und ehrwürdige Dynastie sei in einem moralischen Abstieg begriffen, aber nie – zumindest in der Öffentlichkeit – wurde eine Klage des alten Masaryk über seinen Sohn laut. Zum Unterschied von seinem Vater war der junge Masaryk nicht einmal antiösterreichisch gesinnt. Er diente brav sein Einjährigenjahr ab und rückte zu Kriegsbeginn gleich ein, kam an die russische Front und erhielt schon bald wegen besonderer Tapferkeit an der russischen Front einige Kriegsauszeichnungen. Dr. Beneš dagegen war sehr antiösterreichisch gesinnt, er folgte bald dem alten Masaryk in die Emigration, wo er dessen bester Mitarbeiter im Kampf gegen die alte Monarchie wurde, von der er nie begriff, welchen Schutz sie für die kleinen Völker, die rund um die Donau gelagert waren, darstellte.
Der alte Masaryk liebte diesen jungen Mann, der so ganz auf seine Ideen einging, der fleißig war und keine Seitensprünge machte. Als der alte Masaryk spürte, daß es mit seinem Leben zu Ende ging, nahm er seinem Sohn das Versprechen ab, Dr. Beneš nie zu verlassen. Er wußte, was für eine Faszination sein Name ausübte und war überzeugt, daß ein Eintreten seines Sohnes für Beneš für diesen eine große Hilfe darstellen würde.
Mit einer geradezu religiösen Inbrunst glaubte Dr. Beneš, daß die vielen Verträge, die er mit Rumänien, Jugoslawien, vor allem aber mit Frankreich und der Sowjetunion abgeschlossen hatte, ein sicherer Schutz für seinen Staat sein würden, und es muß für ihn ein ungeheurer Schock gewesen sein, als alle diese Verträge ausgerechnet in der Stunde der Gefahr nicht hielten. Mit genau der gleichen Inbrunst hielt er an der Idee von der tschechoslowakischen Nation fest, die es in Wirklichkeit gar nicht gab und die er erst in allerletzter

Minute im Herbst 1938 bereit war, fallenzulassen, um den Völkern der Republik volle Autonomie zu geben. Hätte er diesem Plan früher zugestimmt, wäre es Hitler schwer gewesen, derartig brutal gegen die Tschechoslowakei vorzugehen. Eines nur begriff er früher als andere Staatsmänner: daß Hitler den Krieg wirklich wollte. Und er hatte sich auf diesen rechtzeitig vorbereitet, durch die vielen Verträge mit Frankreich und der Sowjetunion und durch den Aufbau einer großen Armee, die 1938 zu den stärksten Europas gehörte, unterstützt von einem großen Festungsgürtel entlang der Grenzen. Als aber der Krieg wirklich vor der Tür stand und die Verbündeten ihn im Stich ließen, zeigte es sich, daß er doch auch ein vollkommener Österreicher war. Wie Franz Joseph in den Jahren 1859 und 1866, wie die sonst so tapfere Maria Theresia im »Zwetschkenkrieg« 1778, wie Schuschnigg im März 1938 bekannte auch er sich plötzlich zu dem von so vielen Österreichern gebilligten Grundsatz: »Lieber eine sichere Niederlage als ein sicherer Sieg« und verzichtete auf jeden Widerstand. Er ahnte nicht, daß der innerdeutsche Widerstand gegen Hitler schon sehr groß war, daß weite Teile der Reichswehr bei Ausbruch eines Krieges gegen Hitler geputscht hätten, um ihn gefangen zu nehmen und vor ein Gericht zu stellen, denn diese Kreise wußten nur zu genau, daß Deutschland nie einen Krieg gewinnen könne. Und so ging diese tragische Minute vorbei, und jener Krieg begann, der sechs Jahre dauern und Europa in Trümmer legen sollte.

Nach der Konferenz von München im Herbst 1938 trat Beneš als Präsident der Republik auf Drängen Deutschlands zurück und ging nach London in die Emigration. Als aber Hitler den Vertrag von München durch die Besetzung der Resttschechoslowakei im März 1939 brach, erklärte Beneš, daß auch er sich nicht mehr an diesen Vertrag halte und sich somit nach wie vor als Präsident einer tschechoslowakischen Republik ansehe, die mit Deutschland im Krieg stehe.

Schon während des Krieges faßte er in London den Plan, aus

der Tschechoslowakei, deren Wiedererstehung er als sicher ansah, die Deutschen, die er als eine »fünfte« Kolonne in der Republik bezeichnete und immer eine Gefahr für diese darstellen würden, aus ihrer Heimat zu vertreiben.

Und als dann der Krieg mit der Niederlage des NS-Regimes endete und er in die Republik zurückkehren konnte, setzte er diesen Plan in die Wirklichkeit um. Aufgrund von Dekreten, die er aus eigener Vollmacht, ganz ohne Zustimmung eines Parlamentes erließ, mußten alle deutschen Bewohner ihre alte Heimat verlassen und verloren auch ihr ganzes Eigentum. Diese Vertreibung geschah nicht unter »humanen« Gesichtspunkten, sondern in völlig inhumaner Weise, die tausendfaches Leid über Hunderttausende, ja Millionen von Menschen brachte. Bei dieser Vertreibung – so sagte der Erzbischof von Prag, Dr. Beran – seien Taten geschehen, die von der SS nicht ärger hätten ausgeführt werden können. Nur die Vertreibung der Juden durch das NS-Regime ist sicher noch ärger gewesen.

Aber Beneš ahnte nicht, daß er mit dieser Vertreibung noch den Grundstein für den Wiederaufstieg Deutschlands legte. Denn diese Vertriebenen aus den böhmischen Ländern, zu denen sich noch Vertriebene aus Schlesien, Pommern, Ostpreußen gesellten, waren der Grund für die Entstehung des deutschen Wirtschaftswunders. Denn alle diese Vertriebenen besaßen nichts anderes mehr als ihre Arbeitskraft. Und als sie diese tatsächlich investieren konnten, kam es zum Wiederaufstieg ihrer neuen Heimat.

Als Dr. Beneš in London die Austreibung der Deutschen beschloß, entschloß er sich auch anstelle des alten Bündnisses mit Frankreich, das ihn so enttäuscht hatte, ein neues mit der östlichen Großmacht abzuschließen. Er konnte nicht ahnen, daß auch dieses ihn einst entmachten und fallen lassen werde. So blieb ihm wie nach »München« auch diesmal nur der Protest eines Sekretärs: seinen Posten aufzugeben und zu kündigen. Er hatte auch diesmal den Mut, diese Handlung zu vollziehen.

Es soll die bittere Tragik im Leben dieses Mannes nicht verkannt werden. Wozu von Schuld sprechen? Darüber zu richten, ist einem anderen überlassen. Am Grabe eines Toten können nur noch Lebende über ihre eigenen Verschuldungen und Fehler nachdenken. Und am Grabe eines Mitteleuropäers bleibt Mitteleuropäern nur noch eines zu tun: einen Stein zu nehmen, nicht um ihn auf das Grab dieses Mannes zu werfen, sondern um uns damit an die Brust zu klopfen und zu bekennen, daß wir alle schuldig seien, da wir zu wenig getan haben, um die Ordnung und Einheit der Völker Mitteleuropas und darüber hinaus Europas zu verwirklichen. Und daß wir insbesondere zu wenig getan haben, um den Haß zwischen den Völkern zu vernichten, jenen Haß, aus dem Affekte entstehen, die es Menschen so oft unmöglich machen, die Gesetze der Natur und der Geschichte zu erkennen.
Seine Frau Hanne überlebte ihn viele Jahre. Sie konnte die schöne Villa bei Tabor weiter benützen, besaß in Prag in der Nähe des Außenministeriums ein schönes Absteigquartier, hatte ein Auto mit Chauffeur zur Verfügung und bezog für tschechoslowakische Verhältnisse eine große Pension. Während der Austreibung der Sudetendeutschen hatte sie einmal den Wunsch geäußert, sie wolle kein deutsches Kind mehr sehen. Ihr Wunsch ging in Erfüllung, denn sie wurde blind.

»Allzeit Mährer des Reichs«

Unter den vielen Titeln, die die christlichen Kaiser des Abendlandes ihrem Namen hinzufügten, befand sich auch immer der Titel »semper augustus«. Dieser Titel, der aus der alten römischen Kaiserzeit stammte, sollte darauf hinweisen, daß jeder Kaiser gleichsam ein zweiter Augustus sei. Der Glanz dieses großen Namens sollte von jedem Träger der Kaiserkrone ausstrahlen und den Glanz des Reiches vermehren. Der ursprüngliche Sinn dieser Bezeichnung ging aber bald verloren, und so übersetzte man, zurückgreifend auf das lateinische Wort augere – vermehren –, diese Bezeichnung nicht ganz richtig mit dem Ausdruck »allzeit Mehrer des Reichs« und vermeinte, diese Bezeichnung sollte den Träger der Krone immer daran erinnern, daß er den Glanz des Reiches vermehren solle.

Vielleicht wird mancher Leser jetzt lächeln, wenn hier behauptet wird, daß diesen Titel in ähnlicher Weise fast jeder Mährer für sich beanspruchen kann. Denn jeder Mährer ist gleichzeitig kraft seiner Geburt auch ein Mehrer des Reiches oder richtiger gesagt, des echten böhmischen Reichsgedanken. Nicht im Stammland Böhmen, das dem Staat den Namen gab, sondern in Mähren wurde der eigentliche Gedanke dieses Staates verwirklicht.

Dieses kleine Land, auf tschechisch Morava, richtig übersetzt als »Land an der March«, ist nichts anderes als ein vergrößertes Marchfeld.

Das (kleinere) Marchfeld bei Wien ist einer der neuralgischen Punkte der Weltgeschichte. Es ist ein geographischer Raum, den Völkerschaften, Armeen und Ideen nicht zu überschreiten vermögen. Bis hierher zum Marchfeld gelangten die Römer. Bis zur Senke von Preßburg der Vorstoß der Germanen im 10. Jahrhundert und der Vorstoß der Mongolen im 13. Jahrhundert. Der Vormarsch der Türken kam über Wien nicht hinaus und ebensowenig der Vormarsch der Schweden unter Torstenson im Dreißigjährigen Krieg. König Przemysl Ottokar II. von Böhmen verlor 1278 vor den Toren Wiens Leben und Reich, und Kaiser Napoleon I. bei Aspern im Jahre 1809 den Nimbus des »Unbesiegbaren«. Die Hussiten und die aufständischen böhmischen Stände zu Beginn des Dreißigjährigen Krieges gelangten bis Wien und nicht weiter. Der preußische Vormarsch im Jahre 1866 hörte bei Floridsdorf, dem heutigen 21. Wiener Gemeindebezirk, auf, und der Vormarsch der Russen einerseits und der Westmächte andererseits im Jahre 1945 hörte auch hier in Wien, am Rande des Marchfelds, praktisch auf. Die stärksten Revolutionen griffen nach dieser Stadt am Rande des Marchfelds, gingen wie ein Fieberschauer durch ihren Körper, ohne von ihr dauernd Besitz ergreifen zu können. Die erfolgreichsten Revolutionäre, wie Hitler, Stalin, Trotzki, Masaryk, verließen sie unmutig, nachdem sie entscheidende Jahre ihres Lebens in ihren Mauern verbracht hatten, von ihr lernend, aber von ihr nicht zur Kenntnis genommen.

Während so das Gebiet des Marchfelds bei Wien gleichsam einen Riegel für alle gewaltsamen Vormärsche aus jeder Himmelsrichtung bildet, ist dieser Winkel der Welt anderseits ein Punkt, von dem die Kräfte des Ausgleichs und der Toleranz ausströmen. Von Wien, dieser Stadt an der Grenze des Marchfeldes, gelang es einst, die heterogensten Nationen durch Jahrhunderte in einem großen Reich zusammenzuschließen, Nationen, die sozial, kulturell und religiös völlig verschieden waren.

Eine ähnliche Funktion hat das größere Marchfeld, das kleine Land an der March, das Land Mährens.

Im 9. Jahrhundert entstand hier erstmals ein großer Staat, das berühmte Großmährische Reich, das bis an die Donau und an den Kamp und weit in die Slowakei reichte. Zum erstenmal in der Geschichte bewies dieser Raum in dieser Zeit seine Kraft zum Ausgleichen: Neben dem lateinischen Christentum wirkten friedlich auch die beiden byzantinischen Mönche Cyrill und Method.
Das Großmährische Reich ging Anfang des 10. Jahrhunderts unter dem Ansturm der Awaren zugrunde. Rund um 1000 eroberte Böhmen das mährische Land. Es ist die vielleicht einzige gewaltsame Eroberung eines Landes, die Böhmen jemals unternahm. Aber trotz dieser gewaltsamen Eroberung kam es zu keiner eigentlichen Unterwerfung des mährischen Landes unter die böhmische Herrschaft, im Gegenteil konnte sich Mähren immer eine Art eigenes Dasein bewahren und so zum zweiten Stammland des böhmischen Staates emporwachsen.
Begünstigt wurde diese Rolle oder Sonderstellung dadurch, daß dieses Land immer wieder verwendet wurde, um Agnaten der herrschenden Dynastie als eine Art eigenes Fürstentum übergeben zu werden. Karl IV. selbst war, bevor er König von Böhmen wurde, Herrscher von Mähren. Karl IV. war es erst, der dann Mähren in ein lehensrechtliches Verhältnis zu Böhmen brachte. Aber schon lange vorher hatte Kaiser Friedrich Barbarossa Mähren zum reichsunmittelbaren Lehen erhoben, wodurch seine Sonderentwicklung ebenfalls begünstigt wurde.
Mähren wurde bis zum Jahre 1938 von Tschechen, Deutschen, Juden und im südöstlichen Winkel auch von Slowaken bewohnt, die allerdings nur slowakisch sprechen, aber tschechisch schreiben. Während im eigentlichen böhmischen Kernland der Streit zwischen den Nationen ewig auf der Tagesordnung blieb und alles vergiftete, lebten in Mähren die Nationen fast durchwegs friedlich nebeneinander. Niemals, auch im 19. Jahrhundert und in den ersten Jahrzehnten des 20. Jahrhunderts, kam es zu solchen Auswüchsen des

Nationalitätenstreites wie in Böhmen. Fast jeder Mährer sprach beide Sprachen des Landes, er bemühte sich schon als Kind und Jugendlicher, die andere Sprache zu erlernen. In Böhmen dagegen glaubten so manche, besonders stolz darauf sein zu können, wenn sie die andere Landessprache nicht erlernten.

Auch die religiösen Auseinandersetzungen waren in Mähren niemals so kraß wie in Böhmen, das Hussitentum niemals so fanatisch und die Gegenreformation niemals so hart. Während in Böhmen die hussitische Konfession eine äußerst streitbare Religion darstellte, entstand in Mähren die kleine Sekte der Mährischen Brüder, vielleicht die friedlichste Konfession, die es jemals auf dieser Welt gab.

Mähren ist das Land des Ausgleichs, des Ausgleichs zwischen den Nationen, zwischen den Konfessionen, zwischen den Klassen. Auf mährischem Boden, im kleinen Städtchen Kremsier, sicherlich beeinflußt vom Geist dieses Landes, einigten sich 1848 ein einziges Mal sämtliche Völker der Monarchie freiwillig zu einer gemeinsamen Verfassung. In diesem mährischen Städtchen Kremsier tagte 1848 und 1849 der einzige Reichstag, den die Monarchie jemals besaß. Denn die Parlamente ab 1860 waren niemals ein »Reichstag«, sondern immer nur ein »Reichsrat«. In Fortsetzung dieser Tradition heißt auch das heutige österreichische Parlament noch immer »Nationalrat« und nicht »Nationaltag«. Diese Bezeichnungen deuten darauf hin, daß diese Parlamente eigentlich nur eine beratende Funktion und kein echtes politisches Dasein führten und führen. Ein Reichstag, wie er in Kremsier bestand, ist ein echtes Parlament, das den ständigen Ausgleich zwischen den Rechten der Krone und den Rechten des Volkes herbeizuführen versucht.

1905 schuf Mähren das Vorbild für das friedliche Zusammenleben der Völker der Donaumonarchie im sogenannten »Mährischen Ausgleich«, einem Vertrag zwischen den beiden Nationen des Landes, der eine Entnationalisierung sowohl der Menschen wie des Besitzes unmöglich machte und jeder Nation ihre vollkommene Autonomie gewährte. Dieser »Mährische Ausgleich« machte Schule in der Monarchie. 1910 wurde er in der Bukowina eingeführt und 1914 sogar in Galizien, wo sich bis zu diesem Zeitpunkt Polen und Ruthenen in den Haaren lagen. Wäre der Erste Weltkrieg nicht ausgebrochen, dann hätte dieser »Mährische Ausgleich« auch auf die übrigen Länder der Monarchie übergegriffen, eines Tages sogar auf Böhmen, denn auch hier trennte die Nationen am Vorabend des Ersten Weltkrieges nur noch eine »hauchdünne Wand«. Die Monarchie war auf dem besten Wege, ein neues Großmährisches Reich zu werden. Und eines Tages hätten sich die Habsburger vielleicht zu Königen dieses neuen Großmährischen Reiches in Wien, statt zu böhmischen Königen in Prag krönen lassen können. Denn Wien, diese Stadt am Rande des Marchfelds, wurde vor dem Ersten Weltkrieg immer mehr zu einer Stadt des großen Marchfelds, zu einer Stadt, in der es von Mährern wimmelte. Wien lebte zum großen Teil von dem Zuzug aus Mähren, und Brünn wurde schließlich nicht umsonst ein Vorort von Wien genannt.

Dieser Zuzug von Mährern war für Wien von eminenter Bedeutung. Denn Mähren war nicht nur ein Land des Ausgleichs zwischen den Nationen und Konfessionen, es war auch ein Land der großen Talente, Köpfe und sogar Genies. Der Talente auf den verschiedensten Gebieten.

Aus Mähren kamen die österreichischen Bundespräsidenten Dr. Karl Renner und Dr. Adolf Schärf. Doktor Karl Renner war ein typischer Mährer, denn er war immer für eine Art Ausgleich zu haben, was ihm in der eigenen Partei den Namen »der Packler« eintrug. Das berühmte Brünner Programm der Sozialisten vom Jahre 1899 hat weitgehend Dr. Karl Renner beeinflußt. Es fußte vielfach auf den Ideen der Kremsierer Verfassung und forderte die Umwandlung Österreichs in einen demokratischen Nationalitätenstaat. Es ist bezeichnend, daß dieses Programm auf mährischem Boden entstand. Renners großer Konkurrent in der österreichischen Sozialistischen Partei war Dr. Otto Bauer, den Renner nicht ganz zu Unrecht als das talentierte Unglück der Partei bezeichnete. Dr. Otto Bauer war ein säkularisierter Jude aus Reichenberg in Nordböhmen. So ist es nicht zu verwundern, daß er völlig ohne Humor, intolerant und intransigent bis zum Exzeß war. Und natürlich auch etwas deutschnational angehaucht. Für diesen säkularisierten Juden aus Nordböhmen waren natürlich nicht mehr die Juden das auserwählte Volk, sondern die neuen Ausgestoßenen dieser Welt, die eigentlich berufen waren, sie zu leiten: die Proletarier. Diese neuen Juden wollte er in ein neues, gelobtes Land führen. Das gelobte Land konnte für diesen Mann aus Nordböhmen nur ein Großdeutsches Reich sein, wobei er natürlich an ein sozialistisches Großdeutsches Reich dachte. Noch nach 1938, als Hitler die Ostmark »heimgeführt« hatte, sollen Dr. Bauer und auch andere österreichische Sozialisten nach wie vor für den Anschluß gewesen sein. Solange aber dieser Traum vom Auszug der Proletarier in das neue gelobte Land nicht erreicht war, sperrte er sein auserwähltes Volk in ein Ghetto ein, das ihm ein möglichst gutes Leben geben und es vor allen Dingen schützen sollte. Dieses Ghetto war die Gemeinde Wien.

Aus Mähren stammen aber auch Franz Palacky und Thomas Garrigue Masaryk, der Begründer der tschechoslowakischen Republik. Während dieser als Humanist galt und als ein Mann der Toleranz, gilt sein Mitarbeiter und späterer Nachfolger, der aus Böhmen stammende Dr. Beneš, ebenfalls als intolerant und intransigent. Franz Palacky, der »Vater der Nation«, wie ihn die Tschechen nennen, war in Wirklichkeit der große Theoretiker des großösterreichischen Staatsgedankens, der die Monarchie auf den Boden des Ausgleichs zwischen den Völkern zu einem guten Heim für alle Nationen umgestalten wollte. Nichts fürchtete er mehr als die Auflösung der Monarchie, insbesonders für sein Volk, denn dieses müßte dann seiner Meinung nach entweder eine Beute der Deutschen oder der Russen werden.

Aus Mähren stammt auch der letzte große k.k.Sozialdemokrat, Dr. Šmeral, der aus Trebitsch, einem kleinen Städtchen südlich von Brünn, kommt, aus dem auch der Führer der tschechischen Liberalen und k.k.Ackerbauminister, Dr. Albin Braf, und teilweise auch der österreichische Bundeskanzler Dr. Kreisky stammen. Noch im Herbst 1918 kämpfte Dr. Šmeral im Geiste des Brünner Programms der Sozialdemokratie für die Erhaltung der Monarchie und bezeichnete die tschechische Auslandspolitik als eine Katastrophe für das eigene Volk, die ihm nur einen neuen »Weißen Berg« bescheren könne. Dr. Šmeral, groß geworden im übernationalen Donaureich, konnte sich das Leben in einem kleinen nationalistischen Staat, als den er die Tschechoslowakei ansah, nicht vorstellen. Und da er nach wie vor übernational leben wollte, wurde er nach 1918 Kommunist. Ähnlich wie viele deutschsprechende Österreicher nach 1918 Großdeutsche wurden.
Aus Mähren stammen noch andere bedeutende Staatsmänner, so der letzte k.k.Finanzminister, der berühmte Historiker Dr. Josef Redlich. Ebenso der Vertraute Ignaz Seipels in der Ersten Republik, Vizekanzler Richard Schmitz. In Mähren, in Austerlitz bei Brünn war der große Staatsmann Maria Theresias, Fürst Kaunitz, zu Hause. Er war es, der durch seine Politik einen Ausgleich zwischen den Interessen des habsburgischen und bourbonischen Hofes erreichte.
Aber nicht nur Staatsmänner brachte dieses Land hervor, sondern auch Dichter, Gelehrte, Theologen und große Industrielle. Aus Mähren kam der Bischof der Mährischen Brüder, Jan Amos Comenius, der im Zuge der Gegenreformation seine Heimat verlassen mußte und nach Holland emigrierte. Aus Mähren kam der große Apostel Wiens, der heilige Clemens Maria Hofbauer. Aus Mähren kommt der berühmte Augustinerchorherr des Stiftes Klosterneuburg, Pius Parsch, der Schöpfer der modernen Volksliturgie, die doch einen Ausgleich zwischen der Hochliturgie der Kirche und der Frömmigkeit des Volkes darstellt. Aus Mähren kam

der berühmte Erzbischof von Olmütz, Stojan, der lange vor dem Zweiten Vatikanum und sogar viele Jahre vor dem Ersten Weltkrieg bereits einen Ausgleich zwischen den lateinischen und den orthodoxen Christen suchte. Aus einer jüdischen mährischen Familie stammt Prälat Dr. Johannes Österreicher, der Vater der Judenerklärung des Zweiten Vatikanischen Konzils, der mit seiner ganzen Arbeit den großen Ausgleich zwischen Judentum und Christentum herbeizuführen versucht.

Aus Mähren kommt der Abt des Brünner Augustinerklosters, Gregor Mendel, der die berühmten Mendelschen Vererbungsgesetze fand, die wieder nichts anderes darstellen als die Anerkennung eines Ausgleichs in der Naturwissenschaft. Aus Mähren stammt der Pfarrer Diwisch, der lange vor Benjamin Franklin den Blitzableiter konstruierte. Aus Mähren kommen die berühmten Architekten Adolf Loos und Josef Hoffmann, aus Mähren kommen die Ebner-Eschenbach, Richard von Schaukal und Stefan Zweig. Am Beispiel von Stefan Zweig und Karl Kraus ist der Unterschied zwischen Böhmen und Mähren ganz deutlich zu erkennen. Stefan Zweig war ein liebenswürdiger, charmanter und toleranter Publizist. Karl Kraus dagegen, der im böhmischen Jičin geboren wurde, war zeitlebens der unerbitterliche, harte, niemals zur Versöhnung bereite Kämpfer für Wahrheit und Gerechtigkeit. Beide Schriftsteller waren Juden, aber an ihnen ist zu erkennen, wie sehr eine Landschaft einen Menschen zu formen vermag.

Aus Mähren kommt der »andere« Thomas, der berühmte Schuhfabrikant Thomas Bata, der eine Weltfirma schuf. Auch das Wirken seiner Firma stellt praktisch einen »mährischen Ausgleich« dar: den kleinen Leuten schöne, aber gleichzeitig billige Schuhe zu verschaffen. Auch Bata war ein konzilianter Mensch, während sein böhmischer Zeitgenosse, der ebenfalls eine Weltfirma schuf, der aus Grasslitz stammende Julius Meinl, allgemein als »Grantscherbn« bekannt war. Aus Mähren stammt eines der größten Genies der

Neuzeit, nämlich Sigmund Freud. Auch sein Wirken bedeutet eine Verwirklichung des Ausgleichsgedankens in der medizinischen Wissenschaft. Denn während zu seiner Zeit seine Kollegen nur immer den Körper sahen, entdeckte er auf seine Art die Seele und die Wichtigkeit der Beziehungen zwischen Seele und Leib und versuchte, einen Ausgleich zwischen diesen herzustellen.

Aus einer jüdischen Familie des mährischen Städtchens Auspitz kam der berühmte Jurist Josef von Sonnenfels, der durch seine Justizreformen im späten 18. Jahrhundert einen Ausgleich zwischen der Forderung nach Gerechtigkeit und humaner Behandlung auch des gestrauchelten Menschen fand.

Mähren ist das Land der Genies und des Ausgleichs. Die Mährer waren und sind wirkliche »Mehrer des Reichs«. Hätte man in der Monarchie und in der Tschechoslowakei mehr den mährischen Gedanken des Ausgleichs zur Geltung gebracht, dann wäre die Monarchie niemals zugrundegegangen und hätte wahrscheinlich auch die Tschechoslowakei länger gelebt.

Wien lebte in den letzten Jahrzehnten der Monarchie weitgehend vom Zustrom aus Mähren. Der Fortfall dieses Zustromes aus dem großen Marchfeld in die Stadt am Rande des kleinen Marchfeldes bedeutete für Wien eine Katastrophe. Ein Teil des Glanzes, den Wien erntete, fällt eigentlich auf das Konto dieser »Mährer des Reichs«.

Mähren existiert als Land nicht mehr. Es wurde zum zweitenmal von Böhmen erobert. Aber während die Eroberung zu Ende des 10. Jahrhunderts Mähren eine gewisse Selbständigkeit beließ, die es durch Jahrhunderte bewahren konnte und die selbst noch unter der nationalsozialistischen Gewaltherrschaft unter dem Titel »Protektorat Böhmen und Mähren« ihren Ausdruck fand, ist Mähren jetzt verschwunden.

Die neue tschechoslowakische Verfassung, die praktisch eine genaue Kopie des k.u.k.Dualismus von 1867 darstellt, wobei die Slowaken die Rolle der Magyaren und die Tschechen die

Rolle der Deutschnationalen spielen, hat Mähren ausgelöscht. Alle Bemühungen, einen Trialismus zu schaffen, das heißt, neben dem tschechischen und slowakischen Staat auch einen mährischen entstehen zu lassen, schlugen ebenso fehl wie die Bemühungen in der alten Monarchie, an Stelle des Dualismus den Trialismus zu setzen.

Die neue tschechoslowakische Verfassung kennt nur noch den böhmischen Staat, der aber kein echter böhmischer, sondern ein echter tschechischer Staat ist, sowie den slowakischen Staat und den gemeinsamen tschechoslowakischen. Mähren ist vollkommen ausgelöscht. Aber was nicht ausgelöscht werden kann, ist die Atmosphäre einer Landschaft, deren Grenze und deren Name man tilgen kann, deren Gesetze aber die Menschen, die in dieser Landschaft leben, weithin prägen. Und obwohl es somit kein Mähren mehr gibt, wird es sicherlich »allzeit Mährer des Reichs« geben.

Der Irrtum von 1918

Schon im ersten Krieg, den Friedrich II. von Preußen gegen Maria Theresia führte, konnte er Schlesien gewinnen. Aber die böhmische Krone verlor nicht das ganze schlesische Gebiet. Ein kleiner Winkel dieses Landes verblieb weiterhin unter der habsburgischen Herrschaft und wurde später »Österreichisch-Schlesien« genannt. Es war ein kleines Land, bewohnt hauptsächlich von Deutschen und Polen und einem Mischvolk, das vulgär als Wasserpolaken bezeichnet wurde. Nur wenige Tschechen befanden sich in diesem kleinen, friedlichen Land. 1918 wurde dieses Land als eigener politischer Körper ausgelöscht, ähnlich wie es Mähren nach dem Zweiten Weltkrieg durch Böhmen geschah. Schlesien wurde in diesem Jahr an Mähren »angeschlossen« und das Land hieß von nun an »Mähren-Schlesien«. Tschechen und Deutsche hofften durch diesen Anschluß einen guten »Fischfang« zu tun. Die Deutschen glaubten, daß durch diesen Anschluß die Zahl ihrer Landsleute im neuen Land Mähren-Schlesien verstärkt sein würde. Und ähnlich hofften die Tschechen, daß sie durch diesen Anschluß aus der Lage einer hoffnungslosen Minderheit in Schlesien befreit sein würden. Heute gibt es weder ein Mähren noch ein Mähren-Schlesien, es gibt in der heutigen tschechoslowakischen Republik nur noch den tschechischen Staat. Schlesien ist ausgelöscht, ebenso wie Mähren.

Und doch hätte es einmal eine große Stunde für Schlesien gegeben. Diese große Stunde war 1918, als der neue tsche-

choslowakische Staat entstand, der mit Recht hätte verlangen können, den Raub von 1740, der soviel Unheil angerichtet hatte, wiedergutzumachen.
Mit dieser Forderung nach Rückgabe des geraubten Schlesiens hätte der neue tschechoslowakische Staat beweisen können, daß er ein echter böhmischer Staat zu sein gedenke. Diese Rückgabe hätte außerdem Preußen-Deutschland entscheidend geschwächt.
Wie sehr der Nationalismus aber zu Beginn des 20. Jahrhunderts alle Gehirne vernebelte, zeigt die Tatsache, daß niemand von der Rückgabe Schlesiens sprach. Die Alliierten, die Deutschland doch unbedingt schwächen wollten, waren durch das von ihnen aufgebrachte Schlagwort vom Selbstbestimmungsrecht der Völker völlig auf eine falsche Bahn gebracht. Sie zerstörten die Donaumonarchie, diese Urzelle eines vereinten Europa, und ließen Preußen-Deutschland fast unzerstört bestehen. Die Antwort auf diese unbegreifliche Politik war der Zweite Weltkrieg.
1918 konnten sich die Alliierten von dem Schlagwort des Selbstbestimmungsrechtes der Völker nicht lösen. Die Geister, die sie gerufen hatten, wurden sie nun nicht los. Hätten sie die Rückgabe Schlesiens an Böhmen erwogen, dann hätte die deutsche Propaganda ein leichtes Spiel gehabt, sie der Lüge zu zeihen. Aber auch die neue tschechoslowakische Regierung dachte nicht im mindesten an die Rückgabe von Schlesien, obwohl sie genug Mut hatte, gegen das Schlagwort vom Selbstbestimmungsrecht der Völker aufzutreten und Gebiete beanspruchte und auch erhielt, die eklatant diesem Slogan widersprachen. Auch die neue tschechoslowakische Regierung war völlig im Nationalismus befangen. Sie wollte im Grunde genommen ja gar keinen böhmischen Staat, sondern einen mehr oder minder getarnten tschechischen Nationalstaat. Die Rückgabe des geraubten Schlesiens hätte es mit sich gebracht, daß das Gleichgewicht der Völker im böhmischen Staat wiederhergestellt worden wäre. Beide Völker wären dann gleich stark gewesen. Keines der beiden

Völker hätte dann auf die Idee kommen können, gegen das andere eine Hegemonie anzustreben. Keines der beiden Völker hätte dann sagen können, daß dieser Staat in erster Linie sein eigener Staat sei. Beide Völker wären wieder nur die zwei Zungen der einen Nation gewesen. Aber die neue tschechoslowakische Regierung machte sich schon genügend Sorgen mit der sogenannten deutschen Minderheit, obwohl es natürlich absurd war, ein Volk von dreieinviertel Millionen als Minderheit zu bezeichnen. Für sie wäre der Gedanke, daß noch weitere Millionen Deutsche hinzukommen könnten, absurd und geradezu erschreckend gewesen. Die unglückselige Entwicklung seit 1740 hatte es immer mehr mit sich gebracht, daß die Tschechen noch als einzige an die Wiedergeburt des böhmischen Staates glaubten, während die Deutschen dieser Länder kein Interesse mehr an diesem Staat hatten und ihn sogar vergaßen.
Die damalige tschechoslowakische Regierung und sicherlich auch viele Tschechen wollten gar nicht einen neuen böhmischen Staat. Sie wollten einen tschechischen Nationalstaat, der militärisch gut geschützt sein sollte, weshalb sie einmal mit historischen und einmal mit geographischen Argumenten operierten, um eine militärisch bestmögliche Grenzziehung zu erreichen. Dr. Beneš sagte zwar in Paris bei den Friedensverhandlungen, daß die Tschechoslowakei eine »Art Schweiz« sein werde, womit er nur aussprach, daß er sehr wohl um den Sinn des böhmischen Staates wußte. Aber natürlich wollte auch er im Grunde nur einen tschechischen Nationalstaat. Allerdings muß hier hinzugefügt werden, daß weder Masaryk noch Beneš, noch auch sonst viele Staatsmänner der Republik einen tschechischen Staat wollten, der die Andersnationalen ähnlich unterdrücken sollte, wie es einst die Magyaren im Stephansreich und wie es Mussolini mit den Südtirolern machten. Sie wollten einen Nationalstaat, der den sogenannten Minderheiten weitestgehend nationale Rechte zubilligte.
Um diesen Nationalstaat zu fundieren, schuf man die Le-

gende von der tschechoslowakischen Nation. Auf Grund dieser Legende wurden die Slowaken nicht als ein selbständiges Volk, sondern nur als ein Stamm der Tschechen angesehen, die einen eigenen Dialekt sprachen. Man bemerkte nicht, daß die Slowaken im Begriff waren, ein eigenes Volk zu werden, ähnlich wie es 70 Jahre vorher die Tschechen selbst geworden waren. Man übersah auch völlig, daß die Slowaken tausend Jahre lang zusammen mit Magyaren in einem Reich gelebt hatten. Die Magyaren hatten die Slowaken, besonders in den letzten Jahrzehnten vor dem Ersten Weltkrieg, zwar brutal unterdrückt, aber dennoch kann ein solches jahrhundertelanges Zusammenleben nicht ohne Folgen auf das politische und soziale Denken eines Volkes bleiben. Durch dieses Zusammenleben mit den Magyaren wurden die Slowaken auch tatsächlich politisch und vielfach sozial zu Magyaren, die slowakisch sprachen und politisch magyarisch dachten. Die Slowaken hätte man in der Ersten tschechoslowakischen Regierung, die im Grunde genommen immer eine tschechische Regierung war, auch wenn ihr Deutsche und Slowaken angehörten, mit viel Takt behandeln müssen. Statt dessen benützte man ihr Land, um dorthin Beamte, Gendarmen und Offiziere, die sich etwas hatten zuschulden kommen lassen, strafzuversetzen. Die Antwort auf alle diese Mißgriffe war einmal die Selbständigkeitserklärung der Slowakei im Jahre 1939, die im Grunde genommen nichts anderes war als die Nachahmung der Kosuthschen Revolution von 1848 in Ungarn. Die andere Antwort war die Durchsetzung des Dualismus in der Zweiten tschechoslowakischen Republik im Jahre 1969. Es ist die Nachahmung der dualistischen Verfassung der Monarchie von 1867. Die Slowaken erhielten durch diese Verfassung die gleichen Rechte wie die Magyaren in der Donaumonarchie. Und obwohl ihre Anzahl geringer ist als die Anzahl der Tschechen, ist ihr politischer Einfluß rechtlich nicht nur völlig gleich, sondern faktisch noch viel stärker. Ähnlich war es in der Doppelmonarchie mit den Magyaren.

1918 wäre die große Chance gewesen, durch die Rückgabe von ganz Schlesien den alten böhmischen Staat wiederherzustellen. Dieser neue böhmische Staat hätte ruhig auf die Slowakei verzichten können. Die Alliierten hätten es in der Hand gehabt, 1918 Ungarn zu zwingen, aus ihrem Stephansreich ein echtes Commonwealth of nations zu machen. 1918 wäre die Chance gewesen, jenen Zustand wiederherzustellen, der vor dem Überfall Friedrichs II. von Preußen auf Schlesien bestand. Nämlich die Union der drei großen Staaten Österreich, Böhmen und Ungarn herbeizuführen, in der alle Nationen völlig gleichberechtigt hätten sein müssen. Dieser Staatenbund hätte erweitert werden können durch einen Anschluß des rumänischen, serbischen und polnischen Staates. Und ein riesiges Commonwealth of nations wäre fertig gewesen. Diese Gedankengänge sind keine Träumereien. Denn noch 1918, als der berühmte ehemalige Burengeneral Smuts, der im Ersten Weltkrieg auf britischer Seite kämpfte, Geheimgespräche mit Vertretern der Donaumonarchie zum Zweck der Herbeiführung eines Friedens führte, gingen seine Vorschläge in diese Richtung. Im Spätherbst 1918 fürchtete noch Beneš, daß die Alliierten die Donaumonarchie erhalten wollten. Wäre damals ein genialer Staatsmann, der frei von jedem Nationalismus hätte sein müssen, in der Donaumonarchie vorhanden gewesen, er hätte diese große Chance wahrgenommen. Aber es gab keinen Kaunitz und keinen Metternich.

1918 wäre die Stunde gewesen, um viele Irrtümer der Geschichte wiedergutzumachen. Aber sowohl die Völker wie auch die Staatsmänner waren blind durch die Anbetung des Nationalismus, des großen Götzen der Neuzeit, und die Tragik nahm ihren Lauf.

Die Tschechoslowakei wurde kein böhmischer, sondern ein tschechischer Nationalstaat. Preußen-Deutschland blieb bestehen, kaum geschwächt, aber beladen voller Ressentiments über einen verlorenen Krieg. Niemand zwang Preußen-Deutschland in den Jahren 1918 und 1919, die Beute von

1740 und 1866 wieder herauszugeben. Niemand dachte daran, Hannover wiederherzuerstellen und auch nicht Schleswig-Holstein. Es bedurfte erst eines zweiten Weltkrieges, um einige Fehler der Geschichte wieder zu revidieren. So wurde der hannoveranische Staat, wenn auch unter anderem Titel, wiederhergestellt, und ebenso Schleswig-Holstein. Der Staat Preußen, der mehr als 200 Jahre lang vielfach Europa durcheinandergebracht hatte, verschwand völlig von der Bildfläche. Schlesien hat Deutschland nach dem Zweiten Weltkrieg endgültig verloren. Schlesien ist aber auch für das deutsche Volk verloren. Wäre dagegen Schlesien 1918 zum böhmischen Staat zurückgekehrt, dann wäre das Deutschtum in diesem schönen Land nicht vernichtet worden. Es hätte niemals eine Austreibung der Deutschen gegeben.

Mit dem Raub Schlesiens hatte Friedrich II. von Preußen das deutsche Volk auf die »Blut- und Eisenstraße« geführt. Bismarck hat diesen Weg fortgesetzt, und schließlich ist Hitler ihn zu Ende gegangen. Es war ein Weg, an dessen Ende das Jahr 1945 mit seiner gräßlichen Katastrophe für das deutsche Volk stand. Aber dieser Weg hatte auch andere Nationen in ebenfalls apokalyptische Tragödien gerissen. Denn dieser angebetete Nationalismus hatte ebenfalls die übrigen Völker Mitteleuropas vergiftet und sie auf einen Weg geführt, an dessen Ende für alle diese Völker eine Katastrophe stand. 1918 war nicht nur die große Katastrophe für das deutsche Volk, sondern auch für das italienische, 1938 kam schon die große Katastrophe für das tschechische und in den Jahren darauf für das ungarische, kroatische, rumänische und polnische Volk.

Friedrich II., der den Namen »der Große« führt, kann diese Bezeichnung höchstens zugebilligt werden im Hinblick auf die Tatsache, daß er der größte Machiavellist vor Adolf Hitler war. Er war in Wirklichkeit einer der Totengräber des deutschen Volkes. Und bereits in den dreißiger Jahren hat der Schriftsteller Werner Hegemann mit Recht behauptet, daß Friedrich II. der eigentliche Gründer der tschechoslowakischen Republik gewesen sei. Durch den Raub Schlesiens hat er die Fundamente für diesen Staat gelegt. Sein großes Verbrechen, der Raub Schlesiens, hätte 1918 gutgemacht werden können. Die Staatsmänner der damaligen Zeit haben diese Chance nicht erkannt. Millionen von Menschen mußten dies mit dem Leben bezahlen.

Auf den Spuren eines Mödlinger Pfarrers

Wer die schöne kleine Stadt Mödling, südlich von Wien, besucht und sich auf den Weg zur großen Kirche begibt, wird plötzlich an einem schönen spätgotischen Haus vorbeikommen, über dessen Balkon drei Wappen prangen: der Reichsadler, der österreichische Bindenschild und ein Wappen, das wie ein Schachbrett rote und silberne Quadrate umfaßt. Eine Anschrift besagt, daß dieses spätgotische Haus der im Jahre 1483 verstorbene Pfarrer von Mödling Przemysl Herzog von Troppau, Kanonikus in Breslau, Olmütz und Wien sowie Domdechant von Wien erbaut habe. Und in der großen Pfarrkirche findet der Besucher dann an der linken inneren Seitenwand eine Marmorgrabplatte dieses Pfarrers, dargestellt in Chorkleidung, das Haupt auf einem Kissen ruhend, die Hände gefaltet. Links zu Füßen des Pfarrers ist ein Herzogshut dargestellt, auf der anderen Seite ein Wappen.

Der geschichtskundige Besucher stutzt einen Augenblick. Seines Wissens nach ist das böhmische Königsgeschlecht der Przemysliden bereits 1306 mit der Ermordung König Wenzels III. ausgestorben. Das ist richtig. Aber unbekannterweise blühte nach diesem Tod des letzten Przemysliden auf seltsame Weise noch eine Nebenlinie auf, wovon ein Mitglied Pfarrer in Mödling wurde und hier auch starb.

Die Abstammungsgeschichte dieses Pfarrers von Mödling ist allerdings eine seltsame: Sie beginnt rund 200 Jahre vor der in das Jahr 1450 fallenden Geburt dieses Herzogs von Troppau. Sie beginnt mit dem Tod des letzten männlichen Babenbergers in der Schlacht an der Leitha gegen die Ungarn im Jahre 1246. Nach gewöhnlichem Reichsrecht wären Österreich und Steiermark, deren Herzöge die Babenberger auch waren, ein »erledigtes« Lehen gewesen. Aber die Babenberger besaßen seit dem »privilegium minus« ein Nachfolgerecht auch für weibliche Mitglieder, ein für mittelalterliche Verhältnisse ganz ungewöhnliches Privileg. Zu der Zeit, in der Friedrich der Streitbare fiel, lebten tatsächlich einige nahe weibliche Verwandte des letzten Herzogs, auf die dieses Privileg Anwendung finden konnte. Vor allem auf die älteste Schwester des gefallenen Herzogs, Margarete, Witwe nach dem deutschen König Heinrich VII.

Aber diese Erbin ließ sich Zeit mit einer neuen Heirat, die ihren Mann wahrscheinlich zum neuen Herzog von Österreich und der Steiermark gemacht hätte. Österreich und die Steiermark blieben durch Jahre ohne rechtmäßigen Landesherrn.

Der Papst hatte 1245 Friedrich II. gebannt und für abgesetzt erklärt. Damit begann die »kaiserlose, die schreckliche Zeit«, die auch auf Österreich übergriff. Da starb Friedrich II. im Jahre 1250. Überfälle aus Ungarn und Bayern verstärkten die Unsicherheit in Österreich. 1251 griffen die Stände (also die Adeligen) zu einem Akt der Notwehr: Sie wählten in Korneuburg den Markgrafen von Mähren und böhmischen Thronerben Przemysl Ottokar zum Herzog von Österreich. Ein Jahr später folgten die steirischen Stände, was vorderhand für den neuen Herzog nur ein formales Recht gab und keine Macht über das damals weit in das heutige Niederösterreich hineinragende Land – es war von den Ungarn besetzt.

Die Wahl dieses böhmischen Fürsten mag auf den ersten Blick verwirrend erscheinen. Aber Babenberger und Przemysliden waren vielfach verwandt und verschwägert. Vor allem gehörten sowohl die Babenberger wie auch der neue Herzog zu dem, was man heute einen Clan nennen würde,

nämlich zu den Hohenstaufen, dem im 12. und 13. Jahrhundert mächtigsten und reichsten Geschlecht Europas. Markgraf Leopold III. hatte in zweiter Ehe die Tochter Kaiser Heinrichs IV., Schwester Heinrichs V. und Witwe nach Herzog Friedrich von Schwaben – und damit Urmutter aller Hohenstaufen – geheiratet, und durch diese Heirat wurden die Babenberger aus einem kleinen und eher armen zu einem reichen und durch seine Verwandtschaft zu den Hohenstaufen interessanten Geschlecht. Es schien gute Politik zu sein, sich mit diesem Geschlecht zu verbinden – auch durch das Mittel einer Eheschließung. Von dieser Möglichkeit machten die Przemysliden und die Byzantiner reichlich Gebrauch.
Aber auch Przemysl Ottokar gehörte zum Hohenstaufen-Clan. Seine Mutter war die Tochter Philipps von Schwaben und somit eine Enkelin Kaiser Friedrichs I., und Przemysl Ottokar somit ein Urenkel des Kaisers Barbarossa, damit nach dem Tod Friedrichs II. auch ein Kandidat für die deutsche Königswürde und möglicherweise sogar römische Kaiserwürde. Mit der Wahl Ottokars zum Herzog von Österreich zwangen die Stände Margarete geradezu, daß sie, die eigentliche Erbin, Ottokar zum Gemahl nehme. Und sie beugte sich diesem Zwang. 1252 schon fand die Hochzeit in Hainburg statt. Margarete aber war viel älter als ihr neuer Mann, acht Jahre sagen die einen Historiker; sogar 20 Jahre sagen andere. Ob sie aus diesem Grunde keine Kinder bekam? Vor allem nicht den Thronerben? Przemysl Ottokar muß seiner Frau bald untreu geworden sein. Spätestens 1254 dürfte er engere Beziehungen zu einer Kuenringerin, Agnes, die aus der Linie Weitra-Seefeld stammte, geknüpft haben.
1254 war ein Jahr des Erfolges für Ottokar. Sein Vater starb, und er wurde König von Böhmen. Den Ungarn konnte er weite Teile der Steiermark, die nach Österreich ragten, abnehmen. Im gleichen Jahr unternahm er einen siegreichen Feldzug gegen die heidnischen Preußen und gründete im Norden eine Stadt, die bis in unsere Tage durch ihren Namen »Königsberg« an ihren Stifter erinnerte. Er war – wie

fast alle Hohenstaufen – ein schöner Mann. Er war Enkel einer Arpadin – der Königin Konstanze, die seinen Großvater Przemysl Ottokar I. geheiratet hatte (wodurch er auch mit der hl. Elisabeth von Thüringen, die auch eine Arpadin war, verwandt war) – und wie man weiß, ein sehr vitaler Mann – er machte wahrscheinlich viel Eindruck auf Frauen. 1255 kam ein Sohn auf die Welt, der den Namen Nikolaus erhielt. Der Beziehung zu Agnes von Kuenring entsprangen noch zwei Töchter.

Ottokar II., welchen Titel er als König von Böhmen trug, war damals der letzte legitime Przemyslide. Begreiflich, daß er sich Sorgen um die Thronfolge machte. Und da ihm Margarete keine Kinder schenkte, wandte er sich schließlich an den Papst Alexander II. mit der Bitte, seinen illegitimen Sohn zu legitimieren. Der Papst kam 1260 seinem Wunsche nach, aber gleichzeitig machte er ihm einen Strich durch die Rechnung: Er erklärte, daß diese Legitimierung kein Anrecht auf eine Thronfolge gäbe.

1260 konnte Ottokar II. die Ungarn in der Schlacht bei Kroisenbrunn (heute Groißenbrunn) besiegen, und sie mußten ihm die Steiermark abtreten, so daß er endlich echter Herzog der Steirischen Mark wurde. In diesem Jahr, 1260, unternahm er, um die ewigen Kriege mit den Ungarn endgültig zu bereinigen und auch endlich den ersehnten Thronerben zu erhalten, einen Gewaltstreich: Er ließ seine Ehe mit Margarete annullieren und heiratete 1261 eine Verwandte des ungarischen Königs, Kunigunde. Aber erst zehn Jahre nach der Eheschließung gebar sie ihm den ersehnten Thronerben, den späteren König Wenzel II. von Böhmen.

Ottokar hatte seinen Sohn Nikolaus nicht vergessen. Er sicherte seine materielle Existenz, indem er ihn mit reichen Gütern um die Stadt Troppau, die damals noch zu Mähren gehörte, ausstattete. Er erzog ihn an seinem Hof und schlug ihn 1273 zum Ritter. 1278 nahm er ihn in den Krieg gegen Rudolf von Habsburg mit. Wie sein Vater focht auch Nikolaus in der Schlacht bei Dürnkrut und geriet in ungarische

Gefangenschaft, aus der er erst nach drei Jahren wieder nach Böhmen zurückkehrte, das gemäß dem Testament Ottokars II. von seinem Onkel – dem Mann der Schwester Ottokars II., Otto, Markgraf von Brandenburg – verwaltet wurde. In dieser Zeit, da der eigentliche König noch klein und jung war, konnte er so etwas wie eine Art Vizekönig unter ihm werden, sein bester Berater. 1283 heiratete er eine Nichte Rudolfs von Habsburg, so wie ja auch sein Halbbruder Wenzel II. mit einer Habsburgerin, der Tochter Rudolfs von Habsburg, vermählt war. Der Ehe entsprangen drei Söhne, der zweitälteste starb sehr jung, der dritte wurde Priester, und der erste, der nach seinem Vater Nikolaus hieß, sollte von großer Bedeutung für die Familie werden. Nur eines hatte dieser einst uneheliche Sohn Ottokars II. bis zu seinem Tod im Jahre 1318 nicht erreicht: einen Fürstenrang oder ein Fürstentum.

Dies sollte erst seinem Sohn gelingen, kurz nach dem Tod seines Vaters. 1306, mit der Ermordung König Wenzels III. in Olmütz, waren die echten Przemysliden im Mannesstamm ausgestorben. Die jüngste Schwester des Königs, Elisabeth, »die letzte Przemyslidin«, war mit dem Sohn Kaiser Heinrichs VIII. aus dem Hause Luxemburg, einem eher armen Geschlecht, vermählt. Dieser Sohn, namens Johann, wurde nun auf Grund dieser ehelichen Verbindung von den böhmischen Ständen zum neuen König des Landes gewählt.

Sein Leben lang, bis auf eine einzige Ausnahme, kümmerte sich dieser König so gut wie nicht um sein Land, er war auch ein miserabler Ehemann, so daß seine Frau sogar einmal einen Aufstand gegen ihn inszenierte. Er kümmerte sich kaum um die Kinder. Er führte das Leben eines königlichen Vagabunden, der sich in alle möglichen Händel einmischte und dadurch schließlich auch seinen Tod fand. Im Jahre 1346 kämpfte er als Blinder (sein Sohn Kaiser Karl IV. führte diese Blindheit auf das ausschweifende Leben seines Vaters zurück) auf seiten der Franzosen gegen die Engländer und fand – fast könnte man sagen »natürlich« – den Tod in der Schlacht.

Nur in einer Weise kümmerte er sich, und zwar erfolgreich, um sein böhmisches Königreich: Er suchte dessen Territorium ständig zu vergrößern. Es gelang ihm, endgültig Eger an Böhmen zu bringen, er erwarb die Obere und Untere Lausitz und versuchte schon bald, auch Schlesien unter böhmische Oberhoheit zu bringen, das damals zu Polen gehörte. Oberschlesien war aufgeteilt in eine Unzahl von kleinen und kleinsten Fürstentümern, besetzt mit Mitgliedern der polnischen Piastenfamilie, deren standesgemäßen Unterhalt sie sichern sollten.

Um Schlesien nun leichter zu erwerben, schlug er einen seltsamen Weg ein. Er erinnerte sich des Enkels der Kuenringerin und Ottokars II., der von seinem Vater die vielen Güter um Troppau geerbt hatte. Er schied nun die Stadt und das Gebiet um Troppau aus dem Land Mähren aus – was er nicht ohne weiteres rechtlich tun konnte, denn Mähren war seit Friedrich Barbarossa ein reichsunmittelbares Land –, machte daraus ein Lehen der böhmischen Krone und belehnte Nikolaus mit diesem neuen Herzogtum. Und damit war zwölf Jahre nach dem Aussterben der Hauptlinie der Przemysliden eine neue Nebenlinie gegründet, die bis 1521 existieren sollte. Die Rechnung des Königs ging übrigens früher auf, als er selbst geglaubt hatte. Schon 1322 stellte sich Schlesien unter die Oberhoheit der böhmischen Krone und verblieb bei Böhmen, bis Friedrich II. von Preußen es Maria Theresia wegnahm.

Diese neue Linie der Przemysliden sollte politisch und geschichtlich, solange sie existierte, keine große Rolle spielen. Erst ihr Aussterben brachte später ungeahnte Folgen. Das besondere Kennzeichen dieser Nebenlinie war, daß alle ihre Mitglieder immer treue Lehensträger der böhmischen Könige waren, also der Luxemburger und dann der Jagellonen. Sie waren auch treue Anhänger der katholischen Kirche. Die einzige Politik, die sie ansonst betrieben, war, danach zu trachten, ihr kleines Herzogtum ständig, aber auf friedliche Weise, nämlich durch Erbverträge, zu vergrößern. Was ihnen mit einigem Erfolg gelang, so daß sie um 1377 schon eine Primo-, eine Sekundo- und eine Tertiogenitur hervorbringen konnten, die aber alle zusammen untereinander das Herzogtum Troppau bildeten.

Es war kein ganz kleines Gebiet, das diese Nebenlinie im Laufe der Zeit gewann, denn schon bald kamen Ratibor, Jägerndorf und Freudenthal (der spätere Geburtsort der Schauspielerin Therese Krones), Leobschütz mit Zuckmantel und Neukirch, Hultschin und Fulnek dazu. Schließlich auch Münsterberg. Sehr groß war dieses Gebiet dennoch nicht, und die finanzielle Lage dieser Przemysliden scheint oft nicht günstig gewesen zu sein. Ansonst hätten sie nicht im 15. Jahrhundert Münsterberg an den damaligen böhmischen König Georg von Podiebrad verkauft.

Der Herzog, der Münsterberg erworben hatte, war Wilhelm von Troppau, der von 1410 bis 1452 lebte. Er hatte drei Söhne; den jüngsten, der zwei Jahre vor seinem Tod geboren wurde, ließ er auf den alten Familiennamen Przemysl taufen. Nach dem Tod Herzog Wilhelms müssen die ohnedies nie sehr rosigen Verhältnisse dieses Herzogtums sehr trist geworden sein. Vielleicht war dies mit ein Grund, daß der junge Przemysl sich der Theologie zuwandte und deshalb nach Wien ging. Und nicht nach Prag, das damals ja noch in den Nachwehen der Hussitenzeit stand und wo es neben der römisch-katholischen Kirche auch eine utraquistisch-katholische Kirche gab. Die Treue dieses Przemysliden zur alten Kirche zeigte sich auch hier. Dank seines Namens und seiner guten Beziehungen wurde er schon bald Kanonikus in Breslau. Einmal hoffte er sogar Bischof von Breslau werden zu können, als dieses Bistum vakant wurde. Aber seine Hoffnung erfüllte sich nicht. Dafür gelang ihm die Erwerbung eines Kanonikates in Olmütz und auch in Wien. Ja, er wurde sogar Domdechant bei St. Stephan.

Seit 1475 war die Pfarre zu Mödling, für die bis zu diesem

Jahre das Stift Melk das Repräsentationsrecht hatte, eine Pfründe des Wiener Domdechants, und mit der Erwerbung der Würde eines Domdechants erwarb dieser Przemyslide auch die damit zusammenhängende Pfründe, die Pfarre St. Mödling, in der er bis zu seinem Tode im Jahre 1493 wirkte. Mit ihm starb die przemyslidische Sekundogenitur des Troppauer Herzogtums aus. 1478 war schon die Jägerndorfer Linie erloschen. Aber auch die dritte Linie sollte schon bald, im Jahre 1521, aussterben.
Der vorletzte Herzog dieser Linie schloß nach altbewährtem Muster einen Erbvertrag mit dem Hause Oppeln, nicht ahnend, daß schon in der nächsten Generation die eigene Linie aussterben und das Haus Oppeln das Erbe so leicht antreten können würde. Aber auch diese Familie konnte sich nicht lange des Besitzes freuen. Das Haus Oppeln starb aus. Eine neue Herrscherfamilie erbte Teile des alten przemyslidischen Gebietes. Das Haus Hohenzollern, verwandt mit den Jagellonen und von diesen protegiert, konnte Jägerndorf erwerben und später noch andere kleine schlesische Fürstentümer. In der böhmischen Rebellion von 1618 stand ein Hohenzollern auf der Seite der Stände, geriet nach der Schlacht am Weißen Berg in die Reichsacht und verlor seine schlesischen Besitztümer, nicht nur Jägerndorf, sondern auch Liegnitz, Brieg und Wohlau, die an die böhmische Krone fielen. Jägerndorf und Troppau gab der böhmische König, der Habsburger Ferdinand II., weiter: Diese Gebiete fielen an das treu gebliebene Haus Liechtenstein, dessen regierender Chef bis heute den Titel eines »Herzogs von Jägerndorf und Troppau« führt.
Als am 16. Dezember 1740 der preußische König Friedrich II. in Schlesien einfiel, um dieses Land für zwei Jahrhunderte für Preußen in Besitz zu nehmen, berief er sich darauf, daß auf Grund der seiner Familie abhanden gekommenen Herzogtümer eigentlich er der rechtliche Herr von Schlesien sei. Er lachte zwar selbst über diese Begründung und fand sie nicht stichhaltig, aber da hinter seiner Behauptung eine

große Armee stand, behielt der preußische König recht. Noch einmal kreuzte die Erbin jenes Rudolf von Habsburg mit den Erben Przemysl Ottokars – und dies waren ja die Hohenzollern, da sie die schlesischen Herzogtümer geerbt hatten – den Degen. Zum Unterschied von der Schlacht bei Dürnkrut war die Erbin Rudolfs von Habsburg nicht siegreich.

So hatte die kleine przemyslidische Nebenlinie, der auch der Pfarrer von Mödling angehörte, dieser Geistliche, der nicht Länder, aber Kanonikate erwarb, mit deren Erträgen er sich das schöne Herzogshaus in Mödling erbauen konnte, ganz ohne ihr Zutun, bloß durch ihr Aussterben, in die Weltgeschichte eingegriffen. Und das niederösterreichische Haus Kuenring, dessen Nachkomme dieser Pfarrer war, ebenfalls.

Im Jahre 1848 hat Palacky das Wort geprägt: »Unsere Augen richten sich nach Wien, denn dort hoffen wir Verständnis und Hilfe zu bekommen.« Lange bevor Palacky dies schrieb, hat dieser kleine Pfarrer aus einer Nebenlinie der Przemysliden sich an diesen Rat gehalten.

Die sieben Fluchten des Jaromir Navratil

Eine fast wahre Novelle

Jaromir Navratil ist ein typischer Prager der heutigen Zeit. Geboren zwar wurde er nicht in Prag, sondern 1921 in Leitmeritz an der Elbe, in welcher Stadt sein Vater als Richter am dortigen Oberlandesgericht tätig war. Kaum war 1918 die tschechoslowakische Republik ins Leben getreten, hatte sich sein Vater dorthin versetzen lassen, wahrscheinlich aus zwei Gründen: weil er in dieser Stadt seinem Lieblingssport ungehemmt frönen konnte, nämlich dem Angeln von Fischen in der Elbe, und weiter, weil Leitmeritz eine wunderschöne Umgebung hatte und zu vielen schönen Wanderungen Anlaß gab. Außerdem wuchs in der Nähe von Leitmeritz, im sogenannten »böhmischen Paradies« ein hervorragender Wein, und nichts liebte sein Vater mehr, als am Ende einer langen Wanderung ein gutes Glas Wein zu sich zu nehmen. Außerdem lag Leitmeritz in der Mitte zwischen Prag und Dresden, und das gab die Möglichkeit, an den Konzerten und Opernaufführungen beider Städte teilzunehmen. Denn neben Angeln und Weintrinken war Musik die dritte große Leidenschaft seines Vaters. In Deutschland herrschte übrigens damals die Inflation, und mit der harten tschechischen Krone lebte man dort fast umsonst.

Der Vater seines Vaters selbst war auch wieder Jurist gewesen, er war knapp vor Ende des 19. Jahrhunderts in die Dienste der Prager Statthalterei eingetreten, war dann an die Bezirkshauptmannschaft von Deutsch-Brod gekommen und schließlich an die Bezirkshauptmannschaft von Ga-

blonz. Dort hatte er geheiratet, die Tochter eines reichen Gablonzer Fabrikanten, mit deren Geld er sich bald ein Haus auf der Prager Kleinseite kaufte, am Ende der Hradschiner Schloßstiege, gleich neben dem Gasthaus »Zum König von Brabant«, das so hieß, weil König Wenzel IV., der Sohn Kaiser Karls IV., dort nur zu gern böhmisches Bier, und das nicht gerade in geringen Mengen, trank. Und da Wenzel IV. ja ein Luxemburger war, hatte man das Gasthaus zum »König von Brabant« genannt.
Das Haus hatte drei Stockwerke, war aber sehr schmal, es hatte nur drei Fenster pro Stock. Aber man konnte es gemütlich einrichten, und der Großvater von Jaromir Navratil beschloß, dort eine Art Zentrum seiner Familie zu etablieren. Schöne Möbel hatte er genug geerbt, denn auch sein Vater war schon Jurist gewesen und in der Schwarzenbergischen Herrschaft in Krumau tätig gewesen. Die Schwarzenbergs waren damals, als der Urgroßvater von Jaromir seinen Dienst begann, die größten Grundbesitzer Böhmens gewesen, rund 600 000 Hektar war ihnen zu eigen, ein Land größer als die Steiermark. Doch dann war die vom Abgeordneten Kudlich im Jahre 1848 angeregte Bodenreform gekommen, und die Schwarzenbergs verloren – wenn auch gegen Entschädigung – so viel von ihrem Besitz, daß ihnen »nur« mehr 280 000 Hektar verblieben, mit welchem Besitztum sie noch immer zu den größten Grundbesitzern Böhmens gehörten. Zum Schluß seines Lebens war Jaromirs Großvater als Bezirkshauptmann in Kolin tätig gewesen und nie wird er – Jaromir Navratil – die lustige Geschichte vergessen, die ihm sein Großvater immer wieder erzählen mußte. Während des Ersten Weltkrieges war einmal Kaiser Karl auf einer Fahrt nach Nordböhmen durch Kolin gekommen, der Hofzug hatte kurz gehalten und sein Großvater sich in Galauniform – mit Zweispitz und Degen – beim Kaiser gemeldet. Der Kaiser hatte ihm tschechisch geantwortet und ihm die Hand gegeben und lange geschüttelt. Fast betäubt war der Bezirkshauptmann nach Hause gekom-

men und hatte seiner Familie erklärt, diese Hand dürfe nun niemand anfassen, und er werde sich diese auch nicht waschen. Ansonst verwische sich der kaiserliche Händedruck. Und tatsächlich habe er sich drei Wochen nicht die Hand gewaschen, bis seine Großmutter einen Krach wegen der Unsauberkeit der Hände schlug.
Jaromir hatte in Leitmeritz die tschechische Volksschule besucht und dann das dortige tschechische Gymnasium, welche beide Schulen nach 1918 errichtet worden waren, und hatte im Jahre 1938 maturiert. Das Leben in Leitmeritz, das ja eine hauptsächlich von Sudetendeutschen bewohnte Stadt war, hatte es mit sich gebracht, daß Jaromir von Kindheit an deutsch sprach. Außerdem pflegte seine Gablonzer Großmutter mit ihm auch hin und wieder deutsch zu sprechen, damit er »nicht aus der Übung komme« – wie sie zu sagen pflegte. 1938, in dem Jahr, in dem er maturierte, mußte das Sudetenland an das Dritte Reich abgetreten werden, und in diesem Gebiet lag auch Leitmeritz. Ende September dieses Jahres hatte sich sein Vater noch rasch nach Prag ans Gericht am Karlsplatz versetzen lassen und hatte mit seiner Familie – Jaromir hatte noch einen jüngeren Bruder – in dem schönen Haus auf der Kleinseite Quartier bezogen. Jaromir wäre sowieso im Herbst dieses Jahres nach Prag gezogen, denn lange schon stand es für ihn fest, daß auch er, wie seine Vorfahren, Jurist würde. Und tatsächlich inskribierte Jaromir im traurigen Herbst dieses Jahres das Jusstudium an der Prager Universität. Aber sein Studium dauerte nicht lange. Denn im März 1939 hatte Hitler die Resttschechoslowakei gewaltsam besetzt, und im Herbst wurden alle tschechischen Hochschulen von den Nazis geschlossen, da die Studenten eine kleine Demonstration gegen die Okkupation veranstaltet hatten. Mit seinem Studium war es nun aus. Was sollte er tun? Dank der guten Beziehungen seines Vaters zur Juristenwelt erhielt er in einer Anwaltskanzlei eine Anstellung als Schreiber. Mit dieser Tätigkeit wollte er den Krieg überdauern. Sein Vater war überzeugt, und konnte diese Über-

zeugung auch seiner Familie beibringen, daß Hitler den Krieg verlieren werde, und dann würde Böhmen wieder frei werden, und Jaromir könnte sein Studium beenden. Aber im Jahre 1942 geschah etwas ganz Schreckliches. In diesem Jahre wurde der stellvertretende Reichsprotektor Reinhard Heydrich – ein Unmensch – durch tschechoslowakische Flieger, die von England nach Böhmen geflogen waren und über diesem Land absprangen, erschossen. Eine furchtbare Verfolgung brach über das tschechische Volk seitens der Nazibehörden herein. Und in dieser Zeit kam eines Abends der Vater vom Büro nicht nach Hause. Die Mutter Jaromirs wartete mit ihm und seinem kleineren Bruder die ganze Nacht, rief bei allen Bekannten an, ob sie vielleicht etwas wüßten oder sich ihr Mann bzw. Vater bei ihnen gemeldet hätte – er blieb unerreichbar. Gleich am nächsten Morgen ging die Mutter ins Amt zum Vorgesetzten ihres Mannes und frug ihn, ob er etwas über den Verbleib wisse. Und da erfuhr sie die schreckliche Nachricht: Gegen Abend, kurz bevor ihr Mann das Amt verlassen wollte, seien zwei Gestapobeamte gekommen und hätten ihren Mann verhaftet und abgeführt. Warum wußte der Vorgesetzte nicht. Was sie denn tun solle? Am besten ins Gestapoquartier ins Palais der ehemaligen Petscheckbank gehen – gegenüber dem Deutschen Theater – und sich dort erkundigen, was mit ihrem Mann geschehen sei.
Schweren Herzens machte sie sich auf den Weg. Glücklicherweise sprach sie gut deutsch, und das erleichterte ihren Leidensweg. Denn ein Leidensweg war es, den sie durchmachen mußte. Alle Menschen, die sie befragte, waren unfreundlich, ja geradezu barsch gegen sie. Fast im ganzen Palais wurde sie herumgeschickt, schließlich kam sie zu einem SS-Mann, der ihr kurz und grob Auskunft geben konnte: Ihr Mann habe angeblich das Attentat auf Heydrich gelobt und sei deshalb verhaftet worden. Was denn weiter geschehe? Wenn es sich als wahr erweise, werde ihr Mann sicher zum Tod verurteilt und erschossen. Gebrochen ver-

ließ sie das Gestapogebäude, gebrochen eilte sie um Hilfe zum Vorgesetzten ihres Mannes, zu Anwälten, ja zum Innenminister der Protektoratsregierung. Niemand konnte ihr eine Hilfe zusagen, niemand ihr nicht einmal einen guten Rat geben. Gebrochen ging sie nach Hause zu ihren Kindern, gebrochen wartete sie die nächsten Tage auf irgendeine Antwort. Als sie lange keine erhielt, ging sie neuerdings schweren Herzens ins Gestapopalais, wo sie schon einmal gewesen war. Kaltschnauzig erklärte ihr der SS-Mann, die Anzeige gegen ihren Mann habe sich bestätigt, er sei daraufhin zum Tode verurteilt und erschossen worden. Nicht einmal wo er begraben sei wollte ihr der SS-Mann verraten. Gebrochen ging sie nach Hause, gebrochen erzählte sie den Kindern die schreckliche Nachricht, gebrochen lebte sie die kommenden Tage, Wochen und Monate weiter. Als der junge Jaromir die schreckliche Tatsache erfuhr, stieg in ihm ein unglaublicher Haß gegen die Okkupanten auf, und er schwor sich, gegen sie zu kämpfen, wo es nur ging. Die Gelegenheit schien bald zu kommen: Er erzählte natürlich in seinem Büro von dem Schrecklichen, das ihm, seiner Mutter und seinem kleinen Bruder widerfahre. Er machte aus seinem Herzen keine Mördergrube und verhehlte nicht, daß er von tiefsten Haß- und Rachegefühlen durchdrungen sei. Einmal nach einem solchen Haßausbruch frug ihn ein Kollege, ob es ihm ernst sei. Wenn ja, dann wüßte er einen Weg. Und dann enthüllte ihm dieser Kollege, daß er Mitglied einer kommunistischen Widerstandsgruppe sei. Ob er nicht mitmachen wolle? Jaromir wollte natürlich, obwohl ihm die Kommunisten nicht sympathisch waren. Seine gutbürgerliche Abstammung hatte ihn bisher immer vor ihnen zurückgehalten. So ging er denn mit seinem Kollegen eines Abends zu solch einer Geheimversammlung und erklärte, er wolle auf jeden Fall mitarbeiten. Gerne nahm man ihn auf. Vielerlei Verschwörungstätigkeiten mußte er nicht vollbringen, wahrscheinlich wollte man ihn zunächst beobachten. Seine Tätigkeit bestand hauptsächlich im Austragen von Briefen, im Weitererzählen

von feindlichen Nachrichten, im Verteilen von abgezogenen Aufrufen, hie und da im Einschlagen einer Fensterscheibe bei tschechischen Parteigängern der Okkupanten. Er paßte gut auf, und so wurde er nie erwischt.
Mit Enthusiasmus begrüßte er den Einmarsch der Roten Armee am 9. Mai 1945 in Prag. Doch bald wurde ihm übel, als er sah, wie man mit gefangenen Deutschen umging. So sah er einmal, wie man einem gefangenen SS-Mann einen Filmstreifen um den Körper wickelte und den Streifen anzündete. Nie würde er die Schmerzensschreie dieses Gequälten vergessen. Mit Betrübnis vernahm er von den Greueln, die bei der Vertreibung der Sudetendeutschen geschahen. Das sei doch unwürdig der Nation eines Masaryk, dachte er. Aber wie er nichts gegen die Ermordung seines Vaters tun konnte, so auch in diesen Fällen nicht. Aber seine Begeisterung hatte einen Riß bekommen, und reserviert verhielt er sich von nun an gegen die alten Mitverschworenen. Nur eines blieb er: Da er schon einmal Mitglied der kommunistischen Partei war, wollte er es auch in Zukunft bleiben.
Kurz vor dem Einmarsch der Roten Armee hatte er noch geheiratet. Sie hieß Eva und war jünger als er, stammte aus einer sogenannten guten Familie – ganz konnte er doch nicht seine Herkunft verleugnen. Sie hatte ein gutes Benehmen, gute Sprachkenntnisse und vor allem war es ihr Charme, der ihm half, über den Tod seines Vaters hinwegzukommen. Natürlich blieb er im elterlichen Haus wohnen, es war ja Platz genug vorhanden.
Nachdem der Krieg aus war, gab er seinen ursprünglichen Plan, das Jusstudium an der wiedereröffneten Universität fortzusetzen, auf, kündigte auch seine Stellung im Anwaltsbüro und nahm eine Stellung im Personalbüro einer Baufirma an. Seine Frau verdingte sicht als Sekretärin in einem Anwaltsbüro, im gleichen, in dem er Dienst gemacht hatte. Sie verdienten zusammen nicht viel, aber vorderhand reichte es. Bald bekamen sie Kinder – drei Knaben hintereinander. Der erste bekam den Namen Karl, der zweite Peter, der

dritte Vladislaw. Langsam ging das Leben weiter. Viel konnten sie sich nicht leisten, keinen der Träume erfüllen, die sie einmal gehabt hatten. Von einer Reise ins Ausland war keine Rede.
Als die Kinder groß wurden, studierte der älteste Geologie auf der technischen Hochschule. Da sein Vater Mitglied der kommunistischen Partei war, durfte er es, denn in den frühen Jahren der neuerwachten Republik durften nur Kinder aus Proletarierfamilien oder Kinder von alten Parteigenossen studieren. Bald bekam er, nach fertigem Studium, eine Stelle als Geologe in Brüx und Teplitz, wo er nach Kohlenvorkommen forschen mußte. Und dann kam für ihn das große Glück. Sein Staat sandte ihn nach Libyen, damit er dort nach Erdöl bohre. Sein Gehalt bekam er teilweise in sogenannten Tuzex-Bons, also in jener seltsamen Währung, mit der man in bestimmten Kaufhäusern, wo westliche Waren zu erhalten waren, einkaufen konnte. Einen zweiten Treffer machte seine Frau: Sie erhielt eine Sekretärinnenstelle in einer japanischen Maschinenfirma, die in Prag ein Büro errichtet hatte. Das hatte sie ihren guten Englischkenntnissen zu verdanken. Ihr Gehalt bekam sie in US-Dollars ausbezahlt. Und damit war die Familie für dortige Verhältnisse eigentlich wohlhabend, denn die US-Dollars wechselte seine Frau in einer Bank in Tuzex-Kronen um oder bezahlte direkt mit Dollars in den Tuzex-Geschäften. Und den dritten großen Treffer machte Jaromirs jüngster Bruder Wladislaw. Er besuchte die Musikhochschule und wurde bald ein sehr guter Geiger, der nach dem Studium gleich einen Posten in der tschechischen Philharmonie erhielt, einem sehr berühmten Orchester, das viele Gastspiele im Ausland, vor allem im westlichen, gab. Von dem Honorar durfte sich jedes Mitglied des Orchesters die Hälfte für Ausgaben im Ausland behalten, die zweite Hälfte mußte nach der Rückkehr in die Heimat abgeliefert werden. Die staatliche Agentur behielt sich enorme Spesen für ihre Arbeit, aber ein Teil des Honorars blieb dennoch übrig und konnte wieder in Tuzex-Kronen eingewechselt werden.

Auch der mittlere Bruder konnte eine gute Karriere erringen: Er besuchte die Hotelfachschule in Marienbad, lernte dort viele Sprachen und sonst alles, was für den Hotelberuf nötig war. Dank seines guten Benehmens – die gutbürgerliche Abstammung brach doch immer wieder durch – erhielt er bald eine Stellung als Kellner in einem sogenannten Prager Luxusrestaurant – was man halt so in Prag als »Luxus« verstand. Nach einiger Zeit frug ihn sein vorgesetzter Ober, ob er nicht auch Lust habe, außerhalb des Restaurants zu arbeiten. Er konnte sich das zunächst nicht vorstellen. Da klärte ihn sein Chef auf: Er gehe manchmal mit anderen Kollegen zu ausländischen – auch westlichen – Botschaften als Kellner, um bei Cocktailparties oder sonstigen Essen auszuhelfen. Ob er mitmachen wolle? Die Bezahlung erfolge in »harter Währung«, je nach Arbeitszeit in Whisky oder Marlborozigaretten. Wenn er mitmachen wolle, müsse er dies der Polizei melden, die ihn natürlich instruieren werde. Natürlich wollte Peter mitmachen. Tatsächlich erhielt er nach einiger Zeit den Auftrag, sich bei der Geheimpolizei zu melden. Dort sagte man ihm, daß man von seinem Plan gehört habe, auch bereits wisse, daß sein Vater in der Okkupationszeit der kommunistischen Partei beigetreten sei, daß sein Großvater sogar von den Nazis erschossen worden sei, kurz er sah, daß die Polizei alles über ihn und seine Familie wußte. Auf Grund dieser Nachrichten werde ihm somit die Erlaubnis erteilt, diesen Beruf auszuüben, aber er müsse sich verpflichten, alles Verdächtige, was er auf solchen Empfängen sehe oder höre, sofort der Polizei zu berichten.

Und von da an ging es der Familie Navratil noch besser. Jaromir versah seinen Dienst in seinem Baubüro weiter, wodurch sich sein Einkommen jedes Jahr etwas erhöhte. Im Laufe der Jahre hatte er eine Vorliebe für den Alkohol entdeckt. Schon in der Früh, bevor er aus dem Haus ging, trank er auf nüchternen Magen ein Stamperl Slibowitz. Das war für ihn eine Art »Antigrippin«. Und tatsächlich war er nie verkühlt, nie krank ... Im Laufe des Vormittags nahm er aus dem Kühlschrank des Büros einige Flaschen Bier, die er andächtig konsumierte. Nach dem Mittagessen, das er im Büro einnahm, trank er wieder zwei bis drei Flaschen Bier, um den angeblich schlechten Geschmack des Essens herunterzuspülen. Und zum Abendessen zu Hause trank er neuerlich Bier, das ihm einer seiner Söhne aus dem nächsten Bierbeisel geholt hatte. So kam er alltäglich auf die Durchschnittsmenge von 6 Litern Bier pro Kopf, die amtlich ausgerechnet worden war. Und wenn er besonders gut aufgelegt war, schenkte er sich nach dem Bierkonsum noch ein Glas guten mährischen Weines ein. So kam er fast alltäglich in einen Zustand, der ihn die Misere des Alltags vergessen ließ. Denn der Alltag war eine Misere. Nie bekam man das zum Essen, worauf man Appetit hatte, nie gab es genug Obst oder Gemüse, kein Handwerker funktionierte, niemand kam pünktlich oder war verläßlich. Jeden Handgriff mußte man gesondert bezahlen, mit Zigaretten, mit Alkohol. Von den kommunistischen Idealen, denen er im Grunde ohnedies nie wirklich angehangen war, hielt er längst nichts mehr, er sah und hörte nur, wie die oberen Funktionäre gut lebten, sich alles leisten konnten, von den Luxuskarossen, den großen Tatrawagen, die 27 Liter Benzin für 100 Kilometer benötigten, bis hin zu den schönen Villen, die sie bewohnten, bis hin zu den Spezialsanatorien, wo es alle westlichen Heilmittel gab, die ein gewöhnlich Sterblicher nicht einmal bekam, wenn er schon am Sterben war, die ins Ausland fuhren – natürlich aus dienstlichen Gründen, während Menschen wie Jaromir sich eine Ausreise ins westliche Ausland schon deshalb nicht leisten konnten, weil man als gewöhnlich Sterblicher einfach lächerlich wenig Geld für eine Auslandsreise bekam. Es gab für ihn – wie für so viele seiner Zeitgenossen – nur eine Möglichkeit, dieser häßlichen Gegenwart zu entfliehen, und dies war der Griff zum Alkohol. Wenn er genügende Mengen von Alkohol in sich hatte, dann wurde er zwar nie betrunken, aber er verfiel in ein Dösen, in ein Über-den-Dingen-Stehen, das das Leben erleichterte.

Ein Glück eigener Art war nur, daß die ganze Familie in diesem schönen Haus auf der Kleinseite wohnen konnte, in dem außer den eigenen Familienangehörigen sonst niemand wohnte. Jaromir stellte es sich entsetzlich vor, in einem dieser vorfabrizierten Häuser in den neuen Vorstädten zu wohnen, vielleicht im 12. Stock, in welchen Wohnungen die Fenster und Türen nicht paßten, wo oft der Aufzug ausfiel und auch das Wasser. Wohnungen, in denen jeder Bewohner nur das Recht auf 12m² Wohnraum hatte, wobei allerdings Bad, Vorzimmer und Küche nicht dazugerechnet wurden. In einem solchen Haus, wie sie wohnten, gab es keine solche Beschränkungen, solche Häuser verblieben weiterhin in Privatbesitz, nur die großen Wohnhäuser hatten die meisten Eigentümer dem Staat geschenkt, denn der Zins war vorgeschrieben und sehr niedrig, während dem Eigentümer die Pflicht der Erhaltung verblieb.
Dank des relativ guten Einkommens der diversen Familienmitglieder konnten sie sich endlich einen lang gehegten Wunsch erfüllen: ein Auto kaufen. Es war zwar ein überfahrener Wagen, aber noch relativ gut instand. Mit diesem Auto nun gelang der Familie neuerlich eine Flucht aus dem grauen Alltag. Jeden Samstag, jeden Sonntag war sie nun unterwegs, um die schönen Gegenden der Republik zu besichtigen, das Riesengebirge, den Böhmerwald, das Erzgebirge, die böhmisch-sächsische Schweiz und wie diese Gegenden alle hießen. Gleichzeitig sah sich die Familie Navratil die schönen Schlösser, Kirchen, Klöster und Museen, sowie Ausstellungen dieser Gegenden an, nicht nur in Böhmen, sondern auch in Mähren.
Und endlich gelang der Familie ein ganz großer Coup: die Erwerbung einer sogenannten »chaluba«, eines kleinen ehemaligen sudetendeutschen Bauernhauses im Böhmerwald, nahe an der österreichischen Grenze gelegen. Es war zwar etwas verfallen, aber durch zähe Arbeit an den Wochenenden und in den Ferien konnte die Familie innerhalb von sechs Jahren das Häuschen auf Hochglanz herrichten. Viel

Mühe, viel Geld, viele Bestechungen waren notwendig gewesen, um dieses Ziel zu erreichen. Das schöne kleine Haus bot viele Vorteile. Zunächst einmal den, daß um das Haus sich ein kleiner Garten befand, wo die Familie Gemüse, aber auch Ribisel- und Stachelbeeren anbauen konnte. Ein Apfelbaum stand sowieso im Garten. Endlich hatte die Familie genügend Obst und Gemüse, das Essen wurde reichhaltiger und schmackhafter. Der zweite große Vorteil dieses Hauses war, daß man durch den Fernsehapparat, den man natürlich auch adaptiert hatte, sehr gut das österreichische Fernsehen empfangen konnte. Endlich war man mit der ganzen Welt in Kontakt, endlich wußte man, was wirklich vorging, man war nicht mehr auf das heimische Fernsehen und die heimische Presse angewiesen, die langweilig waren und nichts brachten. Wenn die Familie Freitag abends auf der chalupa ankam, setzte sie sich sofort vor den Flimmerkasten und sah sich das ganze Programm bis zum Ende an. Und das gleiche geschah am Samstag abend. Plötzlich hatte die ganze Familie das Gefühl, nicht mehr eingesperrt und beengt zu sein.

Und so wie Jaromir und seine Familie sahen eineinhalb Millionen Mitbürger alltäglich das österreichische Fernsehen in Südböhmen, in Südmähren und in Preßburg und dessen Umgebung, während das österreichische Radio allstündliche Nachrichten in die ganze Republik, von Eger bis Kaschau, von Reichenberg bis Preßburg ausstrahlte und befanden sich auf der Flucht vor den langweiligen Sendungen des eigenen Staates und erfuhren so, was wirklich in der Welt vor sich ging.

Manchmal würzte die Familie noch ihr Leben durch Reisen mit dem Auto in jenes Ausland, wohin Reisen ohne Visumzwang und ohne Devisenprobleme möglich waren. So fuhr die Familie öfters in die Deutsche Demokratische Republik, besuchte Dresden mit all seinen schönen Galerien, besuchte auch Ostberlin mit seinen berühmten Museen, sie fuhr nach Rumänien und Bulgarien, wo es ihr gar nicht gefiel, fuhr auch einmal über Ungarn nach Jugoslawien und verbrachte

schönste Tage an der dalmatinischen Küste. Nur nach Ungarn fuhr die Familie für längere Zeit nicht, denn es gab zwar für dieses Land keine Visumpflicht, aber der Betrag an Forint, der einem Reisenden nach dort zugeteilt wurde, war so gering, daß es keinen Sinn hatte, sich dorthin zu begeben.
Für den Samstag vormittag hatte sich ein besonderes Zeremoniell ausgebildet: Nach dem reichlichen und gemütlichen Frühstück setzte sich Eva, die Hausfrau, in den Garten, um ein englisches Buch zu lesen, das ihr immer wieder ihre Japaner brachten. Dazu rauchte sie zahllose Marlboro-Zigaretten und trank von Zeit zu Zeit einen tiefen Schluck Whisky mit Eis und Soda, bis sie zu Mittag in jenem Stadium des Dösens angelangt war, das ihr Mann erst am Abend erreichte. Die drei Söhne vergnügten sich im Sommer damit, im nahegelegenen See baden zu gehen oder Transistoradio zu hören und er, Jaromir selbst, schulterte sein Angelgerät und ging zum naheliegenden Bach, setzte sich ans Ufer und warf die Angel aus. Und dann begannen jene Stunden, die er besonders liebte: Rundherum herrschte eine wunderbare Stille, nur unterbrochen durch das leise Rauschen des Waldes, das Gezwitscher der Vögel und das Plätschern des Baches, die zusammen leise die Stille unterspielten. Manchmal biß ein Fisch an, aber meist warf er ihn in den Bach zurück. Warum sollte dieses Leben so plötzlich enden? Nur wenn er eine schöne große Forelle fing, brachte er sie zu seiner lesenden Frau und nahm sich gleich auch ein Glas Whisky. Nach dem guten Mittagessen, das Peter, der Ober, zubereitete, nicht ohne vorher einen Aperitif zu sich genommen zu haben, schlief die ganze Familie, um nachher etwas spazierenzugehen und sich auf das abendliche Fernsehen zu freuen. Im Winter konnte Jaromir nicht angeln, dann ersetzte er diesen Sport durch einen anderen: Er sammelte, wie Millionen seiner Mitbürger, Briefmarken, welche Tätigkeit ja ebenfalls eine Flucht aus dem Alltag bedeutete.
Und die letzte Form von Flucht war die Musik, die Jaromir emsig pflegte, und zwar in Form von Schallplattenübertra-

gungen. Schallplatten, und zwar gute, gab es zu Hauf zu kaufen: einheimische, russische, ostdeutsche, besonders gut waren die ungarischen, die man in der ungarischen Buchhandlung in der »Nationalstraße« bekam. Während der kalten Jahreszeit lud die Familie fast jeden Abend Freunde zur Anhörung einer ganzen Oper ein. Eintrittspreis war das Mitbringen einer Flasche mährischen Weines (im Notfall konnte es auch ein Melniker sein).
Dank dieser vielerlei Arten von Fluchten war es der Familie Navratil immer wieder möglich, dem grauen und unerfreulichen Alltag zu entfliehen. Der große Traum allerdings, einmal eine Reise in die weite Welt tun zu können, blieb unerfüllt.
Einmal, als Jaromir wieder im Böhmerwald war, ging er ins Dorf, um Brot zu kaufen. Dabei bemerkte er, daß die kleine Dorfkirche, ein hübscher Barockbau, ausnahmsweise offen war. Er ging hinein und sah, daß sie hübsche Bilder und auch Fresken hatte. Am Altar hantierte ein Mann mittleren Alters, der Jaromir frug, ob er etwas suche. Nein, war die Antwort, er wohne nicht weit, aber er habe die Kirche noch nie offen gesehen, erst heute, und deshalb sei er eingetreten, um sie sich anzusehen. Er sei also sein Nachbar, sagte der Mann, der sich als Pfarrer vorstellte. Dann genieße er sicher auch diese Landschaft, die ihre Herrlichkeit habe und genieße vor allem auch die Möglichkeit, das österreichische Fernsehen so gut beobachten zu können. Das sei wenigstens eine Möglichkeit, ins Ausland zu kommen, setzte er hinzu. Er selbst sei nur einmal im Ausland gewesen, im Jahre 1968, als man relativ leicht ein Visum bekam. Aber jetzt bekomme er sicher keines mehr. Einmal allerdings werde er noch eine große Reise unternehmen, weit, weit weg, setzte er hinzu, eine Reise, zu der er kein Visum und keine Devisen benötigen würde. Wie er denn dies anfangen könne, frug Jaromir weiter. Diese Reise beginne, sagte der Pfarrer, im Augenblick seines Todes. Für diese Reise könne ihm kein Paß verweigert werden, er benötige auch kein Visum und keine

Devisen. Er freue sich schon auf diese Reise, die weg in ein herrliches Land gehen werde.
Betroffen verließ Jaromir die Kirche. Schon lange hatte er nicht darüber nachgedacht, daß es einen Gott geben könne und eine Ewigkeit, die nach dem Tode beginne. Langsam kam die Erinnerung an seine Kindheit und Jugend zurück, an die Jahre, die er von der Schule aus noch in die Kirche ging und von Gott und der Ewigkeit hörte. Nachdenklich schritt er den Weg nach Hause. Ob vielleicht doch etwas wahr sein könnte an den Lehren der Kirche? Das gäbe tatsächlich die Chance zu einer ungeahnten Flucht, an die er noch nie gedacht hatte. Und er beschloß, den Pfarrer wieder aufzusuchen, um mit ihm über diese Möglichkeit einer endgültigen Flucht sich zu unterhalten.

Abschied von Böhmen

Bismarck hat einmal das berühmte Wort gesprochen: »Wer Böhmen besitzt, ist Herr von Mitteleuropa.« Dies war natürlich in erster Linie politisch gedacht. Die These ist völlig richtig: Als Hitler zwischen 1938 und 1945 Herr von Böhmen war, war er auch Herr von Mitteleuropa. Als Frankreich zwischen 1918 und 1938 durch seine Bündnisse mit der Tschechoslowakei die Moldaurepublik unter seinem Einfluß hatte, war auch Frankreich Herr von Mitteleuropa. Als die Truppen des Warschauer Paktes am 21. August 1968 die böhmischen Länder besetzten, erwarben sie damit neuerlich die Herrschaft über Mitteleuropa. Die Geschichte gibt aber gleichzeitig den Trost, daß die Herrschaft über dieses Land nur allzu leicht jenen, die sie fest in den Händen zu haben wähnen, entgleitet.

Aber das Wort Bismarcks könnte auch noch in einer anderen Weise gedeutet werden: Wäre dieses Land je christlich gewesen, dann wäre der christliche Gott Herr Mitteleuropas geworden. Die Menschen dieses Landes besaßen eine ausgesprochen religiöse Begabung. Beispiele dafür sind der Mährer Thomas Garrigue Masaryk, der Prager Rainer Maria Rilke und der Schlesier Angelus Silesius. Franz Werfel und Franz Kafka sind wiederum ein Beweis, wie stark die religiöse Begabung auch unter den böhmischen Juden anzutreffen war. Es wurde im Laufe der böhmischen Geschichte immer wieder vom »Reich Gottes in Böhmen« gesprochen und immer wieder versucht, dieses Reich wirklich zu errich-

ten. Aber zu oft wurden alle diese Bestrebungen nur benützt, um damit das Streben nach Macht besser kaschieren zu können und nicht das Reich Gottes, sondern das eigene Reich in diesem Land aufzurichten.
Wie selten in einem Land, wurde in den böhmischen Ländern von der Notwendigkeit der Brüderlichkeit unter den Menschen gesprochen, und immer wieder wurde gerade diese Brüderlichkeit mit Füßen getreten. Oftmals waren es nur Kleinigkeiten, waren es nur Lappalien, um die sich die Menschen mit der Inbrunst von Glaubenskriegern stritten. Diese ewigen Nadelstiche sind ein besonderes Kennzeichen der böhmischen Geschichte, die das Leben der böhmischen Menschen verbitterten, so daß sie oft gar nicht mehr einen Blick für die wirklich großen Dinge der Welt hatten. Eine solche Anhäufung von kleinlichem Haß führt dann nur zu leicht zu echten Ausbrüchen eines großen Hasses. Der Brudermord, der am Beginn der böhmischen Geschichte steht, wiederholte sich immer wieder, und die Millionen von Exulanten und Emigranten, die im Laufe eines Jahrtausends dieses Land verlassen mußten, sind ein Teil dieses Brudermordes.
Vielleicht aber kamen diese Ausbrüche des Hasses und der Gewalt nicht immer von ungefähr. Wenn eine Ehe zerbricht, wenn eine große Liebe oder eine Freundschaft auseinandergeht, dann ist in den allerseltensten Fällen nur ein Teil schuld. Meistens haben beide Teile zu dieser Katastrophe beigetragen. Auch in den böhmischen Ländern ist der Ausbruch eines religiösen, eines nationalen, eines sozialen Hasses nicht jeweils einem Teil der Nation anzulasten. Es wurde viel gesprochen von Brüderlichkeit, aber sie wurde nur in den seltensten Fällen wirklich gelebt. Nur in den seltensten Fällen haben sich die Völker der einen böhmischen Nation als wirkliche Brüder gefühlt. Die wenigsten erinnerten sich der Tatsache, daß sie zumindest zu einem guten Teil auch vom anderen Volk abstammten und somit auch ein Teil dieses Volkes und somit auch für dieses verantwortlich wa-

ren. Durch jede Austreibung wurde nicht nur der Gegner, sondern ein Teil des eigenen Volkes, ein Teil von Blutsverwandten im wahrsten Sinn des Wortes verstoßen. Vielfach hat der Hochmut, der scheinbar unbemerkt durch diese Landschaften wehte, den Blick der Menschen vernebelt. Jeder hielt sich für etwas Besseres als den anderen. Die Deutschen hielten sich für etwas Besseres als die Tschechen, die Tschechen für etwas Besseres als die Deutschen und die Juden für etwas Besseres als Tschechen und Deutsche. Die Hocharistokraten hielten sich für etwas Besseres als die übrigen Menschen, und die deutschen, tschechischen und jüdischen Grand-Bourgeois sahen auf alle herab.
Im Leben eines jeden Menschen, aber auch im Leben jedes Volkes, jeder Nation und jedes Landes gibt es jene schwachen Stellen, an denen nur zu leicht der Einbruch der Dämonen erfolgt. Der Hochmut, der so viele Menschen Böhmens, die sich in Wirklichkeit für bescheiden und demütig hielten, erfaßte, war eine der Ursachen, daß es nicht wirklich zur Herrschaft eines Reiches Gottes in Böhmen kam. Dank der natürlichen Schätze der böhmischen Länder und dank der Talente der Menschen, die diese bewohnten, vor allem ihres Fleißes und ihrer Intelligenz, wäre es nur zu leicht gewesen, aus diesen Ländern ein Paradies zu machen. Ein Paradies des Friedens, in dem außerdem »Milch und Honig« geflossen wären. Aber erst als die Menschen das Land verlassen hatten, erinnerten sie sich daran, daß sie eigentlich in einem Paradies gelebt hatten, in einem Land, von dem es seinesgleichen, zumindest in Mitteleuropa, nicht gab.
Ein besonderes Kennzeichen aller böhmischen Exulanten ist es, daß sie niemals in ihre Heimat wieder für ständig zurückkehren möchten. Sie sind zu sehr enttäuscht über die scheinbare Untreue, die ihnen widerfahren ist. Aber sie vergessen vielleicht, daß sie durch ihr Leben selbst dazu beigetragen haben, daß die Brüderlichkeit in diesem Land nie echte Wirklichkeit wurde. Daß sie und ihre Vorfahren mit-

gewirkt haben, daß eine solche Untreue entstehen konnte. Sie haben selbst an ihrer Vertreibung mitgewirkt.
Dieses Buch wurde nicht geschrieben, um irgend jemanden anzuklagen. Es wurde auch nicht geschrieben, um Sehnsüchte nach einer verlorenen Heimat wiedererstehen zu lassen. Insofern gibt es wirklich einen echten Abschied von Böhmen.
Die böhmischen Länder sind ein Stück Welt, auf dem sich die ewige menschliche Tragödie immer wieder besonders kraß abspielt und darstellt: die Versuchung des Hochmuts und als Folge die Austreibung aus einem Paradies.
Vielleicht wird der eine oder andere der Exulanten und Emigranten, der dieses Buch liest, seine Vertreibung nun unter anderen Aspekten sehen, und vielleicht wird dadurch die Bitterkeit seines Schicksals etwas gemildert sein. Vielleicht wird er auch erkennen, möge er Tscheche, Deutscher oder Jude sein, daß die anderen Teile der böhmischen Nation ebenso zu ihm gehören wie er zu ihnen. Und daß jeder für jeden schließlich verantwortlich ist. Und er wird vielleicht jetzt erst innewerden, daß es in Wirklichkeit keinen Abschied von Böhmen gibt.